ライブラリ 心理学を学ぶ ❀ 7

集団と社会の
心 理 学

笹山郁生　編

サイエンス社

監修のことば

　心理学はたくさんの人が関心をもって下さる学問領域の一つといってよいと思います。「試験勉強しなきゃいけないのに，ついついマンガに手が伸びちゃって……」といったように，自分自身の心でありながら，それを上手にコントロールすることは難しいものです。また，「あの人の気持ちを手に取るように正しくわかることができたらいいだろうな」と願うこともあったりします。そんな日々の経験が，心理学を身近な学問に感じさせるのかもしれません。

　心理学への関心の高まりは，医学や脳科学，生命科学，進化論や生態学，教育学や社会学，経営学など，多様な学術領域と連携した研究を活発にしました。そして，人間の心と行動について驚くほどたくさんのバラエティに富んだ研究成果を生み出してきています。また，適正な教育や司法の実践，充実した医療や福祉の構築，健全な組織経営や産業現場の安全管理など，さまざまな社会問題の解決を図るときに鍵を握る知識や見識を示す領域として，心理学はその存在感を高めています。国家資格「公認心理師」の創設は，心理学の社会への浸透を反映しています。

　本ライブラリは，幅広い心理学の領域をカバーしながら，基本となる専門性は堅持しつつ，最近の研究で明らかにされてきていることも取り入れてフレッシュな内容で構成することを目指しました。そして，初めて心理学を学ぶ人にも理解していただきやすいテキストとなるように，また，資格試験の勉強にも役立つことも考慮して，平易でわかりやすい記述や図解を心がけました。心理学を体系的に学ぼうとする皆さんのお役に立てることを願っています。

監修者　山口裕幸

中村奈良江

まえがき

　本書は,「ライブラリ 心理学を学ぶ」の中の一巻です。本ライブラリの特徴は, 他の入門書とは少し異なる視点から各巻が構成されているところにあると思っています。この『集団と社会の心理学』は,「社会心理学」という研究領域について扱っているのですが, やはり他の社会心理学の入門書とは少し毛色が変わっています。

　ただ, 社会心理学に初めてふれる方の場合, 本書の目次をご覧になってもあまり違和感は持たれないかもしれません。日本語の「社会」という言葉には,「人々が共同生活を営む集団」といった意味があるので,「社会心理学」のイメージは,「人々が集団で共同生活を営む際に生じるさまざまな心理的事象について研究する学問」などといったものではないかと思うからです。そして本書の内容も, まさにそのようなことを扱っているのです。

　ところが, 実際の社会心理学の研究対象は, 実はもっと広いのです。社会心理学の代表的な研究者の一人であるオルポート (Allport, G. W.) は, *"Handbook of social psychology"* (1954) において,「多くの社会心理学者が, 社会心理学とは〈実際に存在している他者や想像の中の他者, あるいは存在が暗示されている他者によって, 個人の思考や感情, 行動がどのような影響を受けるのかについて, 理解し説明する試み〉であると考えている」と述べています。つまり, 社会心理学とは,「他者が存在することが, 人間の行動 (心理学では,「思考」や「感情」も「行動」に含まれます) にどのような影響を及ぼすのかについて研究する学問」なのです。

　オルポートによる社会心理学の定義をふまえると, 社会心理学の研究対象は多岐に渡ることになりますが, 安藤清志氏と村田光二氏は,『新版 社会心理学研究入門』(2009) において, 社会心理学の研究対象を「社会的認知」(人間が自分や他者, あるいは周囲の環境をどのようにとらえているのかについて研究),「対人行動・対人関係」(一対一の人間関係について研究),「集団・組織」(3 人以上の人間関係について研究),「社会・文化」(不特定多数の人々が

かかわっていることがらについて研究）の4つの領域に整理しています。

　本書の各章をこの分類に当てはめると，第1章から第5章までが「対人行動・対人関係」，第6章と第7章が「集団・組織」，第8章から第11章までが「社会・文化」に該当します。つまり，社会心理学の入門書のほとんどで扱われている「社会的認知」の内容を紹介する章を，本書では設けていないのです。そして，この点こそが本書の一つめの特色です。ただし，私たちが，自分の生きている「世の中」をどのようにとらえているのかを明らかにしてきた「社会的認知」の研究は，他者の存在が人間の行動にどのような影響を及ぼすのかについて研究する社会心理学の中核をなす部分ですので，その研究知見は本書のいたるところに登場します。

　本書のもう一つの特色は，これまでの社会心理学が明らかにしてきた研究知見を紹介する際に，その知見を明らかにするために用いられた研究方法についてもできるだけ詳しく説明しているところです。社会心理学という学問は，私たちが日常生活で経験するさまざまな現象を説明することを目的としています。その際，単に現象を理論的に説明するだけでなく，その理論の正しさを実際のデータを用いて確認するのですが，その確認方法は実に多種多様です。このような研究方法まで知ることが，社会心理学に対する理解をさらに深めることになると考え，具体的な研究方法を詳細に紹介しています。

　社会心理学という学問は，私たちの日常生活と密接に結びついているのです。そして，日常生活におけるさまざまな問題を説明しようと，多くの社会心理学者が研究を積み重ねていますし，社会心理学者が明らかにした研究知見は，日常生活のさまざまな場面で活用されています。このように理論と実践が密接に結びついていることも，社会心理学という学問の特徴の一つだと考えています。そこで本書では，研究者と実践家が協力して理論と実践を往還させる「アクションリサーチ」という研究法について，第12章で詳しく紹介しています。

　本書を読んでいただく皆さんに，社会心理学の醍醐味が伝わることを願っています。

　2023年2月

　　　　　　　　　　　　　　　　　　　　　編者　笹 山 郁 生

目　次

第 1 章

人間関係の基盤

　ヒトは社会的動物であるといわれています。ヒトの祖先は進化環境において集団を作り，互いに協力し合うことで生き延びてきました。特に，血縁関係にない個体が集まって互いに協力し合う，大規模な協力関係を形成できるのは他の動物種に類を見ない，人間特有の特徴であるといわれています。しかし，「なぜ人間は協力し合えるのか」というのは実はそれほど簡単な問いではなく，現在でもさまざまな分野の研究者が明らかにしようと試み続けている問題です。本章では，これまでに提唱されてきたいくつかの仕組みを紹介し，さまざまな場面における相互協力の基盤について考えていきます。

1.1　なぜ協力できるのか？

　私たちは日々，他者との助け合いの中で暮らしています。家族や友人が困っていたら多くの人は心を痛めて助けてあげようとするでしょうし，逆にあなたが困っているときに，身近な人が助けの手を差し伸べてくれることも多いでしょう。ビジネスの場面でも，自己利益のみを考えて行動するのではうまくいきません。仕事仲間と良好な関係を築き，協力し合える良いビジネスパートナーを得ることは社会で成功していくために不可欠です。また，遠方で起きた災害被災者を援助するために募金やボランティア活動をしたり，見も知らぬけが人・病人を助けるために献血をしたりする人は少なくありません。このように，自らのお金や時間，労力などを犠牲にして，他者に利益を与える行動を**協力行動**と呼び，複数の個人が互いに協力し合う状態を**相互協力**状態と呼びます。上記の例が示すように，他者と相互協力関係を形成することは人間関係の基盤であり，人間にとってもっとも重要な課題の一つといえます。

それでは，なぜ人間は他者と協力し合えるのでしょうか。この問いに対して直感的に，「人間なら，困っている人を見かけたら助けたいと思うのは当たり前じゃないか」と感じる人も多いかもしれません。しかし，協力行動の存在は，よく考えると実はそれほど「当たり前」ではないのです。なぜなら他者を助ける協力行動には，お金・時間・労力といったコストが伴うからです。募金をしたり友人に金銭援助をしたりするためには援助者は金銭的損失を被ることになりますし（お金を貸す場合でも「返ってこないかもしれない」というリスクを負う必要があります），誰かの相談に乗ったり仕事を手伝ったりする際には，他のこと（自分の休養や余暇，仕事など）に使えたはずの時間や労力や認知的資源を費やさなければなりません。このように損得という面から考えると，協力行動は行為者が自ら損をして他者の利益を増やすだけの，きわめて非合理的な行動であるわけです。つまり「なぜ人間は協力し合えるのか」という問いは，「行為者にとっては損失を生み出すだけの非合理的行動であるにもかかわらず，なぜ人間はそれを乗り越えて協力し合うことができるのか？」と言い換えることができます。これまで心理学をはじめとするさまざまな分野の研究者がこの問いに挑戦してきました。本章では，彼らが発見してきた，相互協力の実現を可能とする代表的な原理を紹介し，相互協力関係を，ひいては人間社会の根幹を支えるメカニズムについて考えていきます。

1.2 至近因と究極因

「なぜ人間は協力するのか？」という問いの答えについて考える前に，この問いに対する答え方のレベルについて少しふれておきましょう。「なぜ人間はある行動をとるのか」という問いに対する説明にはさまざまなものがありますが，それらは，至近因による説明と，究極因による説明に分類することができます。

ここでいう至近因による説明とは，ある行動がどのようなメカニズムで引き起こされるのかについての説明です。たとえば，「なぜ人間は食事をするのか」という問いに対する「空腹を感じるから」という説明が，これにあたります。

このように，ある行動がどのような感情や動機，状況によって引き起こされるのかという，行動が生起するメカニズムに関する説明が，**至近因**による説明です。一方で，そもそもなぜ人間にはそのような，特定の状況で特定の行動を引き起こすメカニズム（感情や動機，またはそれらを引き起こす神経生理学的基盤）が備わっているのかについての説明が，**究極因**による説明です。たとえば，「食事をとる」という行動を引き起こす「エネルギーが不足すると耐え難い空腹を感じる」という至近的なメカニズムがそもそも人間に備わったのは，そのような性質を備えることが餓死の危険に陥ることを避ける上で有利である，という適応上の理由があったためと考えられます。「エネルギーがこれくらい不足してきたからそろそろ食物を摂取したほうがいいかもしれない」とその都度悠長に考えていては，いつか判断を誤って致命的な飢餓状況に陥ってしまうでしょう。このように，行動を直接に引き起こす至近的メカニズムがなぜ備わったのかを明らかにしようとするのが，究極因による説明なのです（**表1.1**に，さまざまな行動に対する至近因・究極因による説明の例をあげています）。

　古くから心理学者は，「なぜ人は協力するのか」という問いに対して，協力行動を促進するさまざまな動機や感情，状況要因（たとえば，困っている他者を見ると同情や心の痛みを感じる，協力的に振る舞うと自尊心が満たされる，など）を調べることで，協力行動の至近因にアプローチしてきましたが，そもそもなぜ人間にそうした「協力行動をとらせるメカニズム」が備わっているのか，という究極因についての説明は十分になされない状態が長く続いてきました。しかし近年，心理学のみならず経済学や生物学などのさまざまな分野の研究者から「なぜ協力できるのか？」という問いが注目されるようになるに伴い，協力行動の究極因についての研究がめざましく進展しつつあります。これら協力行動の究極因による説明に通底するのは，「一見すると損にしかならないように思える協力行動でも，その背後には，協力することが行為者自身に何らかの利益をもたらす仕組み（**適応的基盤**）が存在する」という基本的な視点です。以下に，こうした協力行動に適応的基盤をもたらすさまざまな仕組みについて紹介していきます。

表1.1　至近因と究極因による説明の例

問い	至近因による説明の例	究極因による説明の例
なぜ人は食事をするのか？	エネルギーが不足すると耐え難い空腹を感じるから。	エネルギーが不足した状態が続くと死の危険があるため，「エネルギーが不足したら他の何を置いても食物を摂取したいと感じる」性質が備わったと考えられる。
太るとわかっているのに高カロリーのものを食べてしまうのはなぜか？	人間は，高カロリーのもの（糖分や油脂）を口にすることを「快」と感じる性質を備えているから。	進化環境では常に十分なエネルギー源を確保できる保証がなかったため，エネルギー源となる高カロリーの食料を摂取する機会を逃さないために，糖分や油脂を口にすることを快と感じる性質が備わったと考えられる。
親が子どもの面倒をみるのはなぜか？	「広い額・左右に離れた大きな目」などの赤ん坊特有の特徴によって，「かわいい」「守りたい」という感情が喚起されるから。	まったく子どもの世話をしない親の子どもは生き延びる可能性が低いため，赤ん坊の特徴を見ると保護欲求が喚起される性質が進化の結果，備わったと考えられる。
なぜ人は報復をするのか？	裏切られたり馬鹿にされたりするとその相手に対しては怒りを感じ，その怒り感情を発散したくなるから。	裏切られたり馬鹿にされたりしても一切報復しない無抵抗な人間は，他者からいいカモにされてつけ込まれてしまう。それを防ぐためのメカニズムとして怒り感情が備わったと考えられる。

表の左列に「説明対象となる行動についての問い」，中央の列にその行動に対する「至近因による説明の例」，右列に「究極因による説明の例」を示しています。

1.3　二者間での助け合い──直接互恵性

　社会における協力関係のうち，2人の個人が助け合う状況を定式化したものが，囚人のジレンマ（prisoner's dilemma）です。名前の由来となった，共犯関係にある2人の囚人の例を用いて説明します。次のような状況を考えてみましょう。ある凶悪な犯罪の容疑者として，AとBという2人が逮捕されました。しかし警察はまだ十分な証拠をもっておらず，この事件を立件するには，容疑者（囚人）自身による自白が必要です。そこで，取り調べにあたった警察官は，囚人たちに次のような取引を持ちかけます。

　「早く自白したほうが得だぞ。2人ともが黙秘を続ければ，証拠不十分で2人の懲役は1年だが，もし自白すれば，更正の余地があるという理由で，自白

表1.2　囚人のジレンマ

	囚人 A の選択		
囚人 B の選択		自白しない	自白する
	自白しない	1年 ／ 1年	1年 ／ 不起訴
	自白する	無期 ／ 不起訴	無期 ／ 10年 ／ 10年

各セルの右上が囚人 A，左下が囚人 B への司法判断（懲役期間もしくは不起訴）を示しています。

した者だけは不起訴にしてやってもいい。この場合，自白しなかったほうは無期懲役だ。2人とも自白した場合には，それぞれ懲役10年というところだな。」

　この状況をまとめたのが，**表1.2**です。2人の囚人には，それぞれ「自白しない」「自白する」の2つの選択肢がありますが，それぞれの囚人にとっては，相手がどのような選択をするかに関係なく，「自白する」ほうが「自白しない」よりも大きな利益を得られます。相手が自白しなかった場合，自分が自白しなければ懲役1年ですが，自白すれば自分は不起訴を勝ち取ることができます。また，相手が自白した場合，自分が自白しなければ無期懲役になってしまいますが，自白すれば懲役は10年ですむので，やはり自白したほうがましです。しかし，AとB両者の懲役は，2人ともが自白しなければ1年ですむところ，2人ともが「自白したほうが得だ」と考えて自白すれば10年になってしまうのです。

　囚人のジレンマ状況には，次のような特徴があります。
①二者のそれぞれが，協力（**表1.2**の例では，自白しない）か非協力（自白する）かの選択をする。
②個人にとっては，協力よりも非協力のほうが得である。
③しかし，両者が非協力を選ぶと，両者が協力した場合よりも，双方にとって望ましくない状態になる。

　お互いに協力し合えばともに大きな利益を得られるが，それぞれが自己利益を追求して非協力を選ぶと両者にとって望ましくない結果になってしまうとい

う状況は，囚人間での取引のような特殊な場面だけでなく，日常生活においてもさまざまな場面でみられます。たとえば，互いに得意分野が異なる2人の同僚がそれぞれ仕事を与えられた状況を考えてみましょう。仕事を進めるには相手の得意分野の知識も必要なので，1人で仕事を進めてもあまり良い成果は期待できません。そこで2人が互いに相手の仕事を手伝い合えば，2人ともに効率よく，良好な成果をあげることができるでしょう（相互協力状態）。しかし，相手の仕事を手伝うためには自分の仕事や余暇を犠牲にして時間や労力を費やす必要があるため，一人ひとりにとっては「自分が困っているときには手伝ってもらい，しかし相手が困っていても自分は何かと理由をつけて助けない」のがもっとも得な状況です。しかし，互いに一切相手を手伝わなかった場合，両者ともに貧弱な成果しかあげられないことになってしまいます（相互非協力状態）。

　こうした囚人のジレンマ状況で協力行動を促進する要因を探る実験研究が，1960年代から1970年代にかけて数多く行われてきました。囚人のジレンマの典型的な実験例を紹介します。実験参加者は，2人で一組となってお金のやりとりを行います。2人の参加者にはまず，やりとりの元手として500円が与えられます。参加者はそれぞれ，その500円を「相手に渡す（協力）」か「渡さずに自分のものにする（非協力）」かを決定します。渡すことを選んだ場合，元手の500円は実験者によって2倍の1,000円にされて相手に渡ります。渡さないことを選んだ場合，元手500円がそのまま参加者自身のものになります。このような決定を，2人の参加者が同時に行います。この構造を表1.3に示します。

　表に示されるように，この状況では両者が協力し合えば2人ともに1,000円を得ることができますが，個人にとってもっとも利益が大きくなるのは「相手には渡してもらって，自分は渡さない」場合（自分は1,500円，相手は0円）です。しかし，2人ともにそう考えて非協力を選んだ場合，どちらも獲得金額は500円という低い金額になってしまいます。

　数多くの実験研究が行われた結果，表1.3のようなやりとりを1回のみ行う場合（1回限りの囚人のジレンマ）では相互協力を達成することが難しいもの

表 1.3　囚人のジレンマの実験

		相手の選択	
		渡す (協力)	渡さない (非協力)
自分の選択	渡す (協力)	1,000 円 / 1,000 円	1,500 円 / 0 円
	渡さない (非協力)	0 円 / 1,500 円	500 円 / 500 円

各セルの右上が相手の，左下が自分の獲得金額を示しています。

の，やりとりを同じ相手と繰返し行う場合（繰返しのある囚人のジレンマ）は，「最初は協力率が低下するが，その後しだいに協力率が高くなる」という形で多くの場合，相互協力が達成されるという事実が発見されました（たとえば，Pruitt & Kimmel, 1977）。現実の人間関係においても，同じ相手と長期間にわたって繰返し相互作用を行うケースは数多くみられます。そして多くの場合，1 回限りの付き合いでは協力的に振る舞わない人であっても，その後も関係を継続する可能性の高い同僚やご近所さんに対してはきちんと気を配り，協力的な関係を築いています。それでは，なぜ繰返しのある囚人のジレンマ状況では，人々は協力し合うことができるのでしょうか。

　この問いに答えるための重要な概念が，**応報戦略**と**直接互恵性**です。囚人のジレンマのようなゲームにおいて，行動（たとえば，協力か非協力か）を選ぶ際の決定方略を，**戦略**と呼びます。たとえば，相手の行動に関わらず常に協力する行動パターンは無条件協力戦略，逆に常に非協力を選ぶ行動パターンは無条件非協力戦略と呼ばれますし，そうした単純な戦略の他にも，相手の様子をうかがいながら出し抜く，ランダムに手を変える，などさまざまな戦略のバリエーションが考えられます。政治学者のアクセルロッド（Axelrod, 1984 松田訳 1998）は，繰返しのある囚人のジレンマにおける最良の戦略を調べるため，世界中のゲーム理論家に呼びかけて戦略のプログラムを募集し，戦略同士が対戦するコンピュータ・トーナメントを実施しました。トーナメントでは，ゲーム理論家たちが作成した 14 の戦略プログラムに，協力か非協力かを 50% の確率でランダムに選ぶランダム戦略を加えた計 15 種類の戦略を総当たりで対戦

させて，それぞれの戦略の得た得点を比較しました。専門家たちが考案した戦略の中には，相手の戦略を考慮して出し抜こうとする高度で複雑な計算を行う戦略も含まれていましたが，トーナメントの結果，もっとも高い得点をあげて優勝したのは，「初回は協力し，それ以降は相手が前回とったのと同じ手を返す（相手が協力したら協力，非協力なら非協力を返す）」というきわめて単純な戦略でした。この戦略が，その後囚人のジレンマにおける相互協力達成の解決策として広く知られるようになった応報戦略（TFT; tit-for-tat とも呼ばれます）です。

　それではなぜ，応報戦略は他の複雑な戦略を排してもっともうまくやることができたのでしょうか。その鍵は，応報戦略の自分から進んでは裏切らないという「上品さ」と，一方的な搾取を防ぐ「報復性」にありました。トーナメントには，応報戦略とは異なり，隙あらば相手を裏切り搾取しようとするずる賢い戦略も含まれていました。しかし，そうした非協力的な戦略は，搾取に抵抗しない「カモ」と対戦した場合には大きな利益をあげることができたものの，それ以外の戦略と対戦した場合にはお互いに非協力をとり合う相互非協力状態に陥ってしまい，総合的には良い成績をあげることができませんでした。それに対して応報戦略は初回は協力し，相手が協力し続ける限り自分も協力し続けるので，相互協力状態を達成しやすく，結果として総合的には好成績をあげることができたのです。さらに，応報戦略は「非協力には非協力を返す」という報復性を備えるため，非協力的戦略と対戦してもつけ込まれて一方的に大きな損失を被ることもありませんでした。このように，まずは協力的に振る舞うことで相互協力を達成可能な状況を作り，ただし相手の裏切りにはきちんと報復するというこれらの性質が，応報戦略の有効性を支える鍵だったのです。

　このトーナメントの結果が示しているのは，繰返しのある二者の相互作用状況では，相手を出し抜き自分一人が大きな利益を得ようとする人よりも，応報的に振る舞うことで多くのケースで相互協力状態を達成できる人のほうが，トータルではうまくやれる（関係から大きな利益を得ることができる）ということです。このような「相手に対する協力行動が，将来その相手から協力を返してもらえることによって報われる」という仕組みを**直接互恵性**と呼びます。直

接互恵性が成り立つならば，繰返しの付き合いのある二者間では，相手に対する協力行動は損をするだけの非合理的行動ではなく，将来自分が困ったときに相手から助けてもらえる可能性を高める，適応的行動となり得るのです。私たちが「助けてくれた人にはお返しをしたい」「いつも自分に良くしてくれる相手には自分も親切にしたい」と感じるのは，応報戦略を実装するために備わった適応的性質の一つといえるでしょう。

1.4　多人数での助け合い——間接互恵性

　前節でみたように，繰返しの付き合いのある二者間での協力行動は，応報戦略によって成り立つ直接互恵性によって，結果的に利益をもたらす適応的な行動として説明することができます。しかし，応報戦略が有効に機能するのは，協力した相手からお返しがしてもらえる可能性がある場合，つまり関係が長期にわたって継続することが保証されている場合に限られます。この先ペアを組んで仕事をすることが決まっている仕事仲間や，今後も長期にわたって付き合いを続けることになると予想されるご近所さんとの関係では，自分がとった協力的振る舞いは，将来相手からの協力によって報われると期待できます。しかし，協力行動が観察されるのは，必ずしも将来のお返しが期待できる場合だけではありません。社会においては，対象が「助けておけば将来お返しをしてくれるだろう」と確信できる親しい友人や身内ではない，さほど親しくない相手であったとしても（時には相手がまったく見知らぬ他者であったとしても），困っている人に自ら手を差し伸べる，という協力行動は少なからず観察されます。拾った財布をねこばばせずに交番に届けたり，ボランティア活動に参加したりするのもそのような行動の一例ですし，日頃さほど親しくしているわけではなくても，クラスメイトや同僚が困っている場面に直面したら，助けてあげようとする人は少なくないでしょう。囚人のジレンマのような二者間での双方向の助け合い（資源のやりとり）を限定交換と呼ぶのに対し，このような，相手からの直接の返報が期待できない（少なくとも期待できない可能性が高い）にもかかわらず一方的に助ける，という行動を人々がとり合うことで成り立つ

限定交換　　　　　　　　　　　一般交換

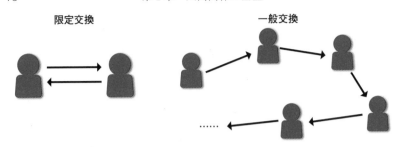

図1.1　限定交換と一般交換

「AさんがBさんを助け，BさんもAさんを助ける」というように，プレイヤーが双方向で資源をやりとりするタイプの助け合いを限定交換と呼ぶのに対し，「AさんがBさんを助け，BさんはCさんを助け，CさんはDさんを助け……」というように，双方向性を伴わない一方的な資源の提供を人々が繰り返すことによって成り立つ助け合いを，一般交換と呼びます。「助けてくれた人を助ける」限定交換タイプの助け合いはヒト以外の動物でも観察されることが知られていますが，血縁関係や長期的な関係性が存在しないにもかかわらず成り立つ助け合いである，この一般交換という現象は，他の動物種にはみられない，人間特有の現象であるといわれています。

助け合い（資源のやりとり）を，**一般交換**と呼びます（**図1.1**）。

　では，一般交換はどのような仕組みによって成り立つのでしょうか。限定交換の状況では，「自分が協力すれば，相手も自分に対して協力してくれる」という直接互恵性が成り立ちます。しかし，「自分が助ける相手」と「自分を将来助けてくれる相手」が一致しない一般交換の状況での協力行動は，直接互恵性から説明することはできません。このような状況における協力行動を説明する原理として提唱され，1990年代後半からさかんに研究の焦点とされ始めたのが，**間接互恵性**の原理です。間接互恵性とは，「他者に対する協力行動が，助けた相手からではなく，別の他者からまわりまわって報われる」という仕組み，いわば，「情けは人のためならず」の原理です。**図1.2**を見てください。たとえば，あるとき（時点t）にAさんがBさんを助けました。そして，それを見ていたCさんは，後日（時点t＋1），Aさんが困っている場面に遭遇したときに，Aさんを助けてあげました。このように，協力行動が助けた相手から直接には報われなくとも，将来，別の他者から協力してもらえることで報われるという原理が，間接互恵性です。

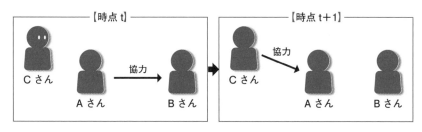

図 1.2　**間接互恵性**

ある時点（時点 t）で A さんが B さんに対してとった協力行動が，将来（時点 t ＋ 1），B
さん以外の別の他者（C さん）によって間接的に報われるという仕組みを，間接互恵性と
呼びます。間接互恵性が成り立つ社会においては，たとえ相手からのお返しが期待できな
い状況でも，他者には協力的に振る舞うことが将来利益を高める可能性の高い，適応的な
行動となります。

　集団内で間接互恵性が成り立つならば，直接に返報が期待できない場合であ
っても，他者に対する協力行動は自分自身に将来の利益をもたらす適応的行動
となり，特定の相手との限定的な相互作用を超えて，集団全体での幅広い協力
関係を作り出すことが可能となります。しかし，人々が協力するか協力しない
かをでたらめに決めていたり，誰に対しても無差別に協力したりしていては，
間接互恵性は成り立ちません。もし人々が「相手が過去に他者に対してどのよ
うに振る舞ったかをまったく気にせず，無条件に協力する」無条件協力戦略を
採用しているのであれば，まったく他者を助けない非協力者も，他者を助ける
協力者と同じように助けてもらえるわけですから，その状況では「自分は一切
協力せず，他者から協力してもらうだけ」という無条件非協力戦略がもっとも
得をすることになってしまい，相互協力状態が崩壊してしまうからです。そこ
で 1990 年代後半の進化生物学者のノヴァックとシグムント（Nowak & Sigmund,
1998b）の研究を端緒として，注目されているのが，評判を通じた間接互恵性
の維持メカニズムです。**図 1.2** のような間接互恵性が成り立ち，一般交換が安
定して維持されるためには，人々が協力するかしないかを決める際に，「その
人は過去に他者に対してどのように振る舞ったか」という**評判情報**を参照し，
何らかの形で「過去に他者に対して協力的に振る舞った人にのみ，協力する」
という**選別的協力戦略**に基づいて人々が行動を決定している必要があります。

もし，人々が非協力者をうまく締め出すことができるような選別的協力行動をとるならば，その社会では「協力行動は将来，別の他者によってまわりまわって報われる」という間接互恵性が成り立つことになり，協力行動は自らに利益をもたらす適応的行動となり得るのです。そこで，どのような方法で評判情報を用いる戦略が間接互恵性を安定して維持させることができるのかを突き止めることを焦点とした研究が，進化生物学者，理論人類学者，社会心理学者などさまざまな分野の研究者によって，現在に至るまでさかんに行われています（たとえば，Nowak & Sigmund, 1998a, 1998b; Ohtsuki & Iwasa, 2004; Panchanathan & Boyd, 2003; Takahashi & Mashima, 2008）。

　家族やごく近所の住民など，付き合いの相手がごく狭い範囲に限られていた進化環境から考えると，現代では，私たちが所属し関わる人間集団のサイズは比べられないほどに大きなものへと変化しています。またインターネットなどの通信技術の発達に伴い，地球の裏側にいる相手とコミュニケーションや取引を行えるなど，個人が行うことができる相互作用の範囲は飛躍的に増大しました。こうした状況の中で，いかにして正直な評判情報が流布する状態を作り出し，一般交換が自己維持的に成り立つ状態を作り出すことができるかが，今後の人間社会においてより大きな規模で相互協力状態を生み出すための鍵となるでしょう。

1.5　集団内での助け合い──社会的ジレンマ

　ここまで，直接互恵性や間接互恵性によって，「個人が個人に対して協力する」というタイプの助け合いについて紹介してきましたが，人間社会で重要となるのは，1対1の個人間での助け合いだけではありません。本節では，もっと多くの人々が「集団に対して」協力することによって成り立つ助け合い状況である，社会的ジレンマについて考えていきます。

　次の「共有地の悲劇」（Hardin, 1968）と呼ばれる例を考えてみましょう。ある村では，村人たちはヒツジを飼育し羊毛を売ってお金を得ています。この村には共有の牧草地があり，村人はそこに自由にヒツジを放牧することができ

ます。放牧されるヒツジの数がそこまで多くないうちは問題ないのですが，共有地の広さに対してヒツジの数が多くなりすぎると，ヒツジが1頭あたり食べられる牧草の量が減るため，十分な量の羊毛を産出できなくなる可能性が高くなっていきます。さらに，キャパシティを超えた数のヒツジが放牧され続ければ土地が消耗して牧草が枯渇していき，最終的にはその土地を放牧地としては利用できない状態になってしまいます。つまり，村全体の利益を考えるならば，村人がそれぞれ欲張りすぎず，放牧するヒツジの数をほどほどに抑えて共有地を維持していくのがもっとも望ましい状況です。ただし，村人一人ひとりの視点に立つと，ヒツジの放牧数を減らせば，その分自分が得られる収入が減ってしまうわけですから，放牧数を減らすのは損な選択です。個人にとっては，できるだけ多くのヒツジを共有地に放牧することが得であるわけです。しかし，村人皆がそのように考えて自己利益を追求する行動をとると，結果として共有地の牧草が枯渇するという，誰にとっても望ましくない結末に陥ってしまいます。このように個人が自己利益を追求した結果，全員が損をする相互非協力状態に陥ってしまう状況を，**社会的ジレンマ**（social dilemma）と呼びます。

　社会心理学者のドウズ（Dawes, 1980）は，社会的ジレンマを次のような集団状況として定義しています。

①個人は，「協力」か「非協力」かのどちらかを選択する。

②一人ひとりの個人にとっては，「協力」よりも「非協力」を選んだほうが得である。

③しかし，全員が「非協力」を選んだ場合の結果は，全員が「協力」を選んだ場合よりも悪い結果となる。

　集団生活を送る中で私たちは，このような社会的ジレンマの構造をもつ多くの問題に直面しています。表1.4は，社会的ジレンマの具体例をいくつかまとめたものです。

　表1.4のいずれの例でも共通して，個人にとっては協力よりも非協力を選んだほうが大きな利益を得られるため，「自分一人くらいはいいだろう」と思って皆が行動することで，結果的には自分を含む集団全体の首を絞めることになってしまうという構造があることがわかります。

表 1.4　社会的ジレンマの例

場面	個人の選択	ジレンマ
ゴミ出しルール	手間をかけてルールを守った分別・ゴミ出しをする（協力）か，ルールを無視して好きなようにゴミ出しをする（非協力）か。	個人にとってはルールを無視したほうが楽だが，多数の人がそうすると，悪臭が発生したり収集をしてもらえなかったりして，住民全員が不便な思いをするようになる。
チームでの仕事	時間や労力をかけてチームの成功のために努力する（協力）か，手を抜いて他の人にただ乗りをしようとする（非協力）か。	個人にとっては手を抜いて他の人にただ乗りをするほうが得だが，チームの大半の人がそうすると，チームの仕事そのものが成功せず，メンバー全員の評価が下がってしまう。
公共財の整備	コミュニティの公共財（例：共用の用水路や機材，橋など）を整備するためにお金を出す（協力）か，出さない（非協力）か。	個人にとっては「自分はお金を出さず，公共財を利用する」ほうが得だが，多数の人がお金を出さないと公共財が維持できず，誰も公共財を利用できない。
資源の乱獲	山林資源や魚などを，ルールで決められた期間・量を守って採取する（協力）か，ルールを無視して好きなだけ採取する（非協力）か。	個人にとってはルールを無視して好きなだけ資源を採取したほうが得だが，多数の人がそうすると，資源が枯渇してしまう。
環境問題	製品を製作する際に，コストをかけて環境汚染を防ぐ処理を行う（例：工場からの排出水に汚染除去処理を施す）（協力）か，行わない（非協力）か。	個人（企業）にとってはコストをかけた汚染防止処理は行わないほうが得だが，多数の人（企業）がそうすると，地球環境が悪化し，環境汚染からのさまざまな被害が発生する。

現実場面での社会的ジレンマの例について，左列に場面の名前，中央の列にその場面で個人がとることができる選択の内容，右列に個人の利益と集団の利益との間に生じるジレンマの内容を示しています。

　社会的ジレンマの構造は囚人のジレンマとよく似ていますが（社会的ジレンマの二者版が，囚人のジレンマです），社会的ジレンマの解決は囚人のジレンマにおけるほど簡単ではありません。なぜなら，二者を超える集団では応報戦略によっては協力問題が解決できないからです。社会的ジレンマでは，それまで協力していた人が非協力者をこらしめようと自らも非協力に転じた場合，その非協力の影響はターゲットである非協力者のみならず集団全体に及び，他の協力者にまで被害を与えてしまうことになります（他の人からは「あいつまで非協力をとり始めた」としか思われないでしょう）。そして社会的ジレンマの

性質上，非協力者だけを集団利益の享受から締め出すことが難しいため[1]，た
だ乗りをする非協力者をこらしめ，利益を与えないようにすることが非常に困
難なのです。そこで，社会的ジレンマをいかにして解決するか――「自分一人
くらいはいいだろう」という自己利益追求心を乗り越えて，皆が協力し合う相
互協力状態を達成できるか――が，心理学のみならず，政治学や経済学などさ
まざまな分野における研究の焦点とされてきました。

　社会的ジレンマでの行動パターンを調べるためには，主に次のようなゲーム
実験が用いられます（図1.3）

　参加者は4人1組のグループとなります。まず，①一人ひとりに，元手とし

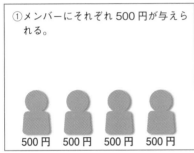

①メンバーにそれぞれ500円が与えら
れる。

500円　500円　500円　500円

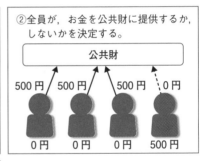

②全員が，お金を公共財に提供するか，
しないかを決定する。

公共財

500円　500円　500円　0円

0円　0円　0円　500円

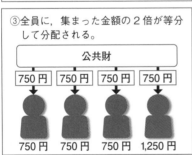

③全員に，集まった金額の2倍が等分
して分配される。

公共財

750円　750円　750円　750円

750円　750円　750円　1,250円

図1.3　社会的ジレンマの実験
実験は3人以上のグループで行います。この図では，青色のメンバー3人が公共財にお
金を提供し，灰色のメンバー1人が提供しなかった場合の各人の獲得金額の例を示してい
ます。

---

[1] 共有地や水路などの公共財は，その性質上誰にでも利用できてしまいます。

て 500 円が与えられます。②それぞれの参加者は，自分の 500 円をグループの
「公共財」に提供する（協力）か，提供せずに自分のものにする（非協力）か
を決定します。③全員が決定を終えたら，公共財に集まった合計金額の 2 倍の
金額が，メンバー全員に均等に分配されます。図 1.3 では，4 人のうち 3 人が
元手を公共財に提供し，1 人が提供しなかった場合の獲得金額の例を示してい
ます。③での公共財からの利益分配では，その人が公共財に元手を提供したか
どうかとは無関係にメンバー全員に均等に利益が分配されるため，結果として，
協力者の獲得金額は 750 円であるのに対し，非協力者の獲得金額はそれよりも
高い 1,250 円となります。このように，個人にとっては協力よりも非協力のほ
うが常に大きな金額を得られるのですが，もし全員が提供しなければ，公共財
から得られる利益は 0 円となり，全員が 500 円ずつしか得られなくなります。

　このような実験を用いて，協力率を高める状況要因（例：意思決定の前にメ
ンバーとコミュニケーションの機会をもつことやお互いの顔が見える対面状況
で実験を行うことが協力率を高める効果をもつ，等）や，社会的ジレンマ実験
での協力行動と関連するパーソナリティを調べる研究が数多く行われてきまし
た。中でも，近年大きな注目を集めたのが，協力行動に対する**目の効果**に関す
る知見です。バーナムとヘア（Burnham & Hare, 2007）は，4 人の参加者がパ
ソコンを通じて決定を行う公共財ゲーム実験において，大きな目玉が特徴的な
ロボットの写真がパソコンの画面に表示されていた場合，目玉ロボットが表示
されていない場合よりも，参加者がより協力の選択をとることを明らかにしま
した。また，ベイトソンら（Bateson et al., 2006）は，飲んだ分だけ料金箱に
お金を入れる方式（したがって，お金を払わずに飲み逃げすることもできる）
のドリンクサーバーのそばに「人の目の写真」を貼ると，料金箱に入れられる
金額が，同じ場所に「花の写真」を貼った場合に比べて多くなった，というフ
ィールド実験の結果を報告しています。つまり，人の目の写真がある場合は，
ずるをせずにきちんとお金を支払う程度が上昇したのです。これらの結果は，
「目」の存在を感じることで社会的ジレンマで協力的に振る舞いやすくなると
いう至近的メカニズムの存在を示しています。それでは，なぜ人間にはそのよ
うな至近的メカニズムが備わったのでしょうか。その究極因を解き明かそうと

する研究が近年さかんに行われ，現在までいくつかのアイディアが提唱されています。

　その一つが，罰の存在が社会的ジレンマを解決する，というアイディアです。これは，非協力者に，ただ乗りから得られる利益を上回る損失を与える（罰する）ことにより，非協力より協力を合理的な選択にするというものです。しかし，非協力者に罰を与えるには，常日頃から相当なコストを払って他者の行動を監視していなければなりませんし，非協力者に罰を与えるためには，認知的資源や労力・時間などのコストの他，相手から仕返しをされるリスクを負う必要があるため，誰が罰するためのコストを負担するのか，という問題が生じます。すなわち，罰の導入は一見画期的な解決策にみえますが，実は「協力するかどうか」の選択におけるジレンマに加えて「罰するかどうか」の選択における新たなジレンマ（これを2次のジレンマと呼びます）を持ち込むにすぎないのです。こうした高次のジレンマを解決するメカニズムとして，経済学者のギンティス（Gintis, 2000）やフェアら（たとえば，Fehr & Fishbacher, 2003）は，強い互恵性という概念を提唱しています。単に自分自身が協力的に振る舞うのみならず，自分とは無関係の他者間でのやりとりや社会的ジレンマで非協力的に振る舞う者を罰する行動傾向を備える，強い互恵性の持ち主の存在によって，集団レベルでの協力が出現可能となる，というのがこの議論の骨子です。フェアらは，強い互恵性の持ち主がいる集団は相互協力を達成し構成員全員が高い利益を得る一方で，強い互恵性の持ち主がいない集団は共貧状態に陥り低い利益しか得られないため，結果として強い互恵性の持ち主がいる集団の構成員がより大きな利益を得ることになるという可能性を指摘しています。この観点から社会的ジレンマでの協力率に対する「目の効果」を解釈してみると，人間は非協力的に振る舞うことで強い互恵性によって罰されることを回避するメカニズムとして，他者の目に反応する性質を身につけた，と考えることができるかもしれません。

　また，社会的ジレンマを「非協力を選択すると損失を被る」構造に変える罰に対して，社会的ジレンマを「協力を選択すると得をする」構造に変える競争的利他主義や連結のアイディアが提唱されています。ハーディとヴァン・ヴッ

ト（Hardy & Van Vugt, 2006）やバークレーとウィラー（Barclay & Willer, 2007）は，協力問題を解決する仕組みとして，次のような競争的利他主義という概念を提案しています。社会的ジレンマのような，協力に対する直接の見返りが期待できない状況であっても，利他的に振る舞うことによって，その人は「信頼できる人間である」と評価されることになり，その結果，将来，他者から相互作用の相手として選ばれやすくなる。そのため，社会的ジレンマでの協力行動は，その場では非合理的な選択であっても，実は将来の他者との協力的な関係構築場面において有利に働く適応的な行動となり得る，というアイディアです。ミリンスキーら（Milinski et al., 2002）やパンチャネイサンとボイド（Panchan-athan & Boyd, 2004）は，社会的ジレンマで協力したかどうかという情報が，将来，一般交換などの別の相互作用場面において有利に働く（つまり，人々は社会的ジレンマでの行動情報と他の相互作用場面での行動情報を結びつけて行動する）という，連結のアイディアを提唱しています。もし人々が「社会的ジレンマで協力した人に対して，他の場面で協力的に振る舞う（社会的ジレンマでの行動と他の相互作用場面での行動を連結する＝社会的ジレンマでの協力行動と他の場面での協力行動を区別せずに認知する）傾向を備えているならば，社会的ジレンマでの協力者は，他の場面で役立つ良い評判を獲得することになり，結果的には社会的ジレンマで非協力を選択した人よりも大きな利益を得られる可能性が高くなるでしょう。パンチャネイサンとボイドは，このような連結傾向が適応的な性質として進化し得ることを理論モデルから明らかにしています。これらのアイディアに通底するのは，社会的ジレンマで協力することは確かにその時点では損にしかならない行動であるものの，行為者の評判を高め，将来の他者との協力的関係形成に貢献するために適応的である，ということです。

　これに関連して，人類学者のグアラ（Guala, 2012）は，人類学者によるフィールド研究のデータから，現実の人間集団において人々は，非協力者に対してはコストを伴う罰によってではなく，その人についてのゴシップを流したり，コミュニティから穏やかに排斥することによって対処していることを指摘しています。もし，こうした評判の仕組みが現実の社会的ジレンマの解決を支えて

いる基盤であるならば，そのような社会に生きる人々は社会でうまくやってい
くための適応的な心理メカニズムとして，他者からつけられる評判に敏感に反
応する傾向性を備えることが必要になるはずです。そのように考えると，「人
の目」が協力率を高めるという至近的メカニズムは，他者が見ている，すなわ
ち自分の行動が自分の評判に影響する可能性があるという状況手がかりを敏感
に察知し，うっかり他者が見ている前で非協力的に振る舞って評判を悪化させ
てしまうことを避けさせるために備わった適応的性質として解釈することがで
きるでしょう。

　大規模な集団を構成して生きる現代の人間にとって社会的ジレンマ問題の解
決は非常に重要な課題であり，その解決策を明らかにすべく，心理学者のみな
らず経済学者や神経生理学者，脳科学者なども参入して，ますますさかんに研
究が行われるようになってきています。ただし，現代の私たちが直面する社会
的ジレンマには，地球規模での環境問題のような，かつて人類が直面したこと
のない非常に規模の大きな問題も増えつつあるのが現状で，そのため，人類が
これまで進化環境から形成してきた小規模集団における解決法のみでは解決し
きれない問題が出現する可能性も考慮しなければなりません。進化や学習の結
果人間に備わった「社会的ジレンマを解決に導く性質」とは何か，またそれが
発動するためにはどのような条件が必要かを解き明かすことに加えて，進化環
境には存在しなかった大規模な社会的ジレンマを解決するためにどのような新
たな仕組みが必要かを解明していくことが，今後の重要な課題であるといえる
でしょう。

コラム 1.1　人間関係における信頼と安心

　さまざまなタイプの協力関係のうち，私たち人間にとってもっとも身近にして，社会関係の基盤となっているのは，二者間での協力関係でしょう。本文では二者関係の基盤として応報戦略について紹介しました。応報戦略は，「この先も長期にわたって付き合い続けることがわかっている相手」との間でうまく協力し合うための有効な方法です。しかし，そもそも付き合いのない他者と新たに関係を築くためには，何が必要なのでしょうか。未知の他者との新たな関係形成という問題について考えるためには，応報戦略という「すでにある関係の中でうまくやっていく方法」への理解に加えて，「信頼」という概念について理解する必要があります。本コラムでは，信頼の概念を整理し，その機能について考えてみましょう。

　ビジネスや友人関係などさまざまな場面で他者と新たに協力関係を築いたり，また関係をうまく維持していくためには，「相手は自分にひどいことをしないだろう，裏切らないだろう」という期待が必要です。一般にこのような期待，つまりその人が自分を裏切らないだろうと信じることを「信頼」と呼びます。この言葉は，たとえば「日本のコンビニは信頼できる。支払い時，見張っていなくても店員はおつりをごまかしたり不当な価格をとろうとしたりしないだろう」だとか，「太郎君は信頼できるやつだから，困ったときにはきっと助けてくれるだろう」などのように使われます。山岸（1998）は，こうした他者に対する「裏切らないだろう（協力してくれるだろう）」という期待は，それが成り立つ根拠により「**安心**」と「**信頼**」という2つに区別されると指摘しています。

　他者の協力に対する期待のうち，「自分を裏切ると相手は損をすることになる」という利得構造の理解に根差した期待を，**安心**と呼びます。たとえば，コンビニ店員に対する「お金をごまかさないだろう」という期待がこれにあたります。店員が会計をごまかさないと期待できるのは，必ずしも店員が善良な人間性の持ち主だと思うからであるとは限りません。店員が客に詐欺を働いたことが発覚した場合，その店員は会社の内規や法律によって罰せられるということ——すなわち，お金をごまかすという裏切り行為が店員にとって不利益となること——がわかっているからで

す。このように，「相手にとって自分を裏切ることは得にならない。だから相手は自分を裏切らないだろう」と安心していられる関係を，安心関係と呼びます。もう一度，本文で紹介した応報戦略を思い出してみましょう。応報戦略は，協力には協力を，非協力には非協力を返すことで，非協力が長期的には不利益を生む構造を作り出すことができる戦略でした。長期的に継続する二者関係では応報戦略をとることが可能なので，裏切りは結局のところ自分に不利益をもたらすことになります（裏切れば相手から仕返しをされてしまうからです）。この意味で長期的な二者関係は，裏切る誘因が存在しない安心関係であるといえます。つまり，普段から付き合いのある相手が自分を裏切らないのは，必ずしも相手の人間性が善良であるからではなく，関係の継続性が安心を提供してくれるからであるといえるのです。

　これに対し，相手が裏切らないだろうという期待のうち，相手の善良さなどの人間性の評価に根差した期待を，山岸（1998）は安心と区別して**信頼**と定義しています。「太郎君は信頼できるやつだから，きっと助けてくれるだろう」という場合の「太郎君は自分を助けてくれるだろう」という期待が，これにあたります。たとえ「自分を裏切ると相手自身が損をする」という安心構造が存在しなくても——すなわち，裏切るほうが得であるにもかかわらず——相手はその善良さのために自分を裏切ったりしないだろうと信じることを，信頼と呼ぶわけです。

　ずっと同じ相手とだけ付き合い続けるのならば，他者を信頼する必要はありません。関係の継続性が提供する安心のもとで，問題なく協力状態を維持できるからです。生涯を同じ地域で暮らす仲間内だけで助け合い，よそ者を排除する閉鎖的なムラ社会などが，その典型例でしょう。村人は，同じ村に暮らす仲間に対しては「裏切るはずがない」と安心していられますが，長期的に付き合いを継続するかどうかもわからないよそ者に対してはそうはいきません。そのため，よそ者を信じて関係を築くことはなかなかできない一方で，村人同士という長期的な関係の中では非常にうまく協力し合うことができるのです。しかし，こうした内輪付き合いを基盤とした関係維持方略には弱点があります。それは，既存の長期的な関係の外にあるかもしれない，新たな関係形成のチャンスを逃してしまうということです。もし現在

の関係の外に，より良い相手（協力関係を築ければより大きな利益をもたらしてくれる相手）がいる可能性があるならば，特定の相手との関係にとどまり続けることは，より大きな利益を得る可能性を逃すという損失を生むことになってしまいます。このように，現在の関係にとどまり続けることで失う，他の関係から得られたかもしれない逸失利益を**機会コスト**と呼びます。機会コストが大きい場合，特定の関係にとどまり続けることは非適応的となり，時には既存の関係から離脱してより良い可能性を求めて未知の相手との関係に飛び込んでいくことが適応的行動となります。その際に必要となるのが，「未知の相手に対しては，とりあえず協力するだろうと考える」という他者一般の善良さに対する期待，すなわち信頼です。このことから山岸（1998）は，信頼は，人々を内輪付き合いの呪縛から解き放ち，新たな関係へと飛び込んでいくことを促進する役割を果たすと述べています（**信頼の解き放ち理論**）。

　それでは，機会コストの大きい（小さい）環境とはどのようなものでしょうか。従来日本社会では伝統的に，終身雇用制や系列取引など，特定の相手と閉じた人間関係を形成し，その中でうまく安心を提供し合い協力関係を維持する仕組みを長く作り上げてきました。社会の中で多くの人々がそのような「安心関係にとどまる」行動をとる場合，人々のそのような行動が，「機会コストの小さい環境」を作り出すことになります。皆が安心関係にとどまり続ける行動をとっている中で，ある人が「今ある関係から飛び出して新たにより良い相手を求めよう」と考えたとしましょう。しかし，そもそも付き合いのない（したがって安心の保証されない）人を信頼するリスクを負って関係を乗り換えようとしてくれる相手はほとんどいないことでしょう。つまり，大多数の人々が安心関係にとどまっている状態が，「今ある関係の外部により良い相手がいる可能性が小さい」という機会コストの小さい，したがって安心関係の内部にとどまり続けることが適応的な環境を生み出すわけです。一方，日本と対照的なのがアメリカ社会です。アメリカ社会は，よそ者をはじめから排除するのではなくとりあえずは信じて受け入れ，必要に応じて関係を乗り換えるという，いわば開かれた社会として特徴づけられます。多くの人々がそのような行動をとっている場合，その社会では既存の関係を飛び出しても多くの関係形成のチャンスが

あることになります。つまり，人々の「関係の形成と破棄を繰り返す」という行動が，「既存の関係の外部に，より良い相手との関係形成の可能性がある」という機会コストの大きい環境を生み出すということです。また，そうした機会コストの大きい環境が，特定の関係にとどまらずより良い相手を求めて関係を乗り換えるという人々の行動方略をよりいっそう適応的にするのです。

　山岸（1998）は，こうした機会コストの大きさの社会差（機会コストの小さな日本社会，機会コストの大きなアメリカ社会）が，日本人とアメリカ人の，他者一般に対する信頼感（一般的信頼）の差を生み出したことを，一連の研究の結果明らかにしています。「ほとんどの人は信頼できる」「私は，人を信頼するほうである」など，他者一般の善良さを信頼する程度を測定したところ，日本人ではその得点が低く，アメリカ人ではより高いという結果が得られたのです（山岸，1998）。他者への信頼を必要としない安心関係の維持を人間関係の基盤としてきた日本人に対し，特定の関係にとどまることによる逸失利益が大きいアメリカ社会では，人々は，他者一般をとりあえずは信頼して関係を築いてみるという行動方略を環境への適応として身につける必要があったと考えられます。

　しかし近年，日本においても終身雇用制が崩れ，企業間取引の自由化が進むなど，機会コストが増大する方向で人々を取り巻く環境は変化しつつあります。機会コストが増大すれば，安心関係の中にとどまり続けることは必ずしも適応的ではなくなります。環境が変化すれば，そこに身を置く人々が適応方略として身につける心理・行動傾向も変化していくことでしょう。この先日本が「安心社会」から「信頼社会」へ移行することで，新たな環境への適応として，人々はこれまでとは異なる認知・行動方略を獲得していく可能性があります。環境に対する適応という観点から人々の行動をとらえ，社会を構成する人々が備える心理や行動に対する予測を導く適応論的な視座が，ますます重要になっていくでしょう。

復習問題

1. カッコ内に入る語をそれぞれ書いてください。

アクセルロッドは，繰り返しのある囚人のジレンマ状況で戦略を対戦させるトーナメントを行った結果，（ ① ）と呼ばれる行動方略の有効性を見出した。これは，最初は（ ② ）し，その後は相手と同じ行動を繰り返す戦略である。

「共有地の悲劇」の例で知られる，3人以上の集団における協力問題を定式化した状況を（ ③ ）と呼ぶ。（ ③ ）は囚人のジレンマと比べ，非協力者を集団利益の享受から締め出すことが（ ④ ）（「難しい」「容易である」のいずれかを記入）という性質をもっている。バーナムとヘアの実験やベイトソンらの実験の結果は，（ ③ ）状況において，人々が人の（ ⑤ ）の存在を感じることが，協力行動を促進する効果をもつことを示唆している。

2. 人間社会でみられる協力行動や助け合い現象を1つ取り上げ，なぜそのような協力行動が存在するのか」という問いに対し，「至近因のレベルからの答え」と「究極因のレベルからの答え」をそれぞれ1つ以上考え，あげてください。

参考図書

小田 亮（2011）．利他学 新潮社

「なぜヒトは利他的に振る舞うのか」という問題に対して，心理・神経系の働き（至近因）と，そのような心理・神経系の仕組みがヒトという生物に進化の結果備わった理由（究極因）の双方から，現在までに多様な分野から提唱された説明を紹介しています。（入門レベル）

山岸 俊男（1990）．社会的ジレンマのしくみ——「自分1人ぐらいの心理」の招くもの—— サイエンス社

山岸 俊男（2000）．社会的ジレンマ——「環境破壊」から「いじめ」まで——PHP研究所

いずれも，ゴミ問題，受験戦争，地球温暖化問題など，社会に潜むさまざまな社会的ジレンマと，その解決策について，実験結果を多く紹介しながら論じています。社会的ジレンマに関する基礎理解を得るための良書です。（中級レベル）

アクセルロッド，R. 松田 裕之（訳）（1998）．つきあい方の科学——バクテリアから国際関係まで—— ミネルヴァ書房

本章でも紹介した囚人のジレンマでのコンピュータ・トーナメントや応報戦略について，詳しい内容を知ることができます。応報戦略がなぜ有効なのかを詳しく説明しています。（上級レベル）

第 **2** 章

親密な人間関係

　「絆」という言葉をさまざまな場で見かけるようになりました。この言葉が指し示す典型的な人間関係といえば，家族や恋人，友人たちとの関係でしょう。中でも，恋人や配偶者といった親密な関係は個人に大きな影響をもつものとして知られています。しかし，それは必ずしもポジティブなものばかりではありません。時に，暴力の温床としてネガティブな影響をもつこともあります。そもそも絆という言葉には「絆し（ほだしと読みます）」として人を拘束するものという意味があります。そこで本章では，親密な関係のもつ「絆」としてのポジティブな機能と，絆しとしてのネガティブな機能それぞれについてみていくとともに，どのように関係が形成され，維持されているのかについて説明します。

2.1　絆としての親密な関係

　「誰でもいつかは結婚し家族とともに生涯を全うするものだ」。こう考える人は少なくありません。しかし，現実には，配偶者との親密な関係を生涯にわたってもたない人（シングルといいます）は，決して少なくありません。今後むしろ増加するとさえ予想されています。そしてこのことが，今後の日本社会全体にとって大きな問題をもたらすとも指摘されています。どうしてでしょうか。この問いへの回答を通じて，親密な関係のもつ働きについてみていきます。

2.1.1　社会の変化にみる絆の働き

　シングルが増加する大きな理由の一つは，経済状況の変化です（山田，2014）。1980 年代から 1990 年代前半までは，独身でいることで余裕のある豊かな生活を送ることができました。自ら望んでそうなる主体的なシングルが多かったのです。実は，彼ら彼女らの多くはある程度の年齢になれば誰かと結婚

し家族をもつと考えていましたし，実際にもその通りでした。つまり生涯にわたってシングルになることは少なかったのです。しかし，バブル崩壊後は雇用が不安定化し，非正規雇用者のような低所得者には結婚し家族を養うことが難しくなりました。このことは反面，誰かに養ってもらうことも難しくなったということです。また，産業構造の変化に伴い，農業や小規模自営業のような家族で営む仕事自体が減少したことも，家族を形成するきっかけを失わせ，シングルの増加に拍車をかけました。これらの結果，近年は望まずしてそうなる非主体的なシングルが増加し，今後も増加すると予想されています。

　こうした生涯シングルの人の存在は，これまで社会問題としてはあまり取り上げられることがなかったかもしれません。絶対数が少なかった上に，もし配偶者がいなくても，主に親との同居によってそこから経済的・心理的なサポートを得られるため，シングルでも問題なく生活できていたからです。しかし，近年は，上述した経済状況の変化が，シングルをサポートする力を家族からも奪ってしまいました。その結果，社会的に孤立してしまうシングルの増加が懸念され，社会問題化し始めているのです（図2.1）。

　これら家族を取り巻く一連の変化は，次の2つのことを物語っています。一つは，配偶者をはじめとする親密な人間関係のあり方は，社会情勢の変化と無

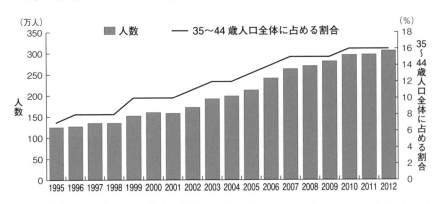

図2.1　**親と同居する35〜44歳の未婚者の数**（西，2015; http://www.stat.go.jp/training/2kenkyu/pdf/zuhyou/parasi10.pdf に基づき作成）
年代を経るにつれて35〜44歳でも未婚の人が増加していることがわかります。また，人口全体に占める割合が高まっていることから，単なる人口増加によるわけではないことがわかります。

関係でないということです。すでに述べたように，経済格差の拡大は，家族関係を形成し維持できるかという「**家族格差**」の出現にも大いに影響しています。もう一つは，親密な関係がそこにいる当事者にとっての「資源」としての役割をもつと考えられていることです。シングルにとっての親が重要な福祉資源となっていたように，配偶者，親や子といった家族との絆は，いざとなれば助け合いの機能を果たすはずだと，社会通念上も，社会制度上も考えられているのです。それゆえ，家族以外のサポートシステムが十分に用意されておらず，家族からサポートを得られないシングルが社会的に孤立しやすくなってしまうわけです。

　このように，家族に代表される親密な関係は，重要なソーシャル・サポート源の一つとして人の健康に大きな影響をもちます（第5章参照）。また，次項で説明するように，その結びつきの強さから，親密な関係は個人の生活に広く大きな心理的影響をもちます。人が生きていく上できわめて重要な心理的，社会的資源の一つであるといえるでしょう。

2.1.2　人を支える親密な関係

　親密な相手との関係は，さまざまな資源として当事者を支える役割を果たします。ここでは，主に3つの心理的役割に絞って説明します。

1. 願いを成就させる源として

　親密な相手との関わりがあることで，自身の願いを成就させやすくなることがあります。たとえば，ある人が，現実の自分は他人への思いやりに欠けると思う一方，理想的には思いやりのある人間でありたいと願う場合を考えてみてください。このように，人が現実の自分がどのような状態なのかを理解しながらも，将来的にこうありたいというイメージ（**理想自己**といいます）をもつことはしばしばあります。こういった場合，人は自分で現実の自分を理想自己に近づけようとしますが，そのプロセスを親密な相手が強く後押ししてくれることもわかっています（Drigotas et al., 1999）。付き合い始めたばかりのA君とBさんの関係で説明しましょう。普段の会話などを通じて，BさんはA君の「やさしくありたい」と願う理想自己を知ります。すると，Bさんはしだいに

A君のやさしさに基づく行動（たとえばボランティア活動への参加）を頻繁に引き出そうとします。その結果，A君自身それに沿った行動をとりやすくなり，もともともっていた理想自己を現実のものとしやすくなるのです。これらの過程はいわば，親密な関係をもつことでお互いに理想的な自分の姿がはっきりと現れる過程だともいえるでしょう。それはまるで単なる石柱が彫刻家の手によって理想的な姿を現すようであり，このことから**ミケランジェロ現象**と呼ばれます。

2. 大きな「私」の供給源として

　上記の現象は，親密な関係にある2人の間で，明確な自他の区別があることを前提にしていました。BさんからみてA君の理想はあくまでもA君の考えにすぎず，Bさんの理想ではなかったわけです。しかし，アロンら（Aron et al., 1995）は，親密な関係の深まりによって本来あるはずの自己と相手との間の区分が不明瞭なものとなり，相手と一体化したかのような認識（**一体感**）がもたらされるといいます。たとえば相手のものの見方や考え方が，付き合ううちにだんだんと自分の見方や考え方のように思えてくるということです。このことは，もともと自分がもっていた見方に交際相手の見方も加わることで，自身の視野が広がる可能性を示しています。つまり，相手との一体感が高まり相手を自己に包含するほど，相手のもつ資源（ものの見方や考え方）を自分のものとしてとらえるようになるのです。すると，まるで自分の資源や能力が拡張したかのように感じられ自尊心や自己効力感が向上します。今までできなかったことができるように思われるのです。親密な関係が人に満足をもたらす理由の一つは，このような自己の拡大過程にあるといえます。

3. 基地として避難所として，愛着の源として

　親密な関係には，親子関係に類似した側面があります。**愛着理論**（attachment theory）では，養育者との関係の延長線上に成人の親密な関係をとらえ，その機能を理解しようとします。親密な関係のもつ働きは大きく2つに整理されます。**安心できる避難所**（safe haven）と**安全基地**（secure base）としての機能です（Feeney, 2004）。安心できる避難所としての働きとは，親密な関係があることで，ストレスによって傷ついた気持ちを回復し安心感を得られるよ

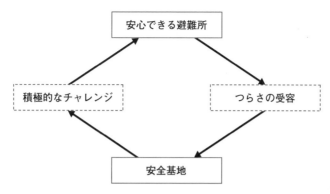

図2.2　**親密な関係が愛着源として果たす2つの機能とその循環**
(Feeney, 2004 を参考に作成)

フィーニーは，たくさんの実証研究に基づいて，親密な関係が安全基地として，さまざまな活動への積極的なチャレンジを促す一方，傷ついた場合には安心できる避難所としてつらさを受容するという2つの機能があり，循環的に影響することを示しています。

うになる過程を指します。一方，安全基地としての働きとは，関係があることによって個人の目標に向けたさまざまな活動への取組みが促進されたりそれに必要な自己効力感が高められたりする過程を指します。親密な関係ではこれら2つの機能が循環的にみられるというのがフィーニー（Feeney, 2004）の主張です（図2.2）。つまり，親密な関係とは社会生活で傷ついた場合に戻る避難所でもあり，傷が癒えれば社会生活への参加を後押ししてくれる基地でもあるというのです。

2.2　関係を築き保つ

　親密な関係はさまざまな恩恵を当事者にもたらします。とすると，2.1節に紹介した**家族格差**の拡大は，そういった恩恵が得られなくなるかもしれないという点で，当事者にとって重大な問題だといえます。最近，自ら積極的に親密な関係を築こうとする婚活に注目が集まっていますが，その背景にはこういった事情もありそうです。では，親密な関係は一体どのようにして形成されるのでしょうか。ここでは，人と人とが惹きつけ合う対人魅力の心理プロセスにつ

いて説明し，これまでの対人魅力研究で示されてきた代表的な要因を整理します（Finkel & Baumeister, 2010）。その上で，**コラム 2.1** では，実際のところどのような要因が人を惹きつけているのかを説明します。なお，最近の議論はフィンクルら（Finkel & Baumeister, 2019）を参照してください。

2.2.1　惹きつけ合うプロセス

1.　他者を惹きつける要因

　関係の形成に影響する第 1 の要因に，自分と相手との類似（**類似性**）があります。考え方や行動といった態度，パーソナリティ，性別や年齢といった人口統計学的変数のそれぞれにおいて類似性が高い相手ほど，魅力的に映りやすいことが多くの研究で示されています（**Montoya & Horton, 2012**；表 2.1）。この理由の一つは，他者に自分と同じ特徴を見出せることで自分の正しさを感じられるためです。なお，いくつかの側面については，類似性の低さ，すなわち似ていないことが魅力の源泉になることもあります。たとえば，従順なタイプの人が統率的な相手と気が合う場合のように，自分にない特徴を相手が有するという**相補性**が関係形成を促進することがあります。また，前節で説明した，相手のもつ資源を自分のものとしてとらえられることが関係の満足をもたらすという枠組みからも，自分にない特徴をもつ相手ほど魅力的にみえるといえます。

表 2.1　**類似性により魅力が高まるかどうかを調べた実験研究のメタ分析の結果**
（Montoya & Horton, 2012 に基づき作成）

		効果の強さ	研究数
パーソナリティ		0.48	26
態度	中心的な態度	0.52	50
	周辺的な態度	0.41	16
	いずれにも分類できなかった態度	0.62	244

中心的な態度とは個人にとって重要な考え方や信念であり，周辺的な態度とはあまり重要でない考え方や信念です。効果の強さとは，各特徴の類似した相手に対して（実験室で）魅力が高まりやすい程度を表しています。したがって，周辺的な態度において類似している相手よりも中心的な態度において類似している相手に対して魅力が高まりやすいこと，態度の内容を問わなければ，態度の類似性はパーソナリティの類似性よりも魅力を高めやすいことがわかります。

　第2の要因として，相手との近さ（**近接性**）があります。これは，対象と接触する機会が多いほどその対象への好意度が高まるという**単純接触効果**によって説明できます。また，関係を築くために必要となる時間や労力などのコストが低くなるため，物理的・社会的に近接した他者が好まれると説明することもできます。後者の見方は，人付き合いを金銭の貸し借りと同じような交換という視点からとらえるものです。この交換の視点は，関係の形成だけでなく，次項に述べるように関係の継続場面でも一定の説明力をもちます。

　関係形成に影響する第3の要因として，**外見的な魅力**の高さがあります。一般に外見的な魅力の高い人ほど他者から好かれやすいことが繰返し示されています。ただ，だからといって，現実に交際中のカップルすべての魅力が高いわけではないことも示されています。そこでは，むしろ2人の魅力がつり合っていることのほうが多いことが報告されています。つまり，美男は美女と，ほどほどの外見的魅力をもつ男性はほどほどの外見的魅力をもつ女性と交際していることが多いというわけです。これを**魅力のつり合い仮説**といいます。

　第4の要因は，生理的に**覚醒**している程度です。高い吊り橋を渡った直後のようにドキドキした状況で他者を評価すると，その評価が極端なものになりやすいことがわかっています。つまり，相手を判断する状況で生理的に覚醒しているほど，事前に魅力的だったものがより魅力的に感じられる一方，事前に魅力的でなかったものはいっそう魅力的でないように感じられるようになるのです。

　第5の要因は，**好意の返報性**です。これは，特定の相手から好意を抱かれていると知覚することで，その相手への好意が強まることです。この現象の裏返しとして，相手から嫌われていると知覚することで相手への嫌悪が強まるという嫌悪の返報性が生じることもあります。

2.2.2　続く関係と終わる関係

　いったん親密な関係を築くことができると，当事者はそこからさまざまな資源や恩恵を得やすくなります。ただし，実際に資源を得られるかどうかは相手がそれを提供してくれるかどうかに依存します。相手が時間や労力，場合によ

っては金銭などの具体的資源を費やしてくれなければ，恩恵にあずかることはできないでしょう。これは相手にとっても同様です。相手が資源を得るためにはこちらが提供する必要があり，相手もまた自分に依存しているのです（Kelley & Thibaut, 1978）。親密な関係を持続する中では，このような**相互依存プロセス**が伴うのです。

1.「割に合う」かが関係の未来を決める

相互依存という視点から考えた場合，個々人が関係を続けようとするかどうかは，相互に依存するだけの価値があると思えるかどうかで決まることになります。過去の経験や知識に照らした「これくらいのものだろう」という基準や，他の関係と比較した場合の結果を基準に，人は現在の関係を続けるかどうかを判断するのです。このような，損得という視点から人間関係を説明しようとする立場を，総称して**社会的交換理論**といいます（第1章の内容も社会的交換理論に含まれます）。

上述した基準を親密な関係の展開場面に限定してみると，関係を続けようとするかどうかは次の3つの要因によって決まるといえます（Rusbult, 1983；図2.3）。一つは，関係をもつことで得られる**満足度**の高さです。自分の中にもつ基準に照らして今の関係はどの程度心地よいものかを判断し，基準を上回るほど現在の関係に満足し関係を続けようとするのです。2つ目は，現在付き合っている相手との関係評価を上回るような関係が他にあるかどうかです。他にも

図2.3　**関係コミットメントを高める3つの要因**（Rusbult, 1983 に基づき作成）
関係を続けようとする気持ちであるコミットメントは，満足度が高いほど，代替選択肢（他に代わる関係）が少ないほど，現在の関係への投資量の多いほど高くなりやすくなります。

魅力的な関係（代替選択肢）がある人ほど現在の関係を続けようとはしなくなり，実際に関係自体が続きにくくなります。3つ目の要因は，関係を形成し維持する中でどれほどの資源を費やしたか，また仮に関係を解消するとどれほどの資源が失われそうか，という関係への**投資量**です。これまでに費やしたものが多く，かつ解消すると失われるであろう資源が多い人ほど，すなわち投資量が多い人ほどその関係を続けようとし，2人がそうすることで現実に関係も続きやすくもなります。

2. 「割りに合う」かどうかがすべて？

　これまでは，親密な関係が自分に利益をもたらすのか，割に合うのかという交換の視点から関係の当事者の行動や判断を考えていました。しかし，しばしば親密な関係では，自分への見返りを求めずに，純粋に相手の欲求や関心に応えようとして相手に資源を提供しようとすることがあります。自分の利益ではなく，相手の利益を大きくすることこそが自身の行動原理となるのです。このような場合，資源を提供した相手からお返しを受け取ると逆に相手に距離を感じ，好意の気持ちが低下することも示されています。割に合うかどうかという自分の利益を起点とする関係の原理を**交換原理**と呼ぶのに対して，相手の利益を起点とする関係の原理を**共同原理**といいます。一般に，職場での人間関係が交換原理に基づきやすいのに対して，親密な関係は共同原理に基づきやすいといえます。関係のタイプによって当事者たちの従うべき対人規範が異なるといえます（Clark & Mills, 2012）。

3. 関係を続ける2つの気持ち

　社会的交換理論から考えると，関係への満足度が高いほど，代替となる関係（代替選択肢）が少ないほど，関係への投資量が多いほど関係は続きやすくなります。これら3つの要因の合計点によって，関係が続くかどうかが決まるのです。

4. 接近か回避か，関係の持続を願う2つの心理

　本人が自分たちの関係を続けようとする気持ちのことを関係コミットメントといいます。上述した社会的交換の視点からは，合計点が同じであればどのような要因の組合せでもコミットメントの強さは同じだということになります。

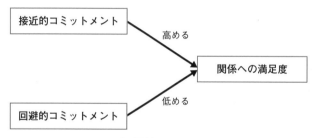

図2.4　2つのタイプの関係コミットメントの果たす機能
(Frank & Brandstätter, 2002 を参考に作成)

関係を続ける上で，ポジティブな結末への接近的コミットメントが高いほど満足度は向上しやすく，ネガティブな結末からの回避的コミットメントが高いほど満足度は低下しやすくなります。

しかし，たとえば代替となる関係の程度は同じだとして，投資量が少なくかつ満足度の高い関係を続ける場合と，満足度は低いけれども投資量が多く関係を続けている場合とでは，コミットメントの質が異なるでしょう。前者は関係に魅力を感じて続けているのに対して，後者は満足していないわけですからあまり魅力を感じているわけではありません。別れると失うものが多いため，やむを得ず関係を続けているといえます。前者を，関係を続ける上でのポジティブな結末に近づこうとする気持ちであることから接近的コミットメント，後者を，関係を続ける上でのネガティブな結末を避けようとする気持ちであることから回避的コミットメントといいます（Frank & Brandstätter, 2002；図2.4）。**接近的コミットメントに基づいて関係が継続されることは，いっそう高い満足を本人たちにもたらしますが，回避的コミットメントに基づく関係の継続は，逆に満足度を低下させることがわかっています。**他にも，コミットメントの違いにより行動も異なることが示されています。

5. 相互作用にもみられる2つの気持ち

これから続けようとする関係に何を求めるかによって，評価や行動が異なることを説明しました。個々人の考えによって，関係のあり方が変わることはコミットメント以外でもみられます。その一つは，関係のあり方についての信念の違いです（Knee & Canevello, 2006）。「恋人との出会いは運命に違いない」と相手との結びつきは運命によって決まっていると考える人もいれば，「2人

の関係はこれから育んでいくものだ」と人との付き合いは互いに育むことでうまくいくと考える人もいます。前者のもつ信念は**運命信念**と呼ばれ，後者の信念は**成長信念**と呼ばれます。

　これら関係に対する信念の違いは，2人の関係の続きやすさを左右します。運命信念をもつということは，2人の関わり方は運命によって定められた安定的なものであり，関係を続ける上で大して努力しなくてよい，と考えがちなことを意味します。逆に成長信念をもつということは，自分たちの関係が必ずしもうまくいくとは限らないため必要ならば努力を惜しまない，という考えを導きます。また，親密な人間関係は進展すればするほど努力を必要とする機会が増します。しばしば起こる葛藤に対して前向きに対応する必要が生じるからです。ここで，成長信念をもつ者は，必要に応じて前向きな葛藤対処をとるため，彼ら彼女らの「育むべき」関係はその努力によって実際に育まれやすくなるのです。一方，運命信念をもつ人は運命によって定められた自分たちの関係では努力しなくてもうまくいくに違いないと考えやすく，前向きな葛藤対処をあまりとりません。その結果，相手と別れる確率が高まります。「運命の赤い糸」で結びついたはずの関係ほど，実際には解消されやすいのです。

2.3　絆しとしての親密な関係

　2.1節では親密な関係のもつポジティブな側面に着目してきましたが，ここでは逆に関係のもつネガティブな側面について説明します。

2.3.1　サポートの排他性

　親密な関係が維持される中，当事者間ではさまざまな資源がやりとりされます。時に当事者間でのやりとりが優先され，別の相手とのやりとりがためらわれることもあります。このような**所有意識**は，恋人や配偶者間に特徴的な，嫉妬心や貞操感といった感情にみることができます。

1.　自分たちの関係は特別である

　恋愛関係の当事者は，自分たちの関係を，他の人たちのもつ恋愛関係よりも

魅力的なものだと考える傾向があります。このことは，逆に，親密な相手以外の他者との関係を低く評価する傾向があるということです。たとえば，交際相手の友人はきっとつまらない人間に違いないと軽視しやすいことが確認されています（Gomillion et al., 2014）。軽視してしまう理由の一つは，相手が自分を差し置いて別の相手と恋愛関係を形成してしまうかもしれないという心配です。このため，交際相手にとっての同性の友人より異性の友人の場合に，軽視は強くみられます。軽視するもう一つの理由は，恋人と過ごす時間や自分に向けられるはずの（恋人からの）関心が友人にも向けられてしまう，つまり心理的な資源が別の相手とやりとりされてしまうことへの懸念です。このため，交際相手との関係が自分の生活にとって重要だと考える人ほど相手の友人を軽視しやすく，この傾向は友人の性別を問いません。交際相手にとって異性の友人であろうと同性の友人であろうと，自分に向けられていた重要な資源が向けられてしまう危険性があれば，その脅威を減じるように友人を軽視するのです。

2. 多様な資源を得る機会を放棄する

　恋人の嫉妬する姿を見て，あるいはそれ以前に恋人に嫉妬させないようとして，自ら部外者との関わりを控えようとすることがいくつかの場面でみられます。たとえば，自分が何らかの問題を抱え，さまざまな人からのサポートを必要とする場面でも，恋人たちは相手以外の友人や知人からサポートしてもらうのをためらってしまうことがあります（相馬・浦，2007；図2.5）。友人や知人が同性であっても異性であっても排他的になってしまうのです。このような**排他性**は，親友関係ではあまりみられません。つまり，親友との関わりを続ける上で，その親友以外との関わりを控えようとはしないのです。恋人たちだけが，部外者からのサポートをためらってしまうのです。

　このことは，お互いにかけがえのない存在であろうとすることで，自分たちの関係をより続きやすくしているといえるでしょう。前節で説明したように，他に代わる魅力的な関係がないほど，現在の関係は続きやすくなるからです。ただしその結果，多様な資源が必要とされる場合に，外部からの資源を得られる機会が損なわれ，問題ある結果を招き得るわけです。たとえば，親密な相手ともめ事や対立が起きた場合，外部の他者からのサポートを得られることで自

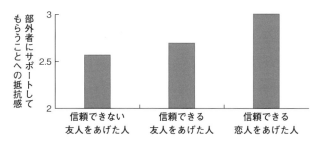

図2.5　**コアとなる関係以外の他者からサポートしてもらうことへの抵抗感**
（相馬・浦，2007に基づき作成）

回答者ははじめに，恋人がいれば恋人を，いなければ友人（信頼できる，もしくはあまり信頼できない）を1人あげました。その上で，部外者としてそれ以外の親友や友人，知人からサポートしてもらうことへの抵抗感を回答しました。恋人のいる人は，他の2群よりも抵抗感が高いことから，サポートを求めるという場面でも部外者に対して排他的であることがわかります。

律的に対処しやすくなります。このことから逆に，部外者に排他的になっているほど，自律的な対処が難しくなる可能性があります。

2.3.2　親密な関係での暴力，予防へのアプローチ

　近年，配偶者からの暴力被害について公的機関に相談される件数が増加しています。このような親密な関係での暴力はDV（ドメスティックバイオレンス：Domestic Violence）と呼ばれ，家庭での暴力全般を指すこともありますが，主に夫婦内での暴力や未婚のカップル内の暴力（デートDVとも呼ばれます）に限定して用いられます。ここでは，後者の夫婦やカップル内での暴力に限定して説明します。なお，最近のいくつかのデータでは，女性のみならず男性もまた相手の女性からの暴力被害にあうことが少なくないようです。

1.　暴力のエスカレートを防ぐ

　DVと聞くと殴る蹴るといった身体行為のみがイメージされがちですが，相手を一方的にののしり続けて相手の自信や自己評価を低下させるといった心理的被害をもたらす行為も含まれます。DV関係だからといって必ずしも激しい**身体的暴力**だけがふるわれているわけではないのです。むしろ，しばしば報告されるのは，当初ささいな**心理的暴力**だったものが，日々の相互作用の中で徐々にエスカレートし，身体的暴力がふるわれるようになるというケースです。

では，このエスカレートを防ぐにはどうすればよいでしょうか。エスカレートの被害者とならないために有効な行動として，日々の相互作用の中で，相手から受けた理不尽な言動に対しては，その都度批判したり反論したりしておくことがあります。適切なタイミングで相手に"NO"と伝えることで，原因となった潜在的加害者による理不尽な行動は後に繰り返されにくくなり，それが後の心理的暴力や身体的な暴力へとエスカレートされにくくなるからです（相馬・浦，2010）。このことは，逆に，普段，相手の理不尽な言動に対して耐え忍ぶことは，短期的には事を大きくしない効果をもつかもしれませんが，長期的にはより深刻な心理的暴力，さらには身体的暴力を被る可能性を高めてしまうということです。実際，若者が将来 DV 被害を経験しないことを目的に行われる予防プログラムでは，こういった行動の獲得も一つの重点的課題として取り入れられています（Fellmeth et al., 2013）。

　なお，このような主張的行動が有効なのは，あくまでも DV が生じていない関係においてです。すでに DV が心理的なものから身体的なものへとエスカレートしている場合には，かえって危険が増す可能性があります。

2. 風通しの良い関係性のもつ利点

　被害者とならないためには時に主張的な行動をとることが有効ですが，誰もが心がけてそうできるわけではありません。必要な場合にきっちり"NO"と発するには，そうすることが正しいと思えなければなりません。しかしそもそも相手の行動が理不尽だと確信したり，主張によって相手の行動の間違いを正すことができると思ったりするための明確な基準があるわけではありません。一人で正しいと確信をもつことはたやすくないでしょう。ここで重要な役割を果たすのが，自身の判断を理解し後押ししてくれるような身近なサポーターの存在です。関係外部にいるソーシャル・サポート源の存在によって，DV の早期予防に有効な行動をとりやすくなるのです。

　同様のことは，地域レベルでの犯罪の生じやすさを調べた研究からも示唆されています。アメリカ国内の 80 地域の特徴とそこに住む女性の DV 被害との関連を調べたところ，被害が生起しにくかったのは，移民の集中している地域でした（Wright & Benson, 2010）。補足的な分析の結果，移民が集中して暮ら

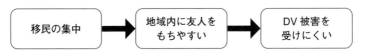

図2.6 **DV被害の生じにくい地域にみられるプロセス**
(Wright & Benson, 2010 に基づき作成)

移民の集中している地域ほど，地域内の住人間で友人をもちやすく，その結果，その地域に住む女性が配偶者から暴力被害にあう確率が低くなります。

す地域では，地域内での友人ネットワークが密なものとなりやすく，そのことが在住女性のDV被害の抑制に有効であることが示されました（**図2.6**）。マクロな視点からみても，関係の外部に対して風通しの良い夫婦関係が，DV被害にあいにくいといえるでしょう。

コラム 2.1　現実に人と人とを惹きつけ合わせる要因は何か？

　ある要因が対人魅力に影響しているかどうかを調べるため，いくつかの研究では，架空の人物を実験的に作り上げ，その人物に対する反応や評価を測定する方法をとります。たとえば，類似性の働きを確認するため，実験参加者に性格の似た架空の人物と似ていない架空の人物を提示し，それぞれに対する魅力がどう違うのかを調べるのです。実験法と呼ばれるこのやり方は，似ているということ以外の要因が働きにくい状況を作ることができます。たとえば，外向性における類似性が対象人物への好意を高めるかどうかを検証したい場合，実在する人物を対象とすると，外向性以外の側面（たとえば，同じ大学に所属しているか）でも実験参加者と対象者に予期せぬ類似が生じてしまう可能性があります。すると，もし外向性の類似した対象人物に対する好意度が高かったとしても，それは別の要因（同じ大学への所属）によるのかもしれません。少なくとも，その可能性を排除することができません。このため，実験法では，狙いとする特徴（外向性）以外の側面についてはまったく同じ架空の人物を作り出し，それに対する反応の違いをみることでより確かな結論を導こうとするわけです。

　しかし，この方法は現実離れしていて，本当に類似性が魅力に影響するのかはわからないという批判もあります。そこで，研究者は実際に付き合っているカップルに付き合い始めた頃のことを思い出してもらい，本当に類似性により魅力が高まったのかを確かめる方法をとることがあります。調査法と呼ばれるこのやり方では，より現実に近づいて要因の働きを明らかにすることができます。一方，思い出してもらう時点で回答者による思い過ごしや勘違い，美化が生じる危険性があります。

　こういった問題点を解決するため，最近の研究では，スピードデーティングといった手法が用いられることがあります。これは婚活パーティなどで取り入れられているお見合い状況を研究者の前で作り出し，対人魅力の生じるプロセスを研究者がつぶさに観察するための方法です。典型的には，「恋人と出会える実験」への参加呼びかけに応募した参加者が，男女1人ずつ組になって3分程度で話す時間を与えられます。参加者は同時に参加している異性すべてと話すチャンスを与えられます。

たとえば男女 10 人ずつが参加する場合，3 分間の会話を 10 回繰り返すことになります。それぞれの会話の後には個人的に今話した相手と連絡をとってみたいと思うかをメモしておきます。双方が選択し合っていたペアについては，実験者から最後に連絡先が渡されます。

　参加者は話した相手すべてについて連絡をとりたいかを答えるため，上の例では，参加者 1 人につき 10 回ペアを作る機会があることになります。欧米で 382 人もの学生や社会人を対象に幅広く行われた実験では，参加者の 6 割が少なくとも 1 組のペアを成立させることができました（Asendorpf et al., 2011）。

　この実験手続きをとることにより，研究者はどのような人が選ばれやすく，また相手を選り好みしやすいのかといった対人魅力の問題をより現実的に，そして確実にとらえることができます。たとえば，アセンドルフら（Asendorpf et al., 2011）の研究では男女ともに外見的に魅力が高い人が選ばれやすい一方，魅力の高い男性ほど相手を選り好みしやすいこと，さらに男性では学歴や収入が高く性的に奔放な一方，シャイでないほど相手から選ばれやすいことが明らかとなっています（表 2.1）。

表 2.2　スピードデーティングでの対人魅力に影響した要因
(Asendorpf et al., 2011 に基づき作成)

	選り好みのしにくさ		選ばれやすさ		マッチのしやすさ	
	男性	女性	男性	女性	男性	女性
顔の魅力	−		+	+	+	+
声の魅力			+	+	+	
肥満度（BMI）		+	−	−		
身長			+			
学歴	−		+			
収入			+			
性的奔放さ			+		+	
シャイネス		+	−			
開放性			+			

「選り好みのしにくさ」とは多くの相手とのデートを望む傾向を，「選ばれやすさ」とは多くの相手からデートしたいと選ばれる傾向を，「マッチのしやすさ」とは選んだ相手から選ばれやすかったことを意味しています。また "＋" の指標は一方の傾向が強いほどもう一方の傾向も強かったことを，"−" の指標は一方の傾向が強いほどもう一方の傾向が弱かったことを表しています。たとえば，男女ともに，顔の魅力が高いほど相手から選ばれやすい一方，男性では魅力が高い人ほど相手を選り好みしやすいことがわかります。

復習問題

1.（　　　　）の中に，適切な用語を入れてください。

①親密な関係をもつことで，理想自己を成就させやすくなることを（　　　）という。

②親子関係と類似した親密な関係には（　　　）と（　　　）という2つの機能がある。

③損得という視点から考えると，人間関係が続くかどうかの多くは（　　　）（　　　）（　　　）という3つの要因によって決まる。

④親密な関係について，（　　　）信念をもつ人のほうがその関係が続きやすい。

⑤DVの生じにくい関係を築く上で，日々の相互作用における主張的行動が必要であり，それを可能にするためには（　　　）が重要である。

参 考 図 書

大坊 郁夫・谷口 泰富（編）（2013）．クローズアップ 恋愛　福村出版

　恋愛に関する心理学の知見を平易な言葉で記述した読み物。現代社会におけるさまざまな現象を広く取り上げており，入門書としては最適。ただし，紹介されている文献には限りがあり，中級者には以下の書籍をすすめます。

越智 啓太（2015）．恋愛の科学――出会いと別れをめぐる心理学――　実務教育出版

　古典的な研究から，比較的最近の研究までをコンパクトに整理した本。それぞれの研究知見がダイジェストに紹介されています。巻末には引用文献ももれなく記載されており，原典に直接あたることができます。

金政 祐司・相馬 敏彦・谷口 淳一（2010）．史上最強図解 よくわかる恋愛心理学　ナツメ社

　恋愛に関するさまざまな知見や法則を，トピックごとにかみ砕いて説明した本。バラエティに富む上に，巻末の裏づけ（引用文献）一覧を利用することで自分の研究の起点探しにも利用できます。

第 **3** 章
対人コミュニケーション

　人と人との関わりは，基本的にコミュニケーションを通して行われます。友人との会話やあるテーマについての議論はもちろんのこと，複数の人と共通の課題や仕事に取り組むときにも，指示を出したり作業内容を確認したりするなど，必ずコミュニケーションは行われます。本章では，他者との間で交わされるコミュニケーションの特徴について解説します。

3.1 　対人コミュニケーションとは

3.1.1 　対人コミュニケーションの定義

　コミュニケーションには，人と会話をする，質問に対して答える，お互いに微笑み合うなど，日常の多様な行為が含まれます。また，人はコミュニケーションを通して，他者との相互理解や関係構築をし，他者と情報やその意味を共有し，他者に影響を与えます。このように，コミュニケーションは，非常に多様な行為や機能を表している言葉です。そこで本章では，**対人コミュニケーション**を「ある人から別の人へ言語的，非言語的記号を用いて情報を移動させる過程」と定義することとします。

3.1.2 　対人コミュニケーションの構成要素

　対人コミュニケーションは，基本的には図 3.1 に示したような構成要素から成立しています。

　①送り手とは，情報を伝達する意図をもった人のことです。たとえば，自分に親切にしてくれた人に，感謝の気持ちを伝えようとする人は送り手になりま

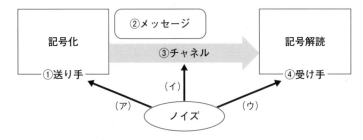

図3.1　対人コミュニケーションの基本的構成要素とノイズ
(Shannon & Weaver, 1949 長谷川・井上訳 1969 を参考に作成)
送り手は伝達したい情報を記号化してメッセージにします。メッセージはチャネルを通して受け手に伝達されます。受け手はメッセージを受け取り，記号解読してその意味を解釈します。

す。送り手は，感謝の気持ちを「ありがとう」という言葉にしたり，お辞儀したりすることで表します。このように，送り手が伝達したい情報を，音声や文字などの言語的記号，あるいは表情や身振りなどの非言語的記号に変換することを記号化（encoding）といいます。

　②メッセージとは，送り手が記号化することによって産出された記号の集合体のことです。「ありがとう」という言葉やお辞儀という身振りがメッセージに相当します。

　③チャネルとは，メッセージが伝達される経路のことで，音声，身振りや表情，文字などがそれに相当します。口頭で感謝の言葉を伝える場合，聴覚を通してメッセージが伝達されるので聴覚的チャネルが，お辞儀することで伝える場合，視覚を通してメッセージが伝達されるので視覚的チャネルが利用されたことになります。お辞儀しながら感謝の言葉を述べることがあるように，実際には多くの場合，複数のチャネルが同時に利用されます。また，電話，郵便，メールなどのように，メッセージを伝達するメディア（媒体）をチャネルと呼ぶこともあります。

　④受け手とは，特定のチャネルを通してメッセージを受け取る人のことです。受け手は，「ありがとう」という言葉やお辞儀から，送り手の感謝の気持ちを読みとるでしょう。このように，受け手がメッセージの意味を解釈することを

記号解読（decoding）といいます。

　「ありがとう」という言葉に，受け手が「どういたしまして」と応えるように，送り手からのメッセージに，受け手が反応としてのメッセージを返す場合，受け手は送り手に，送り手は受け手に立場が替わります。このように，送り手と受け手の役割が相互に入れ替わりながら，対人コミュニケーションは展開していきます。

　ただし，送り手が伝えようとした情報が，必ずしも意図した通りに受け手に伝わるとは限りません。感謝の気持ちを示したつもりの行為が，別の意味に受け取られてしまうこともあるのです。対人コミュニケーションにおいて，正確な情報伝達を妨害するものをノイズといいます。送り手が情報を記号化するとき，チャネルを通してメッセージを受け手に伝達するとき，そして受け手が記号解読するときにノイズは作用します。記号化の際のノイズ（図3.1の（ア））には，送り手の言葉の誤用や言い間違い，先入観や偏見による表現の歪曲，記号化のスキルの低さなどがあります。人からの親切に対する感謝の気持ちを，どのような言葉にしていいのかわからず，「そんなことしてくれなくてもよかったのに」と表現すれば，受け手は「大きなお世話だったのかな」と解釈するかもしれません。メッセージの伝達の際のノイズ（図3.1の（イ））はチャネルに関わるものです。騒音が大きくて送り手の声を聞きとりにくい，文字や身振りが小さくて受け手に見えにくいなどがノイズになります。記号解読の際のノイズ（図3.1の（ウ））には，受け手の言葉の誤解や聞き間違い，先入観や偏見による解釈の歪曲，記号解読のスキルの低さなどがあります。感謝の気持ちは言葉で表すべきだという態度をもつ受け手は，お辞儀をされても感謝の気持ちとは解釈しないでしょう。

3.2　対人コミュニケーションの種類

　感謝の気持ちが言葉で伝えられることもあれば，お辞儀のように言葉を使わずに伝えられることもあります。対人コミュニケーションは，前者のように言語を使用する**言語的コミュニケーション**と，後者のように言語を使用しない**非**

図 3.2　非言語的要素によって伝達される意図や感情
言語だけでも急いでいることはわかります。「っ！」という声の調子や表情があれば，言語以上に急いでいることが伝わります。

言語的コミュニケーションとに分類することができます。

　コミュニケーションというと，言葉で伝えるというイメージがあるかもしれませんが，非言語的な部分から伝わることも多いのです。たとえば，図 3.2 の左の「言語」のところだけを見てください。文字を見ただけでは，急いでいることはわかっても，どれくらい急いでいるかはわからないと思います。次に，真ん中の「声の調子」の吹き出しだけを見てください。「っ！」という声の調子が加われば，文字だけのときよりは急いでいることが伝わると思います。さらに，右の「表情」まで見れば，かなり急がなければならないことがわかると思います。マレービアン（Mehrabian, 1981 西田ら訳 1986）によると，伝達される感情や意図のうち，言語内容から伝わる部分は 7％にすぎず，声の調子からは 38％，表情からは 55％ということです。

3.2.1　言語的コミュニケーション

　「生徒」という言葉が「中学校や高校，あるいは塾などで教育を受ける者」を意味するように，言語はある特定の対象を象徴する人為的な記号です。言語的コミュニケーションは，言語という記号が象徴する意味を伝達しようとする意図や意識が高いコミュニケーションといえます。

　言語は話し言葉である音声言語と，書き言葉である文字言語とに分類できます。また言語的コミュニケーションは，言語を使用したコミュニケーションで

はありますが，言語だけから成立しているわけではありません。音声言語の場合には，声の大きさ，話す速さ，間のとり方などが，また文字言語の場合には，文字の大きさ，配列，文字の濃さなどが，言語の使用に伴います。これら言語に付随する要素は非言語的コミュニケーションに分類されます。

3.2.2　非言語的コミュニケーション

　他者の言動を不快に感じたとき，相手にそれを伝えるため，意図的に不機嫌な表情をしたり，舌打ちをしたりすることもあるでしょう。一方，相手にそれを悟られないように平静を装っていても，無意識のうちに表情が険しくなったり，語気が荒くなったりすることもあると思います。このように非言語的コミュニケーションは，言語的コミュニケーションとは異なり，相手に何かを伝えようとする意図や，非言語的行動をしているという意識が常に高いとは限りません。

　前項で述べたように，声の大きさ，話す速さ，間のとり方など，言語に付随する要素は**準言語**と呼ばれる非言語的コミュニケーションの一つです。他者の言動に不快感をもった人が，なかなか返事をしなかったり，強い口調で返事をしたりすることで不快な気持ちを相手に伝えたり，あるいはそのような沈黙や強い口調から，自分の言動が相手に不快感を与えるものだったのではないかと解釈する場合，準言語による非言語的コミュニケーションがなされたことになります。

　準言語以外の非言語的コミュニケーションは，おおむね以下のように分類されます。

- **身体動作**……身振りや身体の姿勢の他，顔面表情や視線の動きなども含まれます。
- **空間行動**……コミュニケートする相手との物理的な距離である対人距離のとり方や座席行動などのことです。
- **人工物**……服装，化粧，あるいはアクセサリーなどが含まれます。

　これら以外にも，体型や皮膚・毛髪の色などの身体的特徴，家具や照明などの物理的環境を非言語的コミュニケーションに含める場合もあります。

1. 身 体 動 作

(1) 身 振 り

　うなずくことで相手の発言に同意したり，両手を広げることで物の大きさを示したり，あるいは照れ隠しで頭をかいたりすることなどがあると思います。このように，主に頭，腕，手，指，足などを用いた身体動作を**身振り**といいます。首を横に振る身振りは否定や拒否を，手の平を相手に見せながら左右に振ることは別れの挨拶を意味していることなどは，多くの人が共通して認識しています。このように，特定の身振りが特定の意味を表象していることもあります。また，ある物体の形を説明するために両手でその輪郭を宙に描いたり，遠くにあるものを見てほしいときにその対象を指差したりするなど，身振りが言語を補足することもあります。さらに，緊張して袖まくりを何度も繰り返すなど，無意識的に行う身振りもあります。

(2) 身体の姿勢

　他者と会話をするときに，相手のほうに身体を向けたりすることもあれば，後ろにもたれかかって話を聞いたりすることもあると思います。**身体の姿勢**とは，このような身体全体の動きや方向のことです。身体の姿勢から，人はさまざまな情報を得ることができます（深田，1998; Spiegel & Machotka, 1974）。椅子に座って会話をする場合，会話に興味があるときには，図3.3（a）のよ

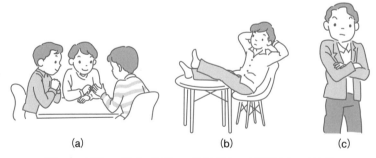

(a)　　　　　　　　　　(b)　　　　　　　　　　(c)

図3.3　会話への興味，相手への好悪感情，地位関係を示す姿勢
（a）会話に興味があるときには前傾姿勢になることが，（b）会話に退屈しているときは後ろにもたれかかって両足を伸ばすことが，（c）地位が高いときや支配・拒否を示すときには腕を組むことが多くなります。

うに上体を前に傾け，両足を後ろに引くことが多くなります。親しい相手と会話をするときや，相手を許容するときにも前傾姿勢になることが多くなります。逆に会話に退屈しているときには，頭を下げたり，左右いずれかに傾けたり，図3.3 (b) のように後ろにもたれかかって両足を伸ばしたりすることが多くなります。相手を拒絶するときにも後傾姿勢になることが多くなります。また，職場の上司と部下や，学校の先輩と後輩のように，会話をする者の間にある地位の上下関係が身体の姿勢に表れることもあります。部下や後輩のように地位が低い者は，身体を真っ直ぐに保つ，前傾姿勢をとる，足を曲げて両足を揃える，腕は組まずに手を膝の上に置くなど，緊張した姿勢をとることが多くなります。逆に上司や先輩のように地位が高い者は，横や後ろにもたれる，足を伸ばす，足を組むなど，リラックスした姿勢をとることが多くなります。図3.3 (c) の腕を組む姿勢も，地位が高い者が多くとる姿勢ですが，相手に対する支配性や拒否感を示すこともあります。このように，送り手が意識しているか否かに関わらず，身体の姿勢は会話への興味，相手への好悪感情，あるいは地位関係などを示しており，受け手は身体の姿勢からそれらの情報を受け取っています。

(3) 顔面表情

　図3.4 (a) を見れば喜び，図3.4 (b) を見れば怒り，図3.4 (c) を見れば悲しみの感情を抱いていることが推測できるでしょう。顔面表情には個人の感

(a)　　　　　　　　　(b)　　　　　　　　　(c)

図3.4　感情を示す顔面表情
(a) 喜びのときには口角と下まぶたが上がり，(b) 怒りのときには眉毛が下がって中心に寄り，(c) 悲しみのときには左右の眉毛の内側が上がり，口角は下がります。

情や態度が表れます。エクマンとフリーセン（Ekman & Friesen, 1975 工藤訳 1987）によると，驚き，恐怖，嫌悪，怒り，幸福，および悲しみという6つの基本的感情に対応して顔面表情は変化します。

(4) 視線の動き

　他者とコミュニケーションをとる際，どこを見るかということ，すなわち視線の動きもいろいろな情報を伝達します。ケンドン（Kendon, 1967）は，視線の機能を4つに分類しています。第1は，視線を相手に向けることによって，相手に注目していること，相手とコミュニケートする意志をもつことを示す認知機能です。授業中に質問したいことがある生徒は教師に視線を向けますし，あてられたくない生徒は視線をそらすでしょう。第2は，相手に視線を向けることによって，相手の感情や態度，あるいは反応を読みとるフィードバック機能です。第3は，会話の進行や話し手の交代を円滑にする調整機能です。会話中に視線を一度も合わせないのは非常に不自然ですし，話し手を交代したいときには聞き手に視線を向けます。そして第4は，自己の態度や感情を他者に伝達する表現機能です。特に好意的感情をもつ相手には視線を向けることが多くなりますが，相手を凝視することは敵対的感情を表すこともあります。

2. 空 間 行 動

(1) 対人距離のとり方

　コミュニケートする相手との間にとられる物理的距離のことを**対人距離**といいます。親しい相手と握手をしたりハグをしたりすることがあると思います。このような相手への接触，言い換えると対人距離を0にすることは相手への好意や親密さを表していると考えられます。また，ホール（Hall, 1914 日高・佐藤訳 1970）は，相手との関係を示すものとして，対人距離を4種類に分類しています。

①**親密距離**……相手との距離は0～45 cm で，相手の体温や匂いを感じることができます。恋人や家族など，親密な相手ととられる距離です。

②**個体距離**……相手との距離は45～120 cm で，手を伸ばせば何とか相手に触れることができます。友人などと私的な会話をするときにとられる距離です。

③**社会距離**……相手との距離は120～360 cm で，特別な努力を払わない限り，

相手の身体に触れることができません。職場での仕事上の話など，公的なコミュニケーションを行うときにとられる距離です。

④公衆距離……相手との距離は 360 cm 以上で，表情を知覚しにくくなったり，声を大きくしなければならなくなったりするなど，二者間でコミュニケーションを交わすのに困難が伴うようになります。講演など多数の聴衆に向かって話すのに適した距離です。

　友人と音楽の好みについて話すとき，友人が個体距離まで近づいてこないとよそよそしい感じがすると思います。また，教員に授業内容について質問するとき，教員との距離が近すぎると緊張して教員の話が耳に入ってこないこともあるのではないでしょうか。このように，人は相手とコミュニケートする目的に応じて，相手との間に適切な対人距離をとったり，相手との距離のとり方で，相手への好意や親密さを表したりしています。

(2) 座席行動

　ファミリーレストランなどでは，矩形のテーブルを囲んで4〜6つの椅子が置いてあることがよくあります。そのような状況で，自分を含めて2人で席に着かなければならないとき，どの席とどの席に座るでしょうか。このような，一定の空間配置の中で特定の座席を選択する行動を**座席行動**といいます。

　ソマー（Sommer, 1969）は，2人での会話，協力して行う作業，独立して同時に行う作業，および結果を競い合う作業それぞれの場面で，**図 3.5** に示した6つの着席位置のいずれが好まれるかを調査しました。会話場面ではAやB，協力して行う作業場面ではEやB，独立して同時に作業を行う場面ではCやB，競い合う作業場面ではBやCの着席位置が好まれていました。さらに加藤（1986）は，これらの着席位置にいる2人の関係のイメージについて調査を行いました。Aは話しやすい，気楽な雰囲気，Bは対等な関係，Cはお互いに干渉をし合わない関係，Dはお互いに独立な関係，Eは親しい，協力しやすい関係，Fはお互いに親しくない関係というイメージでした。

　コミュニケートする目的や相手との関係に応じて，好まれる着席位置は変化します。つまり，人は座席を偶然選択するのではなく，相手との関係性を示す座席行動を行っているのです。

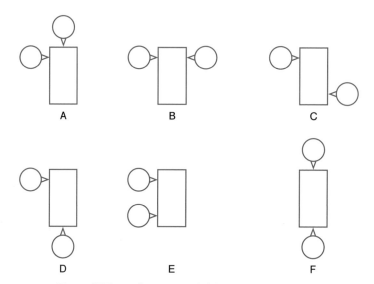

図 3.5　**矩形テーブルにおける座席行動** (Sommer, 1969)

ソマー（Sommer, 1969）の調査では，会話をするときには B，協力して作業をするときには E，独立して作業をするときには C，競い合って作業をするときには B の着席位置がもっとも好まれていました。

3. 人 工 物

　人工物とは，服装，化粧品，あるいはアクセサリーなど，人が身につけているもののことです。不祥事や事故を起こした当事者が記者会見などで謝罪をする際，多くの場合スーツやネクタイを着用しています。反省の気持ちや誠意を示すためだと考えられます。デートのときには，いつもより念入りに化粧をしたり，お洒落なアクセサリーを身につけたりするのではないでしょうか。そこには，相手への好意や他の人とは違う特別な存在であることが表れているのではないでしょうか。就職活動中の女子大学生は，リクルート用のシャツとして洗練されたイメージや知性が高いイメージの強い白や青を好み，採用者側は白や青のシャツから誠実な印象を受け取るようです（庄山ら，2004）。このように，人工物も他者に何らかのメッセージを伝達するために用いられます。

4. 非言語的コミュニケーションの特徴

　言語的コミュニケーションと比較したときの非言語的コミュニケーションの

図 3.6　言語を使用しない非言語的コミュニケーションの例
「静かにして」という言葉がなくても，この身振りを見れば静かにしてほしいことは伝わっ
てきます。

特徴として，深田（1998）は以下の 4 つをあげています。

(1) 言語との独立性

図 3.6 のような身振りを見れば，「静かにして」という言葉がなくても，相
手は自分に静かにしてほしいと思っていることが伝わってきます。また図 3.4
(c) のように，悲しみの感情が顔面表情で表出されているにもかかわらず，
その人に何があったのか尋ねても，「何でもない」という答えが返ってくるこ
ともあるでしょう。このように，言語的コミュニケーションを含まない非言語
的コミュニケーションが存在したり，言語的コミュニケーションと非言語的コ
ミュニケーションそれぞれが伝達する意味が異なったりすることもあります。

(2) 状況による意味の変化

相手に視線を向けるという行為は，デートの相手に対するものであれば好意
を意味しますが，不快な言動をした相手に対するものであれば敵意を意味しま
す。このように，同じ非言語的行動であっても，その意味は状況や文脈によっ
て違ってきます。

(3) 抽象的・論理的情報伝達の困難さ

円の面積を求める公式を，言語を使わず非言語的コミュニケーションだけで
説明するのはほぼ不可能です。抽象的な情報や論理的な情報を伝達するのに，
非言語的コミュニケーションは適していません。

(4) 感情伝達の有効性

顔面表情は言語以上に，感情や相手に対する態度を的確かつ効率的に伝達す

ることができます。図3.4（b）のような表情を見れば，何も言わなくても，怒っていることはすぐに伝わってきます。

3.3　対人コミュニケーションに必要なスキル

　対人コミュニケーションは，送り手と受け手の役割が相互に入れ替わりながら展開していきます。つまり，当事者が相互に発言し合えば，会話は続き，はずんでいきます。逆に当事者が発言をしなくなると，会話は途切れて盛り上がりに欠けてしまいます。なぜ，会話中に発言が途絶えてしまうのでしょうか。また，対人コミュニケーションが円滑に行われるためには何が必要なのでしょうか。

3.3.1　発言抑制

　他者と会話する際には，相手の気持ちや考えを知りたくてあえて発言せず聞き手になったり，会話を続けたくないと思って発言しなかったりするなど，自分の意思や判断で発言を控えることがあります。また，自分が発言しようとした内容と同じことを相手が発言したり，自分が発言しようとしたタイミングで相手が発言したりしたため，発言を控えざるを得ないこともあります。このように，自発的か他律的かに関わらず，会話中に自分の意見や気持ちなどについて表出しないことを**発言抑制**といいます。

　畑中（2006）は，発言抑制が生じやすい状況と，どのようなことを意識して発言を抑制するのかについて調査しています。発言抑制が生じやすいのは，親しくない人と会話をする，頼まれたことを断る，友人と態度や意見が異なる，あるいは共通の話題がないなどの状況でした。発言抑制の生じやすさには，会話をする相手や会話の内容が関係しているようです。また，発言を抑制するときに意識される内容は適切性考慮，否定的結果，関係回避，およびスキル欠如の4つに分類されました。適切性考慮とは，話してもよい相手かどうか，話してもよい内容かどうか，あるいは話してもよい状況かどうかなど，発言するのが適切かどうかを意識することです。否定的結果とは，自分が発言することで

相手から嫌われたり，拒否されたり，関係が壊れたりするのではないかと意識することです。関係回避とは，相手との関わりを避けたい，こんな相手は放っておきたいなど，相手との関係を継続させたくないと意識することです。そしてスキル欠如とは，うまく話すことができない，何を言ったらいいかわからないなど，自分のコミュニケーション・スキル不足を意識することです。これら4つの内容が単独で意識されることは少ないのですが，特にスキル欠如が意識されると発言抑制が生じやすくなります。

3.3.2　コミュニケーション・スキル

　スキル欠如を意識することで発言が抑制されやすいことからも，他者との円滑なコミュニケーションには，そのために必要なスキルを獲得する必要があることがわかります。コミュニケーションを中心とする他者との相互作用を円滑に進めることができる能力や技能を**社会的スキル**（ソーシャルスキル；social skill）といいます。社会的スキルをどの程度身につけているかを測定するための尺度はいくつかありますが，代表的な尺度の一つであるENDE2（堀毛，1994）を表3.1に示します。「いろいろな人とのつきあいの中で，これらの行動がどのくらいできますか」という教示のもと，それぞれの項目を5段階で評定します。

　1，4，7，10，13は記号化スキルを測定する項目です。自分の感情や態度を，言葉，身振り，あるいは表情など，さまざまなチャネルを通じて表すことができるかどうかが測定されます。2，5，8，11，14は解読スキルを測定する項目です。他者の行動からその人の感情や態度を判断することができるかどうかが測定されます。そして3，6，9，12，15は統制スキルを測定する項目です。自分が感じている気持ちや感情，あるいは他者の行動によって生じた気持ちや感情を適度にコントロールすることができるかどうかが測定されます（9と12は逆転項目なので，これらの項目にあてはまらないほど，統制スキルが高いと判断されます）。対人コミュニケーションを円滑に行うためには，自分が伝えたい情報をうまく記号化し，相手からのメッセージを適切に記号解読できるだけでなく，感情的になりすぎず冷静に振る舞うことも必要なのです。高井と太

表 3.1　社会的スキルを測定するための尺度 ENDE2（堀毛，1994）

1.　自分の気持ちを正確に相手に伝える
2.　相手のしぐさから気持ちを読みとる
3.　自分の気持ちや感情をコントロールしながらつきあう
4.　会話をうまくすすめる
5.　話をしている相手の気持ちのちょっとした変化を感じとる
6.　自分を抑えて相手にあわせる
7.　感情を素直にあらわす
8.　言葉がなくても相手のいいたいことがなんとなくわかる
9.　気持ちを隠そうとしても表にあらわれる
10.　身振りや手振りをうまく使って表現する
11.　嘘をつかれても見破ることができる
12.　いわないつもりでいることをつい口に出す
13.　自分の気持ちを表情や目に現す
14.　相手が自分をどう思っているか読みとる
15.　相手の言うことが気に入らなくてもそれを態度に出さない

1，4，7，10，13 は記号化スキル，2，5，8，11，14 は解読スキル，3，6，9，12，15 は統制スキルを測定する項目です。なお，9 と 12 は逆転項目なので，これらの項目にあてはまらないほど，統制スキルが高いと判断されます。

田（Takai & Ota, 1994）によると，日本ではこれら以外に，上下関係を気遣って行動できること，遠回しな表現で気持ちを伝えられること，そして相手が気持ちをはっきりとは示さなくてもそれに耐えられることも社会的スキルに含まれます。

3.4　対人葛藤

　他者との関係は常に友好的であるとは限りません。お互いの意見や考え方が相容れず，対立や争いが生じることもあります。人と人との間で意見や考え方が互いに相容れない，あるいは対立するなどの状態を**対人葛藤**といいます。対人葛藤を解決しようとする試みも，基本的にはコミュニケーションを通して行われます。

3.4.1　葛藤対処方略

　対人葛藤を経験すると，当事者はそれを解決しようと相手に対して働きかけ

図 3.7　トーマスによる葛藤対処方略の 5 類型（Thomas, 1976）
他者との間に意見や考えの対立が生じたときに用いる方略です。競争は自分の意見を押し通そうとする方略，協力はお互いに満足するような結論を見つけ出そうとする方略，妥協はお互いの意見の間をとろうとする方略，回避は相手との衝突を避けようとする方略，譲歩は相手の望み通りにする方略です。

ます。対人葛藤の解決を試みる働きかけは**葛藤対処方略**と呼ばれます。葛藤対処方略は，自己の欲求や利益を重視する程度と，相手の欲求や利益に配慮する程度の 2 次元で分類されることが多いです。たとえばトーマス（Thomas, 1976）は，前者として自己主張性，後者として協調性の 2 次元を想定し，その組合せによって，葛藤対処方略を図 3.7 に示すように 5 つに分類しています。

①**競争**（competitive）……自己主張性が高く協調性が低い方略で，自分の利益を優先させて，相手を自分に強制的に従わせようとする働きかけです。つまり，自分の意見を押し通そうとする方略です。

②**協力**（collaborative）……自己主張性，協調性がともに高い方略で，当事者双方の利益が最大になるよう，協力して葛藤の解決を図る働きかけです。つまり，お互いに満足するような結論を見つけ出そうとする方略です。

③**妥協**（sharing）……自己主張性，協調性がともに中程度の方略で，当事者双方が一定程度の利益を得られるように，お互いに要求水準を下げて葛藤の解決を図る働きかけです。つまり，お互いの意見の間をとろうとする方略です。

④**回避**（avoidant）……自己主張性，協調性がともに低い方略で，お互いの利益に関わる問題を放置し，対人葛藤そのものを認識しないようにする働きかけです。つまり，相手との衝突を避けようとする方略です。

⑤**譲歩**（accommodative）……自己主張性が低く，協調性が高い方略で，自分

の利益を犠牲にして，相手の利益を優先する行動です。つまり，相手の望み通りにする方略です。

　ただし，必ずしも回避が協調性の低い方略であるとは限らないとの指摘もあります。たとえば，他者との関係が悪化したり，対立が激しくなったりするのを避けるため，対人葛藤が表面化するのを避け，問題を先送りにすることがあります。この場合の回避は，自己主張性は低いものの，協調性は高い方略と考えることもできます。

3.4.2　対人葛藤の効用

　友人と意見や考え方が対立して言い争いをしてしまうと，イライラしたり，気が滅入ったり，場合によっては体調を崩してしまったりすることがあるのではないでしょうか。このように，対人葛藤に直面すると，人は精神的・身体的緊張を経験し，それが長く続くと心身の不調は増大していきます。しかし，世の中には多様な意見や考え方をもつ人がいますので，対人葛藤を完全に避けることはできません。対人葛藤に直面したときには，それに適切に対処することが重要になります。

　対人葛藤が適切に解決されれば，当事者に有益な影響がもたらされることもあります。たとえば，対人葛藤を経験することは自分とは異なる考えにふれる機会になり，物事を創造的に考えられるようになります（De Dreu & West, 2001）。お互いの意見や考えを知る機会にもなりますから，相互理解や信頼感も生まれてきます（Jehn, 1997）。一方，対人葛藤が適切に解決されなければ，心身の不調を招くだけでなく，相手に対する敵意を生じさせたり，相手との関係を絶とうとする意思を強めたりすると考えられます。対人葛藤が当事者に有益な影響をもたらす適切な対処の仕方とは，葛藤対処方略の中でも協力を当事者双方が用いて対人葛藤の解決を試みることです。お互いが信頼し，協力の必要性を認識しているときに，人は協力を用いて対人葛藤の解決を試みるようになります（Tjosvold, 1998）。

3.5 集団におけるコミュニケーション

複数の人で共通の課題や仕事に取り組むとき，すなわち集団で活動を行うときにも，メンバー間でコミュニケーションが交わされます。メンバー間のコミュニケーションのあり方によって，集団の作業効率，集団の雰囲気，あるいはメンバーのやる気などは大きな影響を受けます。

3.5.1 コミュニケーション・ネットワーク

情報通信技術の発達により，多くの人が瞬時に情報を共有することが可能になりました。LINE や Twitter などを使えば，時間や場所に関係なく，多くの人に同じ情報を伝えられます。しかし，同じ時間に同じ場所に集まって活動する集団では，必ずしもそのような状況にあるとは限りません。もちろん，誰でも誰とでも自由に言葉を交わすことができる状況もあるとは思います。しかしクラブやサークル，あるいはゼミなどの活動について要望があるときには，キャプテンや先輩を通して顧問の先生あるいはゼミの指導教員に伝えることもあるのではないでしょうか。集団ではこのように，誰かに何かを伝えたいときには別の誰かを通さないと伝えられない状況もあります。

誰と誰との間で情報伝達がなされるかといった，集団のメンバー間で交わされるコミュニケーションのパターンを**コミュニケーション・ネットワーク**，あるいは**コミュニケーション構造**といいます。リービット（Leavitt, 1951）は，図 3.8 に示すような 4 種類のコミュニケーション・ネットワークを 5 人集団で実験的に作り，それぞれの集団における生産性やメンバーの満足度を比較しました。○や●は人を，○と○との間に線が引かれていればその 2 人はコミュニケーションをとることができることを表しています。サークル型では，全員が両隣の人と直接コミュニケーションをとれます。ホイール型では，中心の 1 人（●）は他の 4 人と直接コミュニケーションをとれますが，周辺の 4 人は中心の 1 人に仲介してもらわないと他の人とコミュニケーションをとることができません。このように，どの型のどの位置にいるかによって，コミュニケーションのとりやすさや情報の集まりやすさが違います。サークル型では全員のコミ

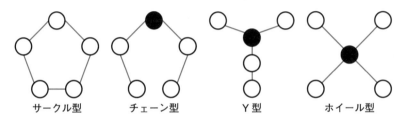

サークル型　　　　チェーン型　　　　Y型　　　　ホイール型

図3.8　リービットの実験で用いられたコミュニケーション・ネットワーク
○は人を表しており，○と○との間に線が引かれているのは，コミュニケートすることが
可能であることを意味しています。●の人はコミュニケーション・ネットワークの中心と
なり，情報が集まりやすくなります。

ュニケーションのとりやすさが同じです。一方，チェーン型，Y型，およびホ
イール型では，中心に位置する人はコミュニケーションをとりやすく，情報が
集まりやすいのですが，その人から離れるほどコミュニケーションはとりにく
くなります。

　中心に位置する人と周辺の人との間でコミュニケーションのとりやすさにも
っとも差があるホイール型では，中心に位置する人がリーダーとして認知され
やすく，生産性はもっとも高くなりました。しかし，周辺に位置する人の満足
度は低くなっていました。一方，コミュニケーションのとりやすさが全員同じ
サークル型では，生産性は低いのですが，メンバーの満足度は高くなっていま
した。

　しかしこれは，情報を共有することが主な作業である課題に取り組んでいる
ときの結果であり，メンバーによる議論が必要な課題や，処理すべき情報が多
い場合には，サークル型で生産性が高いことが示されています（Shaw, 1964）。

3.5.2　地位の上下関係とコミュニケーション

　クラブ，サークル，あるいはゼミの先輩と後輩，職場における上司と部下の
ように，集団のメンバー間には地位の上下関係が存在することがあります。集
合場所，集合時間，活動の際に必要なもの，あるいは緊急の連絡事項など，集
団活動に必要な情報は，地位の上位者から下位者，下位者から上位者，あるい
は同地位者同士，いずれであっても正確に伝達される必要があります。しかし，

下位者から上位者への情報伝達は，上位者から下位者および同地位者同士と比較して歪みやすいことが指摘されています。

　まず，下位者の中でも高い地位に就きたいという願望が強い人は，自分の評価を低める可能性のある情報を伝達するのを避ける傾向にあります（Cohen, 1958）。また下位者は，高い地位に就きたいという願望の有無に関わらず，上位者を不快にさせ機嫌を損ねさせる可能性のあるネガティブな情報を伝達したがりません。たとえば，学校の窓が割れているのを見つけたとき，自分が割ったのではなくても，教員にそれを伝えるのがためらわれることもあるのではないでしょうか。このような現象は，口をつぐむという意味のマム（mum）効果と呼ばれています（Rosen & Tesser, 1970）。一方，上位者と下位者との間に強い信頼関係が存在するときには，情報伝達の頻度は増え，情報はより正確で具体的になります（Gaines, 1980）。

コラム 3.1　集団で起こるメンバー同士の対立

　集団とは，目標・目的を共有し，その達成のために協力し合う人々の集まりであると，一般的には定義されます（第6章参照）。共通の目標・目的のために協力し合う仲間同士ですから，メンバー間では良好で友好的なコミュニケーションが交わされ，意見や考え方の対立は生じにくいと思われるかもしれません。しかし実際には，メンバー同士が対立してしまうこと，すなわちメンバー同士の葛藤が起こることも珍しくはありません。

　集団で起こるメンバー同士の葛藤は，目標・目的を達成するための手段や方法，あるいは集団活動の方向性などについての意見や考え方の相異が原因となって起こる課題葛藤と，他のメンバーと性格や人柄が合わないなど，集団の目標・目的とは直接関係しない事柄が原因となって起こる関係葛藤とに分類することができます（De Dreu & Weingart, 2003）。また課題葛藤は，メンバーの意見や考えを1つにまとめなければいけないとき，分け合うのが難しい資源（たとえば，メンバーの誰もが望む役割やチャンスなど）の獲得を目指してメンバー間で競い合うとき，あるいは多忙であったり責任が重かったりする役割のように，メンバーの誰も積極的には望まないけれど誰かがそれを引き受けなければならないときなどに，メンバー同士がコミュニケーションを交わす過程で起こりやすくなります（黒川，2015）。

　たとえ共通の目標・目的のために協力し合う仲間同士であっても，集団として活動していく上で，まったく波風が立たず，メンバー同士の対立や摩擦が起こらないということはないようです。メンバーは，目標・目的の達成のために他のメンバーと協力し合おうとする動機と同時に，他のメンバーより勝っていたいという動機ももっています。このように，集団は基本的に，協力動機と競争動機が同時に存在する混合動機状況にあるため，メンバー同士の葛藤が起こりやすい状況にあるといってもいいのかもしれません。また，葛藤を経験している当事者以外にも集団にはメンバーがいます。メンバー同士の葛藤がなかなか解消されず長引いてしまうと，もともと直接はその葛藤に関係していなかったメンバーも巻き込まれてしまいます。葛藤に関わるメンバーの数が増えるほど，その対立は激しくなり，解決が困難にな

ってしまいます（Wildschut et al., 2003）。

　また集団において，多様なメンバーの意見を集約しながら集団としての意見を1つにまとめる役割を担っているリーダーは，メンバーとの間に葛藤を経験することが多くなります。そのようなとき，リーダーはメンバーとの葛藤をどのように解消しようとするのかが検討されています（黒川，2012）。それによると，リーダーは基本的に，協力的な方略を用いてメンバーとの葛藤を解消しようとします。しかし，集団が困難な課題に取り組んでいるときには，葛藤解決の方略にリーダーの特徴が表れるようです。課題の遂行を重視するリーダーは，自分の意見や考えを押し通そうと主張したり，それとは逆に，メンバーの意見や考えに従おうと譲歩したりする傾向が強くなります。一方，集団内の良好な人間関係を重視するリーダーは，譲歩するのを避け，協力的な方略を用いて対処しようとする傾向をいっそう強めます。

　メンバー同士の葛藤であっても，自分の意見や考えだけでなく，相手の意見や考えも考慮し，双方の利益が最大になるよう協力的なコミュニケーションを交わすことが，葛藤の当事者双方だけでなく，集団にとっても望ましいことは容易に想像できますし，多くの研究でもそれが示されています。しかし，メンバー同士の葛藤を解消しようとするときには，当事者の集団における役割や立場，あるいは集団が取り組んでいる課題の性質や難しさなど，集団特有の制約があるため，いつでも協力的でいられるとは限りません。

　集団では，メンバー同士の葛藤が起こらないように気をつけるよりも，メンバー同士の葛藤はいつでも起こり得るものであると考え，葛藤が起きたときでも率直で協力的なコミュニケーションを交わせる雰囲気を作っておくほうがよいようです。

復習問題

1. 対人コミュニケーションにおいて，送り手が伝えようとした情報が，意図した通りに受け手に伝わらないことがあります。このようなことが起こる原因について説明してください。

2. 言語的コミュニケーションとの関連から，非言語的コミュニケーションの特徴を説明してください。

参考図書

深田 博己 (1998). インターパーソナル・コミュニケーション──対人コミュニケーションの心理学── 北大路書房

　対人コミュニケーションに関連する研究成果を，社会心理学の立場から体系的にまとめた入門レベルの一冊。詳しい記述や具体例も豊富です。

深田 博己 (編著) (1999). コミュニケーション心理学──心理学的コミュニケーション論への招待── 北大路書房

　認知，発達，教育，対人，集団，健康，臨床など，幅広い領域の心理学におけるコミュニケーション研究の成果を統合した中級レベルの一冊です。

ブル, P. 高橋 超 (編訳) (1986). しぐさの社会心理学 北大路書房

　心理学の立場からの非言語的コミュニケーションに関する概説書的な中級レベルの一冊。研究方法も紹介されています。

第 **4** 章
説得と態度変容

　説得研究の歴史は古く，紀元前4世紀の古代ギリシャ時代，アリストテレスによる「弁論術」にまで遡ります。社会心理学においては，1940年代に態度変容研究の一つとして説得研究が始まり，1950年代〜1960年代にかけて学習理論に基礎を置くホヴランド（Hovland, C. I.）らのエール学派によって説得研究は全盛期を迎えます。1980年代以降は認知心理学に基礎をおいた実証研究や理論が提案され，説得過程の詳細な検討も行われています。

　本章では，説得研究の基礎をなす態度変容研究の知見を学んだ後，説得事態の構造や説得効果の規定因，そして説得過程を説明する理論について学びます。本章を読むことで，①態度とは何か，②どのように態度変容が生じるのか，③態度から行動は予測できるのか，④説得とは何か，⑤説得効果は何で決まるのか，⑥複雑な説得過程をどう理解するのか，についての知識を得るだけでなく，具体的場面で知識を活用することができるでしょう。

4.1　態度とは何か

4.1.1　態度は行動を予測するための構成概念である

　態度（attitude）とは何でしょうか。態度は人の行動を予測するために考案された構成概念の一つです。オルポート（Allport, 1935）の有名な定義を参照しましょう。彼は「態度は，経験を通して組織化された精神的・神経的準備状態であり，関連するすべての対象や状況に対するその個人の反応に対して，直接的かつ力動的な影響を及ぼすものである」としています。実際の研究に適した定義として，「態度はある特定の対象に対する比較的安定して持続する評価あるいは感情」というものを採用する研究者も多くいます（土田，2002）。いずれも態度が各個人に特有な内的特性であり，行動への準備状態と理解する点

は共通しています。

4.1.2　態度は 3 つの成分から構成される

　態度に構造はあるのでしょうか。態度は構成概念なので直接観察することは
できません。ローゼンバーグとホヴランド（Rosenberg & Hovland, 1960）は，
態度が感情，認知，行動の 3 成分をもち，測定可能な刺激と反応との間に想定
される媒介変数ととらえています（図 4.1）。たとえば，飲酒運転に対して
「好き―嫌い」（感情成分），「賛成―反対」（認知成分），「接近―回避」（行動成
分）の 3 点から測定することで，その個人がもつ飲酒運転に対する態度を推測
できます。この 3 成分は相互に関係し，矛盾のない状態を保つと同時に，ある
成分が変化すると他の成分に影響すると考えられています（4.2 節を参照）。

4.1.3　顕在的態度と潜在的態度

　人は態度をいつも意識できるのでしょうか。通常，態度は質問に対する回答

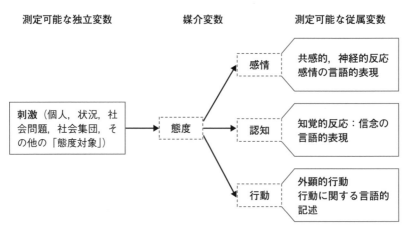

図 4.1　**態度の 3 成分の概念的図式**（Rosenberg & Hovland, 1960 より作成）
態度対象が刺激となり，態度を経由し，感情，認知，行動の 3 つの成分の反応が観察でき
ます。たとえば，ある人の「飲酒運転」に対する態度を知りたい場合，飲酒運転について
質問すると，「飲酒運転は怖い」（感情），「年々飲酒運転でつかまる人は減っている」（認
知），「飲酒運転を容認する人とは付き合わない」（行動）という回答をすれば，飲酒運転
に否定的な態度をもっていると推測することができます。

として測定されます（例：「沖縄は好きですか」「非常に好きです」）。近年，この意識的に評価でき簡単に報告できる態度を**顕在的態度**（explicit attitude）と呼び，意識的注意が及ばず自己報告ができない態度を**潜在的態度**（implicit attitude）と呼んで区別するようになりました（Greenwald & Banaji, 1985）。本音と建前が食い違ったり，公言するのが難しいことについての態度（例：人種，民族，ジェンダー，社会的少数派など）を扱う研究では，特に潜在的態度に興味がもたれます。なお，潜在的態度を測定する代表的な方法として**潜在連合テスト**（IAT; Implicit Association Test）があります。IAT は主にコンピュータ画面上に現れる具体的な刺激語（例：息子，母親，数学，音楽など）を 2 つのカテゴリー（例：男性と女性）と 2 つの属性（例：科学と人文学）との組合せ（例：男性—科学，女性—人文学，男性—人文学，女性—科学）に分類する反応時間の差から，カテゴリーと属性との相対的な連合の強さを計算し，態度対象に対する自覚できない態度を間接的に測定する方法です（IAT の具体的測定手続きについては，第 7 章を参照してください）。

4.2　態度はどのように変化するのか

　1950 年代に登場した**認知的斉合性理論**（cognitive consistency theory）は，態度変容研究の歴史においてもっとも多くの実証研究を生み出しました。そこでは，人には認知的斉合性，つまり認知的要素の間の一致を求める傾向があり，人は態度対象に関する複数の認知的要素が互いに矛盾しないよう自分の態度を決定すると考えました。この節ではハイダー（Heider, 1958）のバランス理論とフェスティンガー（Festinger, 1957）の認知的不協和理論を紹介します。

4.2.1　態度の認知的成分は均衡状態を求める——ハイダーのバランス理論

　態度はどのようなときに変化するのでしょうか。ハイダー（Heider, 1958）のバランス理論（cognitive balance theory）によれば，ある人のある対象に対する態度は，その本人（P）と対象（X）およびその対象に関連する別の人物（O）の三者の間の心情関係（センチメント）に依存し，それが均衡状態にあ

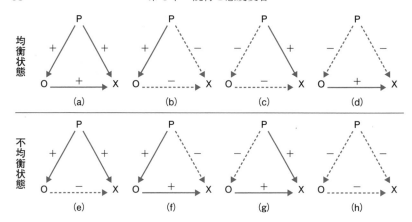

図4.2　ハイダーのバランス理論（Heider, 1958 大橋訳 1978より作成）
三角形において（P）は私，（O）は他者，（X）は対象を表しています。実線はポジティブ
関係（＋），破線はネガティブ関係（－）を意味します。上段の4つ（a〜d）が均衡状
態にあり，下段の4つ（e〜h）が不均衡状態です。
たとえば，「私（P）はジブリ作品（X）を好きだが，嫌いな有名人（O）がジブリ作品
（X）を好きだ」という場合，不均衡状態（g）となるため，均衡状態（a〜dのいずれ
か）への力が働き，均衡状態（d），つまりジブリ作品を嫌いになる可能性が高まります。

れば安定するが，不均衡状態にあるとこの状態を解消する方向の変化が生じる
と説明されます（図4.2）。

　例を1つあげましょう。私はジブリ作品が大好きでしたが，私の大嫌いな有
名人がジブリ作品をコレクションしていることを知り，それ以降，なぜかジブ
リの新作を見る機会が減りました。この例は次のように分析できます。Pが私，
Oが有名人，Xがジブリ作品です。大嫌いな有名人がジブリ作品を好きだと知
った瞬間に不均衡状態図4.2（g）が発生し，その状態の不快感を解消する手
段として，P→O関係をネガティブに変化させることによって均衡状態図4.2
（d）が生じました。このように個人の態度の安定性は，その個人の社会環境
と無関係ではないことがわかります。

4.2.2　不本意な行動をとると態度が変わる——認知的不協和理論

　それでは，態度と行動が矛盾した場合はどうなるのでしょうか。認知的不協
和理論（cognitive dissonance theory）を初めて説明したフェスティンガーと

カールスミス（Festinger & Carlsmith, 1959）の実験をみてみましょう。この実験では，退屈でつまらない作業を長時間大学生にさせた後，実験者がその大学生に「今日の実験はこれで終わりです。アシスタントが休んでいるので，あなたが代わりに次の参加者を呼びに行ってください。その際，この実験がとても面白かったと伝えてください。そのほうがやる気が出るでしょうからね」と依頼します。その後，参加報酬を受け取り，質問紙へ回答してもらいますが，その質問の中に自らの作業の印象を尋ねる質問も含まれていました。報酬条件は2つあります。ある条件では参加報酬として20ドル受け取ります。別の条件では1ドルしかもらえません。あなただったら20ドル（あるいは1ドル）をもらった後，この退屈な作業をどう評価するでしょうか。

　実験結果は表4.1の通りでした。嘘を強制された大学生は，20ドル条件（報酬大）よりも1ドル条件（報酬小）において自らの作業の面白さを高く評価したのです。当時の態度研究者の多くは，報酬が多いほど作業に対する評価

表4.1　フェスティンガーとカールスミスの実験結果（退屈な課題への評価）
（Festinger & Carlsmith, 1959 より作成）

インタビューにおける質問	無報酬 (20人)	20ドル (20人)	1ドル (20人)
どのくらい楽しく面白い作業でしたか※ （-5から+5までの評価）	- 0.45	- 0.05	1.35
どのくらい作業能力が身につきましたか （0から10までの評価）	3.08	3.15	2.80
この実験は科学的に重要ですか （0から10までの評価）	5.60	5.18	6.45
似たような実験に参加したいですか※ （-5から+5までの評価）	- 0.62	- 0.25	1.20

実験参加者は，実験者から退屈な作業をさせられた後，次の参加者へ楽しい作業をしたと嘘をつくように強制されます。その後，20ドルあるいは1ドルの参加報酬を得て，調査に回答します。※は，認知的不協和理論を検証するために含めた質問項目です。学習理論では，報酬が多いほど行動は強化されると予想されるので，作業をポジティブに評価するだろうと予想されましたが，結果は逆でした。作業に対する印象（- 0.45, - 0.05 ＜ 1.35），類似した実験への参加希望（- 0.62, - 0.25 ＜ 1.20）の両方について，1ドルもらったグループのほうが20ドルもらったグループや報酬がなかったグループよりも有意に高くなりました。つまり，嘘を報酬で正当化できなかった場合は，態度を変化させることが明らかになりました。

が高くなると予想しましたが，逆の結果が出たのです。なぜでしょうか。

　フェスティンガー（Festinger, 1957）は，認知の間に生じる矛盾や食い違いを認知的不協和と呼びました。不協和の生起は不快な緊張状態をもたらすため，人はこれを低減しようと動機づけられ，認知要素の一方を変化させたり，新たな認知要素を加えたりします。特に態度と行動が矛盾することで生じた不協和に注目し，人は本来の態度と異なる行動をすると，そのとき生じた不協和を解消するために態度を変化させることを明らかにしたのです。認知的不協和理論は，行動の準備性といった態度概念の根幹を疑問視する歴史的な理論となりました。

　なお，不協和事態で態度変化が大きくなるのは次の条件があてはまるときです。①行動への外的報酬が少ないとき，②行動への罰の脅威が小さいとき，③行動が自由意志に基づいてなされたとき，④他に魅力的な選択肢が存在していたとき，⑤行動の遂行に多くの労力を費やしたとき。

4.3　態度は行動と一致するのか

4.3.1　態度と行動は必ずしも一致しない

　私たちにとって態度概念が重要なのは，態度と行動には強い関連があり，態度を変えれば行動も変化すると信じるからです。しかし，ラピエール（La Piere, 1934）は，質問紙調査による態度と具体的な行動がほとんど一致しないという研究結果を報告しています。彼は中国人カップルを同伴してアメリカのホテルやレストランを合計 251 カ所利用しましたが，中国人カップルの入場を断ったところは 1 カ所だけでした（当時はまだ，人種差別が深刻でした）。半年後，利用した同じ施設に対して中国人を客として受け入れるかアンケートを実施したところ，90％以上の施設が断りました。ウィッカー（Wicker, 1969）は，態度と行動の一致性に関連する 42 本の論文を詳細に検討した結果，観察可能な具体的な行動と一般的な態度との間には弱い関係しかないと結論づけました。こうして行動の準備性としての態度概念は危機を迎えることになります。

4.3.2 具体的で計画的な行動であれば予測できる

　態度と行動が一致しない問題を解決するため，フィッシュバインとアイゼン（Fishbein & Ajzen, 1975）は合理的行為理論（theory of reasoned action）を提案しています。態度は行動意図を経由し行動を説明し，さらに態度以外にも主観的規範（周囲からの期待や圧力の認知）の変数を加えることで行動の予測力を高めることに成功します。この理論によると，もし行動に対する態度が肯定的であり，主観的規範の認知が高ければ，特定の状況における行動を予測することが可能となります。さらにアイゼン（Ajzen, 1985）は，合理的行為理論に統制認知（行動遂行の難易度の認知）の変数を追加した計画的行動理論（theory of planned behavior）を提案し，行動の予測力を高めています（図4.3）。

　計画的行動理論をカンニングの例で理解しましょう。ここで態度は「カンニングは（良い—悪い）」，主観的規範は「カンニングをしたら私の大切な人が非難（する—しない）」，行動意図は「私がカンニングをすることが（あり得る—あり得ない）」，統制認知は「私にとってカンニングをすることは（困難—容

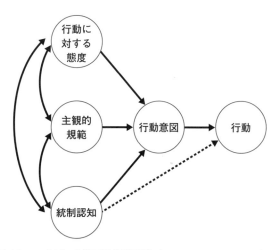

図4.3　アイゼンの計画的行動理論（Ajzen, 1985より作成）
人々の計画的な行動は行動意図によって導かれます。そして行動意図は，具体的行動に対する態度（一般的態度ではない），主観的規範（行為者が知覚した重要他者からの期待），統制認知（行動をとることが可能かの判断）によって決定されます。一般的態度と具体的行動の不一致問題を解決するための理論となっています。

易）」となります。そして，「カンニングは良いことだ」（態度）と考えたり，
「カンニングをしても私の大切な人に非難されることはない」（主観的規範）と
考えたり，「カンニングすることは容易だ」（統制認知）と考えるほど，「カン
ニングをしてもいい」という考え（行動意図）が強くなり，実際にカンニング
する（行動）ようになるのです。ベックとアイゼン（Beck & Ajzen, 1991）は，
カンニングなどの不正行為における計画的行動理論の適合度を検証し，特に社
会的に望ましくない行動に関しては，統制認知を加えることで合理的行為理論
よりも高い説明力をもつことを明らかにしています。

4.3.3　態度のアクセシビリティが態度と行動の関連性を高める

　人は必ずしも計画的に行動するとは限りません。また，プライベートな質問
には望ましい方向へ回答を歪めて報告するでしょう。すべての情報を吟味して
合理的な判断ができない状況では，態度対象と評価の連合の強さを意味する態
度のアクセシビリティ（attitude accessibility）によって態度と行動の不一致の
問題を解決できるかもしれません。ファジオとウィリアムス（Fazio &
Williams, 1986）は，態度を問う質問に対する反応時間を指標として，その個
人の態度のアクセシビリティを測定し，アクセシビリティが高い場合は，行動
への予測が高くなることを示しました。実際，1984年のアメリカ大統領選挙
での候補者に対する態度のアクセシビリティを態度の質問に対する反応時間に
よって測定した結果，反応時間が短かった人（高アクセシビリティ群）は，長
かった人（低アクセシビリティ群）よりも，その後の候補者への評価や実際の
投票行動と報告された態度との相関が高かったのです。

　本章の前半では，態度の定義，態度の成分間の相互作用，態度と行動の関連
性について学んできました。興味深いことに，行動を強制することで態度変容
が生じました（認知的不協和理論）。しかし，他者に不本意な行動を強制する
ことは，私たちの社会では倫理的問題を生み出します。本章の後半では，相手
の納得を得ながら態度変容を促進する説得について学んでいきます。

4.4　説得とは何か

　まず実践例を紹介します。平成 26（2014）年度沖縄県警察の交通白書によると，沖縄県の人身事故に占める飲酒運転の構成率は 25 年連続で日本一でした。そのため AC ジャパンが製作した公共広告（沖縄地域）では，飲酒運転事故の後遺症で苦しむ若い男性が実名で登場し，飲酒運転根絶を呼びかけています（図 4.4）。私たちは，なぜこの広告が効果的だと感じるのでしょうか。本章では，その理由を説得研究の知見から考えていきます。

企業のCSR活動

図 4.4　当事者自らが飲酒運転根絶を訴える公共広告（協力：AC ジャパン「ボクを見てください。〜宮城恵輔さんの告白〜（沖縄地域キャンペーン）」（2016 年度作品）

〈ラジオ CM での音声メッセージ〉
　宮城 恵輔　32 歳。どうしても伝えたい事があります。「頼む，俺みたいになるな」です。自分は 10 年以上前，飲酒運転で自損事故を起こし，頭部打撲脳挫傷による後遺症で左半身麻痺と両腕も使えなくなりました。こんな身体になって唯一できる事があります。飲酒運転根絶の呼びかけです。でも，自分ひとりでの力では止めることはできません。沖縄の飲酒運転をなくしたい。「頼む，俺みたいになるな」。

表 4.2　**説得の 6 つの特徴**（深田，2002 をもとに作成）

①コミュニケーションである
②使用された主たる記号は言語である
③社会的影響行為あるいは社会的影響過程である
④受け手の態度および行動の変化を目的とする
　（ただし，受け手の行動を変化させることよりも，受け手の態度を変化させるこ
　とを重視する）
⑤送り手が意図的に行なう行為である
⑥非強制的な行為である（受け手を納得させる論拠を含む）

①～⑥の特徴をすべてもつ説得は，狭義の説得にあてはまります。いくつかあてはまらな
い説得は，広義の説得として扱います。たとえば，テレビでは，映像と音楽だけでほとん
ど言葉が用いられない CM がありますが，広義の説得と位置づけることも可能です。「依
頼」はメッセージに論拠が含まれない点で，「命令」は受け手に承諾を強制する行為である
点で狭義の説得にはあてはまりません。

4.4.1　説得とは

　深田（2002）によれば，説得（persuasion）とは，「送り手が，主に言語的
コミュニケーションを用いて非強制的なコンテキストの中で，納得させながら
受け手の態度や行動を意図する方向に変化させようとする社会的影響行為ある
いは社会的影響過程」であると定義できます。そして，その説得の特徴は 6 つ
に整理することができます（表 4.2）。類似した概念として，命令（強制する
行為であり，その理由も不明確），依頼や要請（態度より行動変容が優先され
る），交渉（合意形成が目的）などがありますが，6 つの特徴から類似概念と
比較することで，より説得の概念を理解できるようになるでしょう。

4.4.2　説得事態の構成要素と説得研究のテーマ

　では，説得研究を体系的に整理することはできるのでしょうか。深田（1998）
は，コミュニケーション事態の基本的構成要素（図 4.5）に基づき，説得事態
も同様の要素から構成できるとしています。つまり，①説得の送り手，②説得
メッセージ，③説得のチャネル（メディアの種類など），④説得の受け手，そ
して⑤説得効果です。説得研究では，説得効果をもっとも重要な変数ととらえ，
その他の要素を説得効果の規定因として研究を進めてきました。実際に，ホヴ
ランド（Hovland, C. I.）らを中心としたエール学派による説得研究は，学習理

図4.5 コミュニケーション事態の5つの基本的構成要素 (深田, 1998)

表4.3 説得事態の基本的要素に基づく説得研究のテーマ
(Petty & Wegener, 1998 より作成)

送り手	メッセージ	受け手
1. 信憑性（専門性，信頼性） 2. 魅力・好ましさ 3. 勢力 4. その他の受け手変数（話す速度，人口学的特性変数（性，年齢，民族），少数派・多数派の地位，受け手との類似性）	1. メッセージの話題，立場，スタイル（話題の関連性・重要性，立場・ディスクレパンシー，結論の提示方法，修辞疑問文の使用） 2. メッセージ内容（論拠の質，論拠の量，論拠のポジティブ・フレーミング 対 ネガティブ・フレーミング，恐怖・脅威アピール，メッセージの中の情緒 対 理性，一面 対 両面メッセージ） 3. メッセージの構造	1. 態度変数（態度のアクセシビリティ，話題関連知識） 2. 人口学的特性変数（ジェンダー，年齢） 3. パーソナリティ（知性，自尊心，セルフモニタリング，認知欲求）

文脈
1. ディストラクション　2. 聴衆の反応　3. 予告（立場の予告，説得意図の予告） 4. 討論あるいは相互作用の予期　5. チャネルあるいはメッセージ・モダリティ 6. 気分　7. メッセージの反復

論に基づき，「誰が」「何を」「誰に」という3つの要因に焦点を当て膨大な研究を蓄積しました。

　認知理論に立つペティとウェゲナー（Petty & Wegener, 1998）も，ホヴランドらと同様の枠組みに従い説得研究のテーマを整理しています（表4.3）。送り手要因には信憑性，魅力，勢力などの送り手の特性が含まれます。メッセージ要因にはメッセージの話題，立場，スタイル，論拠の質や量，フレーミングの仕方，恐怖アピール，理性的アピールと情緒的アピールの比較，一面呈示と両面呈示の比較が含まれ，受け手要因には態度のアクセシビリティ，性別，年

齢，パーソナリティなどが含まれます。文脈要因として，先の3つの要因と相互作用する周辺的変数が含まれています。次の節では説得効果の規定因として，①送り手，②メッセージ，③受け手の3要因に関する主要な研究や理論を紹介していきます。

4.5　説得効果の規定因

4.5.1　送り手の要因

　誰が送り手として説得するかで説得効果は変わるのでしょうか。送り手の特性には，信憑性，魅力，勢力などがあります。その中でも特に検討されてきた要因は**信憑性**（credibility）です。信憑性は**専門性**（expertise）と**信頼性**（trustworthiness）の2要素に区別して理解できます。専門性は送り手が説得話題に関する専門的知識を有している程度を指し，信頼性は送り手が受け手に知識を公正に伝える程度を指しています。一般的に，送り手の信憑性が高いほど説得効果は大きくなります。飲酒運転根絶の広告（**図4.4**）を思い出してください。もし送り手が，当事者ではなくタレントや警察官だった場合，説得効果はどう変わるでしょうか。タレントは魅力的ですが，信憑性が不明です。警察官の専門性は高そうですが，所詮仕事だと認知されます。当事者のほうが専門性と信頼性の両方で優れていそうです。この広告は，信憑性がきわめて高い送り手を採用しているため，説得力が高いと評価できるのです。

　ただし，送り手要因の説得効果は興味深い動きをする場合があります。ホヴランドとワイス（Hovland & Weiss, 1951）は，信憑性の高い送り手の説得効果は時間経過とともに低下するのに対し，信憑性の低い送り手の説得効果が回復することを見出しました（**図4.6**）。これは，説得の記憶が時間とともに失われ，送り手の記憶とメッセージ内容の記憶が分離して起こるためだと考えられており，**スリーパー効果**（仮眠効果；sleeping effect）と呼ばれています。

4.5.2　メッセージの要因

　説得研究においてもっとも中心的な要因はメッセージ要因です。説得を成功

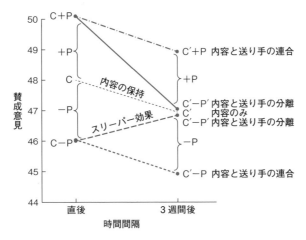

図 4.6　**スリーパー効果の図式**（Eagly & Chaiken, 1993 より作成）

横軸は時間間隔，縦軸が説得効果を表します。説得効果は，説得直後と 3 週間後に測定されました。説得直後は，説得メッセージの内容（C）の単独効果に対して送り手の信憑性による促進効果（＋P）と抑制効果（－P）が組み合わされ，信憑性の高低によって大きな違いが現れます（高信憑性が 50，低信憑性が 46）。しかし時間経過とともに，内容（C）と送り手（P）の記憶が分離し，3 週間後にはメッセージ内容の説得効果（C）だけが残るため，信憑性の低い送り手による説得効果が蘇ったようにみえます。

させたいのであれば，説得の結論に対する強い論拠が十分に含まれた説得メッセージを作ることをおすすめします。もちろん，受け手が説得メッセージに十分注意を払い，しっかりと内容を理解し，論理的に判断を行うことが前提となります。ここでは，代表的なメッセージ要因をいくつかみていきましょう。

　説得の唱導方向に対する賛成論のみでメッセージを構成する**一面呈示**（one-sided message）と反対論にもふれながら賛成論を強調する**両面呈示**（two-sided message）では，どちらが効果的でしょうか。受け手にとって，一面呈示のほうが説得の結論が明確なので効果は高そうですが，誘導的で押しつけがましい印象も受けます。アレン（Allen, 1991）は，過去の実証研究を整理し，もし説得メッセージの中で反対論を完全否定できるなら一面呈示より両面呈示が効果的であるが，反対論の存在を放置したまま賛成論を強調する両面呈示であれば一面呈示のほうが効果的であることを見出しています。

　説得メッセージに恐怖を喚起する情報（例：歯周病，性病，肺がんの恐ろし

さ）を含めるかも重要な要因となります。このような説得は**恐怖アピール**（fear appeal）と呼ばれます。常識では，喚起する恐怖が大きいほど説得効果は大きくなると予想されますが，そう簡単ではないようです。先駆的研究であるジャニスとフェシュバック（Janis & Feshbach, 1953）では，弱恐怖アピールが強恐怖アピールより説得効果があることが報告されました。しかしロジャースとミューボーン（Rogers & Mewborn, 1976）は，受け手が勧告された対処行動の効果を低く評価した場合（例：指示通り動いても対処できないと信じた場合），恐怖アピールが意図した方向と逆の効果（ブーメラン効果）をもつこともあるが，対処行動の効果性を高く評価した場合（例：指示通り動けば対処できると信じた場合）には，強恐怖アピールが弱恐怖アピールよりも説得効果が大きくなることを報告しています（図 4.7）。

ロジャース（Rogers, 1983）は，**防護動機理論**（protection motivation theory）を提案し，恐怖アピールが成功する条件を説明しています（図 4.8）。恐

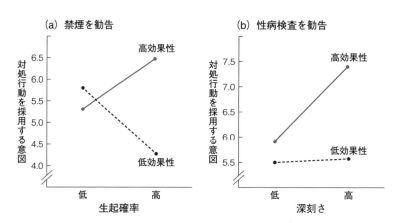

図 4.7　防護動機理論に基づく恐怖アピールの説得効果の検討
（Rogers & Mewborn, 1976 より作成）

大学生を参加者として，禁煙，性病検査の話題を用い恐怖アピール説得の実験を行いました。その結果，喫煙話題では，禁煙の効果が高いと信じた条件のみ，喫煙者が肺がんにかかる確率が高いと訴える強恐怖アピールが効果的でしたが，禁煙の効果が低いと信じた条件では強恐怖アピールは逆効果になることが明らかとなりました（a）。同様に，性病の話題も，性病検査の効果性が高いと信じた条件は，性病の症状が深刻であると訴える強恐怖アピールが効果的であったのに対して，性病検査の効果性が低いと信じた条件では，弱恐怖アピールと強恐怖アピールの間で効果に違いは認められませんでした（b）。

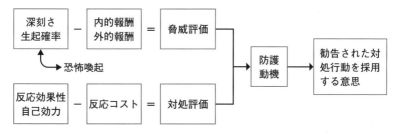

図 4.8 防護動機理論の図式（Rogers, 1983 を加工して作成）

防護動機理論によると，恐怖アピールによる説得効果（勧告された対処行動を採用する意思）は，脅威評価と対処評価が高いほど大きくなります。脅威評価は，脅威事象の深刻さと生起確率が高く認知されるほど，内的報酬と外的報酬が小さく認知されるほど高まります。対処評価は，対処行動の効果性と自己効力が高く認知されるほど，反応コストが小さく認知されるほど高まります。脅威評価と対処評価は交互作用し，いずれかが低すぎると説得効果は生じないか，ブーメラン効果を生じさせると予想しています。なお，恐怖喚起量は脅威評価に影響しますが，直接説得効果を規定しないとされています。

怖アピールが成功するには，①危害の深刻さ（深刻さ），②危害の生起確率（生起確率），③現状維持による快感や満足感（内的報酬），④現状維持への賞賛（外的報酬），⑤説得の指示に従うと危害を防げる効果（反応効果性），⑥説得の指示通り実行できる見込み（自己効力），⑦指示に従うと生じるコスト（反応コスト）に関連する7つの認知要素が，説得に望ましい方向で変化することが必要です。その際，①〜④の要因は脅威評価を，⑤〜⑦の要因は対処評価を形成します。脅威評価と対処評価は結合して防護動機（自分を守ろうとする動機）を変化させ，説得で勧告された対処行動を採用する意思を決定します。

　飲酒運転根絶の広告（**図 4.4**）を思い出しましょう。この広告は，まさに恐怖アピールの枠組みからその説得力を分析できます。後遺症で今も苦しんでいる当事者が自らの言葉で語ることで，①飲酒運転が人生を台無しにすること（深刻さがきわめて高い），②他人事ではなく自分の身にも起こること（同じ事態が生起する確率が高い）が，受け手に実感を伴って伝わり，脅威評価を高めるため，飲酒運転根絶の方向へ態度変容が促されると予想できるのです。

4.5.3　受け手の要因

　いつもと同じように同じ送り手が説得を行ったとしても，受け手が異なれば

説得効果は異なります。たとえば年齢層が18〜25歳の人は，それ以外の年齢層の人よりも説得されやすいことが報告されています（Kronsnik & Alwin, 1989）。また，私たちの中には，あらゆる場面で説得されやすい特性をもった人がいます。このパーソナリティ特性は被説得性（persuasibility）と呼ばれ，マクガイア（McGuire, 1968）は縦軸を被説得性，横軸を自尊心（あるいは知性）としたグラフを描くと，被説得性と自尊心の間には逆U字型の関係が成立するという被説得性に関するモデルを提案しました。そこでは，自尊心（知性）の低い人は指示に従いやすいものの，メッセージ内容の理解が不足するため説得効果が得られ難い。逆に自尊心（知性）の高い人は，メッセージの理解度は高いが，自分の意見に自信をもつので説得効果が得られ難い。その結果，中程度の自尊心（知性）の人がもっとも説得されやすくなると考えました。ローズとウッド（Rhodes & Wood, 1992）は，過去の文献を詳しく分析した結果，知性の低い人のほうが知性の高い人よりも説得されやすいが，自尊心が中程度の人のほうが自尊心が高いあるいは低い人よりも説得されやすいことを見出しました。この結果は，マクガイア（McGuire, 1968）のモデルを一部支持しています。

4.6　説得の一般理論──精緻化見込みモデル

　本章の最後として，1980年代以降，説得研究を牽引している代表的な理論を一つ紹介しておきましょう。それは，ペティとカシオッポ（Petty & Cacioppo, 1986）が提唱した精緻化見込みモデル（elaboration likelihood model; ELM）です。このモデルは，説得効果を予測・制御するためでなく，説得の結果生じた受け手の態度の強さや行動との関連性を理解するためのモデルです。たとえば，ある商品の広告を見て態度変容が生じたとして，それは広告をしっかり読んで商品のメリットや機能の高さに納得したのか，単に広告に登場した魅力的なタレントの影響なのかによって，そこで生じた2種類の態度の持続性や行動との関連性を理解できるのです。モデルの概要は図4.9のようになります。

　精緻化見込みモデルは，受け手が説得メッセージを処理する過程を，**中心ル**

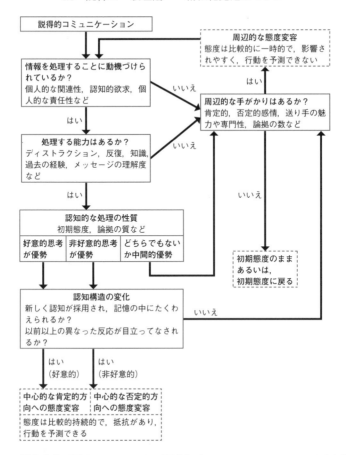

図 4.9　**態度変容に至る 2 つのルートの図式化**（Petty & Cacioppo, 1986 より作成）

ート（central route）と周辺ルート（peripheral route）の 2 つに分類していま
す。中心ルートは，受け手が説得メッセージ内の論拠をしっかりと精査・吟味
し，もっている知識と照合しながら判断を下す過程です。受け手は頭を使って
しっかり考えるため，中心ルートを経て形成される態度は，持続性が高く，態
度と行動の一貫性が高いといわれています。

　周辺ルートは，受け手が説得メッセージ内の論拠をほとんど理解せず，論拠
の質と無関係な経験則（例：送り手が魅力的だ，論拠の数が多い，過去もそう

してきた）によって判断を下す過程です。受け手は熟考する必要がないため，周辺ルートを経て形成される態度は持続せす，すぐに元に戻ったり，行動を予測できないといわれています。中心ルートと周辺ルートの選択を決定しているのは，説得メッセージを精査する受け手の「動機づけ」と「能力」の 2 つです。最後に精緻化見込みモデルを検討した実験例をみてみましょう。

　ペティとカシオッポ（Petty & Cacioppo, 1984）は，個人的関与度（図 4.9 の個人的な関連性）が説得ルートの規定因になることを示す実験を行いました。実験参加者は大学生で，「新しい卒業要件として 4 年生は専門分野に関する試験に合格する必要がある」と主張する説得メッセージを読みました。説得メッセージは強い論拠 3 個，強い論拠 9 個，弱い論拠 3 個，弱い論拠 9 個のいずれ

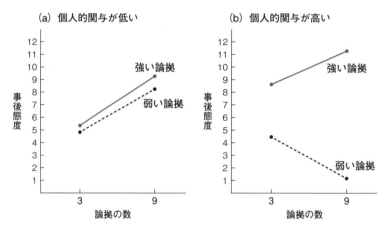

図 4.10　個人的関与度によって論拠の質と論拠の数の説得効果は異なる
（Petty & Cacioppo, 1984 より作成）

「卒業試験の導入」を説得話題として大学生が実験に参加しました。話題への関与度は，卒業試験の導入の時期によって操作され，「来年」（高関与度）あるいは「10 年後」（低関与度）のいずれかでした。論拠の質は，予備調査で強弱を判定したものを用いました。論拠の数は 3 個あるいは 9 個とし，4 種類の説得メッセージの中から 1 種類の説得メッセージを無作為に読んだ後，試験導入についての質問に回答しました。その結果，低関与度の条件（a）では，論拠の強さで差はないが，論拠の数が増えると試験導入に好意的な態度をもっていました（周辺ルートによる説得過程）。他方，関与度が高い場合（b）は，強い論拠が弱い論拠よりも説得効果が大きく，さらに，論拠の数が増えるとその説得効果の差が広がる結果になりました。これは，関与度が高い大学生は，説得メッセージをしっかりと読み，態度を変容したからだと解釈されました（中心ルートの説得過程）。

かを含む4種類が用意されました。強い論拠は統計データなど説得力のある証拠から構成され、弱い論拠は個人的意見や単なる事例に基づいていました。卒業試験の実施時期で関与度が操作され、「10年後の話」（低関与条件）、あるいは「来年から実施」（高関与条件）であることが伝えられました。実験参加者は2（論拠の質：強い／弱い）×2（論拠の数：3個／9個）×2（個人的関与：高い／低い）の組合せからなる8条件の1つにランダムに配置され、メッセージを読んだ後、態度を測定されました。

　その結果が図4.10です。個人的関与が低い条件では、論拠の数という周辺的手がかりによって説得効果が決定され、個人的関与が高い条件では、論拠の質によって説得効果が決定されていることがわかります。

　このように精緻化見込みモデルを活用することで、同じ人が同じように説得をしても、説得効果の結果が異なる現象を理解することができるのです。

コラム4.1　自動的過程と統制的過程　　　笹山郁生

　近年，本章や第7章で紹介した**潜在連合テスト**（IAT; implicit association test）のように，人間の潜在的な情報処理過程を測定するための研究技法が多数開発されてきました。その結果，私たちは自分自身で気がつくことなく，多くの情報を処理しているということが明らかになってきたのです。このような情報処理のプロセスは**自動的過程**と呼ばれており，その特徴として，バージ（Bargh, 1994）は，①「無自覚」，②「非意図的」，③「効率的」，④「統制不可能」の4つをあげています。自動的過程では，ここにあげた4つの特徴のいくつかを兼ね備えた情報処理がなされているのです。

　たとえば，今日のお昼にカレーライスを食べたとします。なぜ，お昼をカレーにしたのか，その理由を聞かれたら，「今日はカレーの気分だったから」とか，「たまたまカレー屋さんの前を通ったから」など，本当は理由になっていない理由しか思い浮かばないこともあるでしょう。しかし，お昼にカレーを選んだのは，もしかしたら昨夜帰宅したときに，隣の家からカレーの良い匂いが漂ってきたことが真の理由なのかもしれません。お昼にカレーを選んだときには，昨夜，隣家からカレーの匂いがしてきたことなど忘れているかもしれませんし，そもそも，昨夜帰宅したときに，隣家のカレーの匂いのことなど，まったく意識に留めることはなかったかもしれません。しかし，たとえ意識していなくても，隣家から漂ってきたカレーの匂いは私たちにインプットされ，その匂いが引き金となって，今日のお昼はカレーにするという行動を私たちは選択したのかもしれないのです。これが自動的過程による情報処理の一例です。

　私たち人間は，外界にある多くの情報を能動的に取捨選択し，それらの情報を用いて自分自身の行動を決定していると考えられてきました。このような情報処理のプロセスは**統制的過程**と呼ばれています。統制的過程では，自分の行動を決定するにあたり，外界に存在する多くの情報を収集，分析し，それらの情報の中から自分に必要な情報を選択します。つまり，統制的過程の場合には，自分自身，情報を処理しているという「自覚」があるわけです。ところが，自動的過程では，自分自身

が意識することなく，情報の取捨選択を行っています。このように「無自覚な」情報処理を行った場合，私たちは自分がした行動の原因に気づかなかったり，あるいは，実際の原因ではないことを自分の行動の原因とみなしてしまうことがあるのです。

　また，自分自身が取捨選択した情報に基づいて自分の行動を決定する統制的過程の場合，そこには当然，意思決定した人の「意図」が含まれているわけです。ところが，自動的過程の結果生じた行動は，そもそも行動した本人がなぜそのような行動をしたのかわかっていなかったり，そう行動しようと思っていたわけではない「非意図的」な行動なのかもしれません。

　自分の行動を決定するためには，多くの情報に注意を向け，それらの情報に基づいて，多くの可能性について真剣に考えなければいけません。このように，統制的過程の場合には，意思決定をする際に，注意力や集中力など情報を処理するための認知資源を大量に割り当てる必要があり，そのために多くのエネルギーが消費されるのです。一方，情報を処理しているという意識もなく，あるいは，処理しようという意図もなくなされた自動的過程では，情報を処理するための認知資源を必要とせず，何の労力を費やすこともなく，非常に「効率的」に情報を処理することができるのです。

　このように，自動的過程による情報処理は，統制的過程による情報処理と比較して，非常に多くの情報を効率的に処理することができるのです。世の中には無数の情報があふれています。このような情報を一つひとつ丁寧に吟味していったら，私たちの情報処理過程はあっという間にパンクしてしまいます。このようなオーバーフローを起こさないために，私たちは多くの情報を自動的過程を用いて処理しているのです。

　ところで，統制的過程では，私たちは自分の行動を決定する際に多くの可能性を検討します。検討を進めていくにつれて，時に，自分のこれまでの考えが間違っていたり，もっと良い選択肢のあることに気がついたりすることもあるでしょう。そのような場合，私たちは自分の行動を修正したり，中断したりして，より良い行動

ができるようになることを目指します。このように，統制的過程では，自分自身の行動を「統制」することができるのです。しかし，自動的過程では，情報を処理していることを意識していないので，何か問題が生じたからといって，途中でその情報処理を修正したり中断したりすることはできません。このように，自動的過程では，自分自身の行動は「統制不可能」であるために，結果として誤った判断をしてしまい，大きなミスを引き起こす危険性を常に抱えているのです。

つまり，自動的過程には，特別の労力を払うことなく，多くの情報を効率的に処理することができるというメリットがある一方で，判断ミスをしてしまったり，問題のある行動を続けてしまったりするというデメリットがあるのです。それに対して統制的過程では，情報を慎重に吟味してより適切な判断を下したり，そのような情報に基づいて自分の行動を改善することができるというメリットがある一方で，情報を処理するために膨大な労力を必要とするので，すべての情報を処理することはできないというデメリットがあるのです。

最近では，このようなメリットとデメリットをあわせもつ自動的過程と統制的過程を人間は使い分けているのではないかと考えるモデルが，多くの研究領域で提唱されるようになってきました。これらのモデルは，**2過程モデル**と総称されます。たとえば本章で紹介した**精緻化見込みモデル**は，説得研究における代表的な2過程モデルの一つです。このモデルでは，受け手が説得メッセージを処理する過程には，中心ルートと周辺ルートという2つのルートがあると仮定しますが，受け手が説得メッセージ内の論拠をしっかりと精査・吟味し，もっている知識と照合しながら判断を下す中心ルートが統制的過程に，受け手が説得メッセージ内の論拠をほとんど理解せず，論拠の質と無関係な経験則によって判断を下す周辺ルートが自動的過程に該当します。そして，個人の「動機づけ」と「能力」によって，どちらのルートが選択されるかが決定されるのです。

説得領域以外でも多くの研究領域でさまざまな2過程モデルが提唱されています（Chaiken & Trope, 1999）。たとえば，印象形成（Brewer, 1988）や属性推論（Gilbert, 1988），ステレオタイプの適用と抑制（Devine, 1988）など，初めて出会った他者が

どのような人なのかを判断する際にも，私たちは自動的過程と統制的過程を使い分けているという2過程モデルが提唱されています。これらのモデルでは，私たちは他者と出会った瞬間に，その人物がどのような人なのかを判断すると考えますが，その判断は，人種や性別，年齢などといったカテゴリーを用いたステレオタイプ的判断です。この判断は自動的過程でなされるので，「無自覚」「無意図的」になされる「統制不可能」な判断です。そして，このような判断がいったんなされた後，その人物が自分にとって重要な人物であると私たちがみなした場合にのみ，その人物に対する情報を収集，分析し，その人物がどのような人物なのかを判断する統制的過程に移行すると，これらのモデルでは考えられているのです。

　日頃出会う他者の多くは，私たちにとってそれほど重要な人ではありません。このように自分にとって重要でない他者の場合には，初対面時に行った自動的過程によるステレオタイプ的判断が，その人物に対する最終的な判断になるのです。しかし，自分にとって重要だと思われる人物に対しては，多くの労力を割いて情報を収集，分析し，その人がどのような人なのかを理解する統制的過程による判断がなされるのです。

　多くの情報を効率的に処理するために，私たちは自動的過程による情報処理を多用します。このような情報処理は確かに効率的ですが，時に大きなエラーを引き起こします。このようなエラーを生じさせないために，私たちは自分にとって重要な事柄については，統制的過程による情報処理を行うのです。そして，自分にとって重要かどうかの判断には，動機づけが関係します。つまり，「これは自分にとって重要なことなのだから，しっかり考えよう」と思って初めて統制的な情報処理がなされるのです。このように私たちは自己の持つ動機づけに基づいて，効率的ではあるがエラーが生じる可能性もある自動的過程と，正確性は高いが多くの認知資源を必要とする統制的過程とを使い分けていると，2過程モデルでは考えているのです。

復習問題

1. 同級生の「原子力発電に対する態度」を知りたいとき，態度の3成分に基づくと，どのような質問をすればよいでしょうか。

2. 大勢の前で永遠の愛を誓う結婚式をすることで，夫婦の結婚に対する態度はどう変わりますか。認知的不協和理論に基づいて解説してください。

3. あなたの態度と行動が一致しなかったケースを1つ思い出し，その理由を計画的行動理論に基づいて分析してください。

4. スリーパー効果とはどのような現象でしょうか。その現象が生じる理由を含めて説明してください。

5. 図4.4で紹介した飲酒運転根絶に関する公共広告が説得効果をもつとしたら，どのような原因が考えられるでしょうか。送り手の信憑性の特徴と防護動機理論に基づいて説明してください。

6. 受け手の態度変容が，精緻化見込みモデルの中心ルートを経由して生じる条件は何でしょうか。また中心ルートによって生じた態度変容はどのような特徴をもつでしょうか。

参考図書

今井 芳昭（2006）．依頼と説得の心理学──人は他者にどう影響を与えるか──　サイエンス社

　対人的影響を扱う研究の全体像がわかる入門書。説得をはじめ依頼・要請も含むさまざまな影響過程の研究や理論について，図解も用いてわかりやすく解説しています。

深田 博己（編著）（2002）．説得心理学ハンドブック──説得コミュニケーション研究の最前線──　北大路書房

　日本における説得研究を展望するために日本の説得研究者が執筆した専門書。「説得研究の基礎」「感情と説得」「認知と説得」の3部構成で，日本の説得研究の現状を知ることができる希少な図書となっています。実際に説得研究を始めたい上級者向き。

チャルディーニ，R．B．　社会行動研究会（訳）（2014）．影響力の武器──なぜ，人は動かされるのか──　第3版　誠信書房

　社会的影響力に関する入門書。主に行動変容を目的とした社会的影響力の原理を，著者が実際に体験した豊富な事例をもとに解説しています。本章で取り上げられなかった段階要請法や偽装説得からの防御法についても学ぶことができます。

第 5 章

ソーシャル・サポート

　健康で幸せな人生を送るためには，何が必要でしょうか？　富や名声，成功を手に入れることでしょうか？　先祖代々の寿命といった遺伝的特性でしょうか？　生まれ育った家庭の経済的環境でしょうか？　積極性や社会性といったパーソナリティ特性でしょうか？　はたまた，コレステロール値が低いことでしょうか？　ハーバード成人発達研究（Vaillant, 2002 米田訳 2008）によると，一番必要なことは，良い対人関係をもつこと，とりわけ，配偶者と仲が良いことです。つまり，周囲の人，身近な人と良好な対人関係を築くことが，個人の心身の健康状態に良い影響を与えるということになります。このことは，まさに，ソーシャル・サポート研究のテーマそのものでもあります。些細なけんかはあるかもしれないけれど，いざというときや困ったときには必ず助けてくれる，そのような対人関係をもつことができれば，人は心身ともに健康な状態を維持することができます。ソーシャル・サポート研究は，そのことを繰返し実証してきました。

5.1　はじめに

　本章では，①ソーシャル・サポート研究はいつ頃から始まったか，②ソーシャル・サポートにはどのようなものがあるか，③ソーシャル・サポートをどのように測定するか，④どのような過程を通じてソーシャル・サポートが精神的健康に良い影響を与えるか，⑤ソーシャル・サポートを受け取ることと与えることが精神的健康とどのように関連するかについて，わかりやすく解説をしていきます。次節でもふれますが，ソーシャル・サポート研究は，さまざまな学問領域で独自に発展してきた背景をもっています。したがって，現在に至ってもなお，「ソーシャル・サポートは何であるか」という定義に関しては，科学者間で一定のコンセンサスが得られていません。ここでは，暫定的に，ソーシ

ャル・サポート（social support）を「実際の援助のやりとり，または，そうした援助を提供してくれる対人関係，あるいは，心配や愛情などを示してくれる個人や集団とつながっているという感覚」（Hobfoll & Stephens, 1990）と定義することにします。

5.2　ソーシャル・サポート研究の始まり

　ソーシャル・サポート研究は，今から約40年前の1970年代中頃に始まりました。現在も非常に活発に研究が行われており，その数は年々増加しています（図5.1）。ここでは，ソーシャル・サポート研究の拡大に非常に大きな貢献を果たした3つの先駆的研究を紹介します。

　医師で疫学者のキャッセル（Cassel, 1974, 1976）は，社会的環境が**ストレスを生じさせる原因（ストレッサー）**になると同時に，そうしたストレッサーの影響を和らげる緩衝要因にもなると主張しました。キャッセルによると，社会的環境がストレッサーになるのは，自分自身の行動によって期待された結果が得られるという確証（フィードバック）がない場合です。具体的には，新しい環境に移住したり，都市化によって社会環境が急速に変化したり，高い犯罪率などで社会秩序が乱れているような状況です。そのような環境で暮らしている人は，高血圧性心疾患や脳卒中による死亡率が高くなるという先行研究の結果

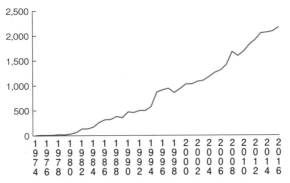

図5.1　**ソーシャル・サポート研究（論文・書籍数）の推移**
（APA PsycINFO による検索結果をもとに著者作成）

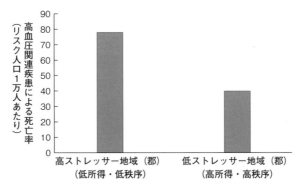

図 5.2　ノースカロライナ州に住む非白人男性（45〜54 歳）の高血圧関連疾患による死亡率
(James & Kleinbaum, 1976 をもとに著者作成)

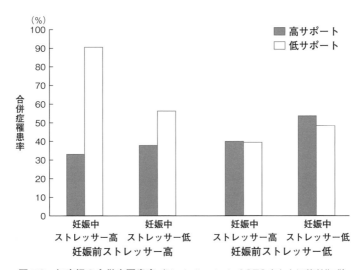

図 5.3　**初産婦の合併症罹患率** (Nuckolls et al., 1972 をもとに著者作成)

が紹介されています（図 5.2）。一方，社会的環境がストレッサーの悪影響を和らげる緩衝要因となるのは，個人にとって重要な他者から援助（ソーシャル・サポート）が得られる場合です。その一例として，初産婦を対象とした研究結果が取り上げられています（図 5.3）。そこでは，妊娠前と妊娠中にストレッサーを多く経験しても，夫や家族からの十分なサポートがあれば，初産婦は合併症になりにくいことが示されています。キャッセルは，社会的環境のス

トレッサーを低減するよりも，ソーシャル・サポートを改善し強化するほうが，より早期に実現可能な疾病予防策になるだろうと述べています。

　キャッセルは，ソーシャル・サポートがどういうものであるか，具体的には定義していません。それに対して，精神医学者のコッブ（Cobb, 1976）は，実体（物やサービス）としてのサポートよりも，個人の認知という側面を重視し，以下にあげる3つの情報のうち，1つ以上を含むものをソーシャル・サポートと定義しました。それらは，①自分が世話され愛されていると思わせる情報，②自分が評価され価値ある人間であると思わせる情報，③自分自身が，相互に責任をもつコミュニケーション・ネットワークの一員であると思わせる情報の3つです。コッブによれば，ソーシャル・サポートは，人生全般を通して，予期せぬ危機への対処や大きな環境変化への適応を促進する機能をもち，そうした危機や環境変化が心身の健康に与える悪影響を緩和します。こうした主張は，妊娠，出産，病気回復，失職，親との死別，死亡時期など，人生で生じるさまざまな危機や転機において，ソーシャル・サポートが健康状態の悪化を防ぐことを示した数多くの先行研究によって支持されています。コッブが引用しているそれらの研究のうち，病気回復を例にあげると，ストレッサーを多く経験していて，サポートが少ないぜんそく患者は，1日あたりのステロイド剤の服用が，その他のぜんそく患者に比べて，約3〜4倍多いことが示されています（図5.4）。以上のように，コッブは，ソーシャル・サポートを明確に定義した上で，それが人生のさまざまな出来事に対する対処を促進することを明らかに

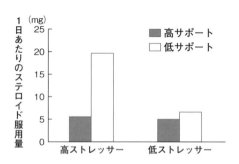

図5.4　ぜんそく患者のステロイド服用量（de Araujo et al., 1973 をもとに著者作成）

しました。

　キャッセルとコッブのレビュー研究から数年後に，社会疫学者のバークマンとサイム（Berkman & Syme, 1979）は，カリフォルニア州アラメダ郡に住む30〜69歳までの男女4,725人から得られた2時点（1965年と1974年）のデータを用いて，社会的ネットワークと死亡率の関係を検討しました。社会的ネットワークは，①結婚しているかどうか，②親友や親戚との接触（親友や親しい親戚が何人いるか，月にどの程度会うか），③教会員かどうか，④公式・非公式グループのメンバーであるかどうか，の4つの指標を用いて測定されました。これらの指標をもとにして，調査参加者は，4つのネットワークカテゴリ（1.もっとも多い対人関係〜4.もっとも少ない対人関係）のいずれか1つに分類されました。分析の結果，年齢や性別に関わらず，対人関係が少ない人は，対人関係の多い人に比べて，9年後の死亡率が高いことが明らかになりました（図5.5）。また，こうした結果は，初期の健康状態，社会経済的地位（収入と学歴），生活習慣（喫煙，肥満，飲酒，運動），予防検診の影響を考慮しても変わりませんでした。バークマンとサイムの研究は，ソーシャル・サポートと健康の関連について，インパクトの強い説得力のある証拠を示しました。

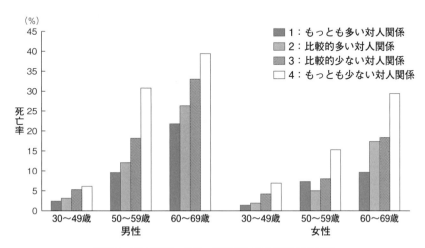

図5.5　対人関係，年代，性別ごとの9年後の死亡率
（Berkman & Syme, 1979をもとに著者作成）

5.3　ソーシャル・サポートの内容

　「ソーシャル・サポートとは何か」については，これまでに，さまざまな形で定義が行われてきました。先述したように，コッブ（Cobb, 1976）は，ソーシャル・サポートを 3 種類の情報としてとらえました。ほぼ同時期に，地域精神医学者のカプラン（Caplan, 1974 近藤ら訳 1979）は，以下の 3 つの要素を含むものをソーシャル・サポートと呼びました。その要素とは，①心理的資源を活用し，情緒的苦悩を克服できるように手助けすること，②課題を共有すること，③状況を改善できるように，金銭，物品，道具，スキル，情報などの追加資源を提供すること，の 3 つです。また，ハウス（House, 1981）は，①情緒的サポート（共感，心配，愛情，信頼），②道具的サポート（仕事の手助け，金銭提供），③情報的サポート（問題解決に利用可能な情報の提供），④評価的サポート（自己評価に役立つ情報の提供）の 4 つのタイプにソーシャル・サポートを分類しています。さらに，コーエンとウィルズ（Cohen & Wills, 1985）は，ソーシャル・サポートの機能的側面に注目し，①尊重的サポート（評価，受容），②情報的サポート（アドバイス），③コンパニオンシップ（時間の共有），④道具的サポート（金銭・物品の提供）の 4 つをあげています。

　以上のように，ソーシャル・サポートの内容は，研究者によってさまざまな種類に分類されていますが，ここでは，ウィルズとシャイナー（Wills & Shinar, 2000）にならって，代表的な 5 つのサポートについて簡単に説明をします（表 5.1）。1 つ目は，**情緒的サポート**で，問題に直面した際に，共感的に話を聞いてくれたり，心配してくれたり，受け入れてくれたりすることです。2 つ目は，**道具的サポート**で，必要な際に，送り迎えをしてくれたり，家事や子どもの世話を手伝ってくれたり，道具や金銭を貸してくれたりすることです。3 つ目は，**情報的サポート**で，コミュニティにある資源やサービス，行動の代替案など，問題を解決する上で役立つ情報を提供してくれることです。4 つ目は，**コンパニオンシップ**で，旅行やパーティ，映画や美術館，スポーツやハイキングなどに一緒に行ってくれたり，参加してくれたりすることです。最後は，**確証的サポート**で，どういった行動をとるべきか，自分の成果が平均よりも優

表5.1　サポートの内容（Wills & Shinar, 2000）

機能	別の用語	例	理論的利点
情緒的サポート	相談的サポート，尊重的サポート価値の再確認，アタッチメント親密性	意見，考え，気持ちについて話し合う。関心，心配を表明する。相手を認め，気遣い，受け入れ，共感する。	脅威であると判断したストレスイベントの評価を変える。自尊心を高める。不安・抑うつを低減する。対処行動を動機づける。
道具的サポート	具体的サポート，実体的サポート行動的援助，物質的援助	お金，家庭用品，道具，移動手段を提供する。子どもの世話をする。料理，洗濯，買い物，修理を手伝う。	実際の問題を解決する。休息，リラックスなど別の対処行動をする時間を増やす。
情報的サポート	助言・指導，評価的サポート経験的知識に基づく指導問題解決	資源に関する情報を提供する。行動の代替案を提案する。有効性について助言する。	役立つ情報の提供量を増やす。必要なサービスが得られるよう支援する。より効果的な対処を引き出す。
コンパニオンシップ	所属，交流，統合	スポーツ，野外活動，映画，劇場，博物館，レストラン，買い物，パーティ，旅行に一緒に行く。	ポジティブな感情を引き出す。問題から離れ，身体を休ませる。問題についてあれこれ考えるのをやめる。
確証的サポート	フィードバック，社会的比較	集団内に広く行き渡った問題，集団内での行動・感情の規範，集団内の相対的地位について，メンバー間で合意された情報を提供する。	逸脱行動を低減する。感情を受け入れ可能にする。好ましい比較をする。

れているかどうかなど，自分自身の行動や評価に役立つ情報を提供してくれることです。

5.4　ソーシャル・サポートの測定

　前節でみてきた通り，ソーシャル・サポートには，さまざまな定義があります。そのため，ソーシャル・サポートを測定する方法も数多く存在します。そうした状況の中で，バレラ（Barrera, 1986）は，これまでに使用されてきたソ

ーシャル・サポートの測定法を，①社会的包絡，②知覚されたサポート，③実
行されたサポートの 3 つに分類しています。

5.4.1　社会的包絡

　社会的包絡（social embeddedness）とは，社会的環境における重要な他者
とのつながり（社会的ネットワーク）を意味します。バレラによると，社会的
包絡の測定方法には，大きく分けて 2 つのアプローチがあります。一つは，配
偶者や兄弟姉妹の有無，コミュニティ組織への参加，友人との接触など社会的
関係の存在に関する幅広い指標を用いるものです。先述したバークマンとサイ
ム（Berkman & Syme, 1979）の研究では，配偶者，友人や親戚との接触，教
会員，公式・非公式グループのメンバーの 4 つを合成した指標が用いられまし
た。サラソンら（Sarason et al., 1983, 1987）によって作成された SSQ（Social
Support Questionnaire）というサポート尺度も，広義にはここに含まれます。
SSQ は，各項目に示されたサポートを与えてくれる人を 9 人まであげさせ
（SSQ-Number），サポートに対する満足感（SSQ-Satisfaction）を評定させる尺
度です。日本では，松崎ら（1990）が同様の尺度を作成しています（表 5.2）。

表 5.2　**SSQ 短縮版**（松崎ら，1990）

1. あなたが悩んでいるとき（人間関係，自分の性格，進路選択などで），親身になって相
　談にのってくれそうな人は誰ですか。
2. あなたが試験や実習，面接などを前にして，緊張し不安なとき，それを和らげてくれそ
　うな人は誰ですか。
3. 日常の生活で，あなたが援助や手助けを必要としているとき，頼れそうな人は誰ですか。
4. もしあなたが留年や退学の処分を受けたとき，あなたを支えてくれる人は誰ですか。
5. あなたの心の奥に秘めていることがらに対して，批判することなく耳を傾けてくれる人
　は誰ですか。
6. あなたの長所も短所もわかった上で，つきあってくれる人は誰ですか。
7. あなたの身の上に何があっても，あなたのことを気遣ってくれる人は誰ですか。
8. あなたが失敗してうちひしがれているとき，慰めてくれる人は誰ですか。
9. あなたが立腹し不愉快な気分のとき，それを和らげてくれそうな人は誰ですか。

注：上の各項目に示されたサポートを与えてくれる人を 9 人まであげてもらい，その人数を合計す
ることによって，社会的ネットワークの大きさを測定する（SSQ-Number）。また，上の各項目に示
されたサポートに対して，どの程度満足しているのかを 1〜6 までの 6 段階で回答させ，その値を合
計することによって，サポートに対する満足度を測定する（SSQ-Satisfaction）。

表 5.3　ネットワークの構造的指標 (Uchino, 2004)

指標	定義
大きさ	ネットワーク内の人数
接触頻度	ネットワークメンバーとの接触回数（週／月）
関係性	配偶者，親類，友人など特定の関係の存在
密度	ネットワークメンバー間の相互のつながり
中心性	ネットワーク内で中心的位置を占める程度（他者との関係数で示すことが可能）
多重送信性	特定の人物が複数の役割を担う程度
相互性	ネットワーク全体または個人のネットワークにおいて双方向的関係が占める割合
関係の強さ	自発的関係は親密性が高く，文脈を越えた広がりをもつ

　もう一つのアプローチは，社会的ネットワーク分析で使用されるネットワークの構造的指標を活用するものです（表5.3）。このうち，ネットワークの大きさは，ネットワーク内の人数を示す指標で，健康との関連を検討した研究でもっとも頻繁に活用されています。ネットワーク密度は，ネットワークのメンバーが互いに知り合いである程度を示す指標です。大学生を対象としたハーシュ（Hirsch, 1979）の研究では，ネットワーク密度の高い人ほど，情緒的サポートに対する満足感が低いことが示されました。ネットワーク密度が高い集団では，メンバー間で葛藤が生じた場合に，一方のメンバーにのみ肩入れをすると，「あちらを立てればこちらが立たず」の状態になりやすいため，結果的に，満足のいくサポートが得られにくいと考えられています。同じく，ハーシュ（Hirsch, 1980）は，配偶者を亡くした妻と結婚後大学に復学した女性を対象として，家族と友人の境界密度（家族のメンバーと友人のメンバーが互いに知り合いである程度）が低い人ほど精神的に健康であることを明らかにしました。ハーシュによれば，こうした結果は，境界密度が低い人ほど，幅広い対人関係から多種多様なサポートを得ることができるために，配偶者との死別や大学入学などの環境変化に直面した際に，よりスムーズに新しい環境に適応しやすいことを示唆しています。

　社会的包絡の測定方法が抱えている課題は，ソーシャル・サポートがどのようなプロセスを経て，精神的健康に影響を与えているかを明らかにすることが

できないことです（Barrera, 1986）。社会的ネットワーク分析の指標のように，ネットワークメンバーを列挙する方法では，それらのメンバーが実際にサポートを提供しているかどうか，また，提供しているとしても，それはどのようなサポートなのかといったことまではわかりません。一方，先にあげたサラソンらのSSQは，サポートを提供してくれる人を特定するという形式をとっているため，バレラも指摘している通り，ネットワークメンバーの量的情報だけでなく質的情報も含む一歩進んだ社会的包絡の測定方法であるといえます。

5.4.2　知覚されたサポート

　知覚されたサポート（perceived support）とは，必要の際には周囲の人からサポートが得られるだろうというサポートの利用可能性に関する認知的評価のことです。このように，サポートを実際の行動ではなく個人の認知とみなす考え方は，サポートを情報と定義した先述のコッブの主張とも一致するものです。知覚されたサポートは，精神的健康ともっとも密接に関連していることが明らかになっています（Sarason et al., 1990b, 2001）。知覚されたサポートを測定するためによく利用される尺度は，コーエンとホバーマン（Cohen & Hoberman, 1983）が作成したISEL（Interpersonal Support Evaluation List）です。この尺度では，4種類のサポート（道具，評価，自尊心，所属）の利用可能性が測定されます。たとえば，道具的サポートでは「私が病気になったら，部屋やアパートまで食事を持ってきてくれる人が学校や近所にいます」，所属的サポートでは「ランニング，運動，スポーツなどを定期的に一緒にする人が学校や近所にいます」などの質問項目があり，それらに対して，「はい」か「いいえ」のいずれかで回答します。日本では，久田ら（1989）が作成した学生用ソーシャル・サポート尺度（SESS; Scale of Expectancy for Social Support）が知覚されたサポートを測定する尺度に該当します（表5.4）。この尺度では，両親，兄弟，教師，友人・知人のそれぞれから，どの程度サポートが得られると思うかについて，「絶対ちがう（1点）」から「きっとそうだ（4点）」の4件法で回答します。

　知覚されたサポートが抱えている課題は，他者からサポートが得られるだろ

表5.4　**SESS**（久田ら，1989）

---

1. あなたが落ち込んでいると，元気づけてくれる。
2. あなたが失恋したと知ったら，心から同情してくれる。
3. あなたに何か，うれしいことが起きたとき，それを我が事のように喜んでくれる。
4. あなたがどうにもならない状況に陥っても，なんとかしてくれる。
5. あなたがする話にはいつもたいてい興味を持って耳を傾けてくれる。
6. あなたが大切な試験に失敗したと知ったら，一生懸命なぐさめてくれる。
7. あなたに元気がないと，すぐ気遣ってくれる。
8. あなたが不満をぶちまけたいときは，はけ口になってくれる。
9. あなたがミスをしても，そっとカバーしてくれる。
10. あなたが何かを成し遂げたとき，心からおめでとうと言ってくれる。
11. 一人では終わらせられない仕事があった時は，快く手伝ってくれる。
12. 日頃からあなたの実力を評価し，認めてくれる。
13. 普段からあなたの気持ちをよく理解してくれる。
14. あなたが学校での人間関係で悩んでいると知ったら，いろいろと解決法をアドバイスしてくれる。
15. 良いところも悪いところもすべて含めて，あなたの存在を認めてくれる。
16. あなたを心から愛している。

注：父親，母親，きょうだい，今通っている学校の先生，友だち別に，各項目について，「きっとそうだ（4点）」「たぶんそうだ（3点）」「たぶんちがう（2点）」「絶対ちがう（1点）」の4段階で回答。

うという認知的評価が，安定した個人のパーソナリティを反映している可能性があることです（Lakey & Cohen, 2000; Sarason et al., 1990a）。たとえば，幼少期における親との経験は，自己と他者に関する信念（内的ワーキングモデル；internal working model）を形成します（Bowlby, 1969）。安定的で温かい親に育てられた子どもは，自分自身は価値ある人間であり，他者は信頼でき，頼りになるという内的ワーキングモデルを形成します。一方，拒否的で冷たい親に育てられた子どもは，自分自身に自信がなく懐疑的で，他者は信頼したり頼ったりできないという内的ワーキングモデルを形成します。こうした内的ワーキングモデルは，児童期から青年期にわたって，友人や恋人など親以外の親密な関係にも影響を及ぼします（Kerns, 2008; Rholes & Simpson, 2004 遠藤ら監訳2008）。知覚されたサポートは，他者との間で実際にやりとりされるサポートではなく，こうした内的ワーキングモデルのような安定した個人のパーソナリティを反映している可能性があります。実際，先述したISELは，自尊心や否定的世界観（自分自身や周囲の環境を否定的にみる傾向）といったパーソナリ

ティ変数と強い関連があることが明らかになっています（Lakey & Cassady, 1990）。

5.4.3　実行されたサポート

　実行されたサポート（enacted support）とは，他者から実際に受け取ったサポート，あるいは，他者に実際に与えたサポートのことです。通常は，前者の他者から受け取ったサポートのことを指します。実行されたサポートの測定のためにもっとも幅広く利用される尺度は，バレラら（Barrera et al., 1981）によって作成された ISSB（Inventory of Socially Supportive Behaviors）です。この尺度では，過去1カ月の間で，4種類のサポート（情緒，道具，情報，評価）を実際にどの程度受け取ったかが測定されます。具体的な質問項目としては，「自分の気持ちを聞いてくれた（情緒的サポート）」「片づけなければならない仕事を手伝ってくれた（道具的サポート）」「どうすればよいかやり方を教えてくれた（情報的サポート）」「指示通りに行動できているかどうかチェックをしてくれた（評価的サポート）」などがあり，各項目に対して，「まったくなかった（1点）」〜「ほぼ毎日あった（5点）」の5件法で回答します。日本では，谷口（2013）で類似した尺度が使用されています（表 5.5）。

　実行されたサポートが抱えている課題は，先述した社会的包絡や知覚されたサポートとは異なり，「実行されたサポートによって精神的健康が悪化する」という結果が時々みられることです（Barrera, 1986）。たとえば，ISSB の得点が高い人ほど，疾病兆候（抑うつ，不安など）や身体的症状（頭痛，体重減少など）をより多く示すことがあります（Barrera, 1981; Cohen & Hoberman, 1983）。なぜこうした結果が生じるかについては，いくつか理由が考えられます。一つは，ストレスとなる出来事（ストレスイベント）を経験すると，それに対処するために，他者からのサポートを求める可能性があることです。バレラ（Barrera, 1986）によると，ストレスイベントを多く経験するほど心理的苦悩が高まると同時に，そうした苦悩に対処しようとして，サポートを求めたり受けたりするため，見かけ上，実行されたサポートが精神的健康を悪化させることになります（図 5.6）。もう一つの理由は，サポートを受け取ることが，

表5.5 **実行されたサポート尺度** (谷口, 2013)

〈サポート受領尺度〉
1. あなたが何か失敗をしても，そっと助けてくれる。
2. ひとりではできないことがあったときは，気持ちよく助けてくれる。
3. あなたが何か悩んでいると知ったら，どうしたらよいか教えてくれる。
4. あなたに元気がないと，すぐに気づいて，励ましてくれる。
5. あなたがだれかにいやなことを言われたとき，なぐさめてくれる。
6. ふだんからあなたの気持ちをよく分かってくれる。

〈サポート提供尺度〉
1. 友だちが何か失敗をしたら，そっと助けてあげる。
2. ひとりではできないことがあったときは，気持ちよく手伝ってあげる。
3. 友だちが何か悩んでいると知ったら，どうしたらよいか教えてあげる。
4. 友だちに元気がないと，すぐに気づいて，励ましてあげる。
5. 友だちがだれかにいやなことを言われたとき，なぐさめてあげる。
6. ふだんから友だちの気持ちをよく分かってあげる。

注：最近数カ月の間で，どの程度サポートを受け取ったか（与えたか）について，
「まったくなかった（1点）」〜「よくあった（4点）」の4件法で回答。

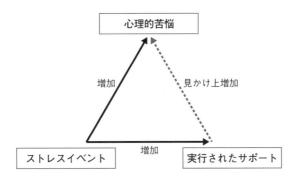

図5.6 **実行されたサポートと心理的苦悩の関連** (Barrera, 1986 をもとに著者作成)

見かけ上ではなく，実際に，精神的健康に対して有害な効果をもつ可能性があ
ることです。サラソンら（Sarason et al., 1990b）によると，他者にサポートを
求めることは，時として，自分一人では何も解決できないことを意識させるた
めに，自尊心を傷つける可能性があります。また，他者からサポートを受け取
ることは，お返しをしなければならないという負債感や義務感といった否定的
な感情を生じさせることも考えられます。

　実行されたサポートが精神的健康を悪化させる場合があることに対して，以

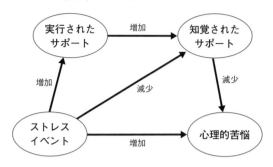

図 5.7　実行されたサポートおよび知覚されたサポートと心理的苦悩の関連
(Norris & Kaniasty, 1996 をもとに著者作成)

　上のような説明は，確かに理にかなっているように思えます。しかしながら，もう少し条件を加えると，実行されたサポートは，精神的健康に対して結果的あるいは部分的に良い影響を与えていることが確認されています。たとえば，最初の説明（見かけ上の悪化）に対しては，知覚されたサポートを同時に考慮する必要があります。ハリケーンによる自然災害の被災者を対象にしたノリスとカニアスティ（Norris & Kaniasty, 1996）では，ストレスイベントによって実行されたサポートが増加することで，知覚されたサポートの減少が抑制され，結果として，精神的健康が維持されることが示されました（図 5.7）。つまり，大きな自然災害を経験すると，家族も含めて近隣の大勢の人が被災するため，必要の際にはサポートが得られるだろうという知覚されたサポートが一時的に減少します。しかしながら，レスキュー隊やボランティアの人などから，緊急の実行されたサポートを受け取ることができれば，知覚されたサポートは回復します。その結果，精神的健康の悪化を最小限にとどめることが可能になります。2 つ目の説明（自尊心の低下や負債感，義務感の発生）に対しては，実行されたサポートには，他者から受け取ったサポートだけでなく，他者に与えたサポートも含まれることを考慮する必要があります。たとえば，クラウス（Krause, 1987）は，65 歳以上の老人を対象として，他者から受け取ったサポートと他者に与えたサポートの両方を含む実行されたサポートが，自尊心を高めることで，抑うつ症状を低下させることを見出しました。また，グリースン

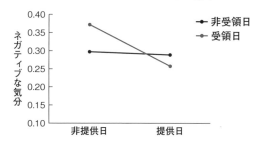

図5.8　受け取ったサポートおよび与えたサポートとネガティブな気分の関連
（Gleason et al., 2003）

ら（Gleason et al., 2003）は，恋愛・結婚カップルを対象にして，4週間にわたる日記調査を行った結果，サポートを受け取るだけの日にはネガティブな気分が高まりますが，サポートを受け取ると同時に与えた日にはネガティブな気分が低下することを明らかにしました（**図5.8**）。他者から受け取ったサポートと他者に与えたサポートの2方向から実行されたサポートを検討することの重要性については，この後の5.6節でさらに詳しく解説します。

5.5　ソーシャル・サポートの効果

　精神的健康に対するソーシャル・サポートの効果には，大きく分けて，**主効果**（main effect）と**緩衝効果**（buffering effect）の2つがあります（Cohen & Wills, 1985）。前者は，ストレスイベントに直面しているかどうか（ストレッサーが多いか少ないか）に関わらず，ソーシャル・サポートが精神的健康に良い影響を与えることを示しています（**図5.9**）。一方，後者は，主として，ストレスイベントに直面している人（ストレッサーが多い人）に対してのみ，そうしたイベントの精神的健康に対する悪影響を，ソーシャル・サポートが緩和することを表しています（**図5.10**）。

5.5.1　サポートの主効果

　サポートの主効果は，社会的包絡，あるいは，サポート源や内容を特定しな

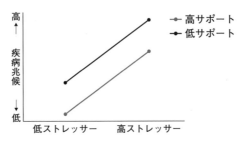

図 5.9　**ソーシャル・サポートの主効果**（Cohen & Wills, 1985）

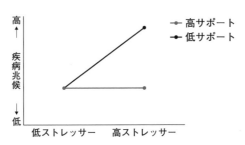

図 5.10　**ソーシャル・サポートの緩衝効果**（Cohen & Wills, 1985）

い全体的な知覚されたサポート[1]を測定する尺度を用いた場合に，よくみられる効果です。幅広い対人関係があれば，健康的な行動を促進したり，ストレスイベントを避けたりするのに役立つ情報を得ることができます。また，たくさんの対人関係をもつことは，たとえば，会社員であったり，親であったり，夫あるいは妻であったりといろいろな役割を担うことになります。そうした社会

---

[1] 全体的な知覚されたサポートを測定する尺度として，サラソンらの SSQ があげられます。先述した通り，SSQ は，広義には，社会的包絡に含まれる尺度ですが（Barrera, 1986），サポートを与えてくれそうな人をあげさせ，どの程度満足しているかを尋ねることから，狭義には，知覚されたサポートを測定する尺度に該当します（Sarason et al., 1990b）。また，各項目の人数や満足感を合計してサポート得点を算出するため，サポート源や内容は考慮されません。そのため，SSQ は個別的関係における特定種類の知覚されたサポートではなく，全体的な知覚されたサポート尺度であるとみなされています（Pierce et al., 1990; Wills & Shinar, 2000）。

的役割は，自分自身が何者であるかという自己同一性（self-identity）の感覚を高めることにつながります。また，自分に期待される役割をきちんとこなすことができていれば，自尊心やコントロール感も高まります。さらには，人生に対する意味や果たすべき義務が明確になり，健康であり続けたいという動機づけが高まります。もちろん，家族の人からも，健康でいてほしいと希望されます。その結果，健康的な行動が促進されることになります。一方で，十分な対人関係をもたないことは，疎外感を高めたり，自尊心やコントロール感を低下させることにつながります。また，不眠症やアルコール依存といった健康を害する行動が生じやすくなります。以上のような過程を通じて，サポートは精神的健康に対して主効果をもつと考えられています（Cohen, 2003; Lakey & Cohen, 2000; Uchino, 2004）。

5.5.2　サポートの緩衝効果

　サポートの緩衝効果は，サポート内容を特定した知覚されたサポート尺度を用いた場合に，よく観測される効果です。サポート内容を特定したほうが緩衝効果が表れやすい理由は，ストレスイベントによって求められるもの（need）と知覚されたサポートの内容がうまくマッチするときにのみ，緩衝効果が生じると考えられているからです（Cohen & McKay, 1984; Cutrona & Russell, 1990）。こうした考え方は，マッチング仮説（stress-support matching hypothesis）と呼ばれています。たとえば，一時的に仕事を失った場合には，お金を貸してくれる人がいると助かります。一方で，大切な人を失った場合には，お金を貸してくれる人よりも，そばにいて話を聞いてくれたり，慰めてくれたりするなど情緒的に支えてくれる人が必要になります。さらに，コーエンとウィルズ（Cohen & Wills, 1985）によれば，ある特定の種類のサポートは，ほぼすべてのストレスイベントに対して，緩衝効果をもつ可能性があります。たとえば，自分の置かれた状況についてアドバイスを与えてくれたり（情報的サポート），自分に価値や経験があることを伝えてくれたり（情緒的サポート）することは，たいていのストレスイベントに対して役立つと考えられます。

　サポートの緩衝効果がどのように生じるかを考える上で重要となる理論が，

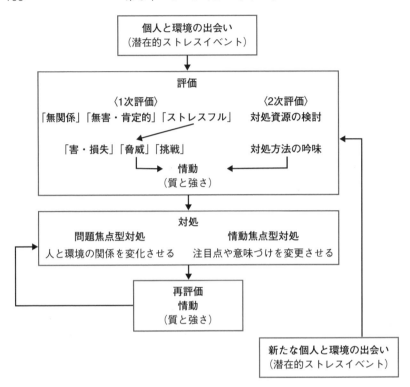

図 5.11　**心理的ストレスモデル**（Folkman & Lazarus, 1988 をもとに著者作成）

ラザルスら（Lazarus, 1966; Lazarus & Folkman, 1984; Lazarus, 1984 本明ら監
訳 1991）の**心理的ストレスモデル**です（図 5.11）。このモデルによると，個人
と環境の出会い（潜在的ストレスイベント）は，1 次評価および 2 次評価とい
う 2 種類の評価を通じて，その意味づけが行われます。1 次評価では，イベン
トが精神的健康にとって重要であるかどうかが評価されます。評価結果は，
「無関係」「無害・肯定的」「ストレスフル」の 3 種類です。「無関係」は，精神
的健康にとって重要でないという判断です。「無害・肯定的」は，イベントが
自分の資源に負荷をかけたり超えたりするようなものではなく，肯定的なもの
であるという判断です。「ストレスフル」は，さらに，「害・損失」「脅威」「挑
戦」の 3 種類に分類されます。そのうち，「害・損失」は，イベントによって

すでにダメージを受け，傷ついているという判断です。「脅威」は，将来的に「害・損失」になる可能性があるという判断です。「挑戦」は，成長，克服，獲得の機会であるという判断です。前二者では，怒り，恐れ，憤慨といったネガティブな情動が，後者では，気持ちの高ぶりや意欲といったポジティブな情動がそれぞれ生じます。イベントが「ストレスフル（害・損失，脅威，挑戦）」と判断された場合には，どのような対処資源があり，どういった対処方法をとることができるかを判断する2次評価が行われます。対処方法には，大きく分けて，問題焦点型対処と情動焦点型対処の2つがあります。前者は，「行動計画を立て，それを実行する」「一歩も引かず，自分が望むものが得られるように懸命に努力する」などのように，苦悩の原因となっている問題を処理，解決しようとすることです。一方，後者は，「希望の兆しを探したり，物事の良い面を見ようと努力する」「すべてのことを忘れようとする」などのように情動や苦悩を調整しようとすることです。対処後には，その結果について再評価が行われます。問題が改善されなかった，あるいは，問題のとらえ方が変わらなかったという判断がなされた場合には，再び，ネガティブな情動が生じることになります。その後，さらに対処が行われますが，再評価で上記と同様の判断が繰返し続くと，精神的健康状態が悪化することになります。

　コーエンとウィルズ（Cohen & Wills, 1985）やレイキーとコーエン（Lakey & Cohen, 2000）は，ラザルスらの心理的ストレスモデルに基づいて，潜在的ストレスイベントから疾病に至る過程において，知覚されたサポートならびに実行されたサポートがどのように機能するかを説明しています（図5.12）。まず，知覚されたサポートは，潜在的ストレスイベントの評価に影響を及ぼします（パス1）。レイキーとコーエンが具体例としてあげているのは，身体の弱った老婦人が夫を亡くしたケースです。知覚されたサポートが低いと，1次評価では「これで本当に身寄りがなくなった」，2次評価では「自分で自分の面倒をみることができない」という判断がなされるかもしれません。こうした評価は，ネガティブな情動を生じさせ，長期的には，精神的健康に悪い影響を与えます。一方で，知覚されたサポートが高いと，1次評価では「夫を亡くしてしまったけど，自分の周囲には仲の良い親切な人が大勢いるから大丈夫」，2

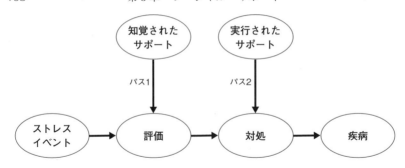

図 5.12　ストレス過程における知覚されたサポートと実行されたサポートの機能
(Lakey & Cohen, 2000 をもとに著者作成)

次評価では「買い物や家のメンテナンスなどは，手助けしてくれる人に頼むことができるから心配ない」という判断がなされる可能性があります。こうした評価によって，潜在的なストレスイベントが「ストレスフル（害・損失，脅威，挑戦）」と判断されにくくなり，たとえストレスフルと判断された場合でも，適切に対処できるという見通しをもつことができます。結果として，ネガティブな情動が生じにくくなり，精神的健康も維持されることになります。次に，実行されたサポートは，対処に影響を与えます（パス2）。経済的に困っているときには，お金を貸してもらう（道具的サポート），気分が落ち込んでいるときには，慰めてもらう（情緒的サポート），一人で寂しいときには，一緒に映画に見に行く（コンパニオンシップ）など，ストレスイベントの要求にマッチした適切なサポートを受け取ることができれば，ネガティブな情動は低減されます。以上のような過程を通して，知覚されたサポートと実行されたサポートの緩衝効果が生じると考えられています。

5.6　ソーシャル・サポートの互恵性

　ソーシャル・サポートは社会的相互作用を通じて交換される資源であるという指摘（Gottlieb, 1984; Shumaker & Brownell, 1984）からも明らかなように，実行されたサポートには，他者から実際に受け取ったサポートだけでなく，他

者に実際に与えたサポートも含まれます。ソーシャル・サポート研究が始まっ
てしばらくは，他者から受け取ったサポートのみが実行されたサポートとして
注目されていましたが，1990 年代頃からは，他者に与えたサポートの役割に
も焦点を当てた研究がいくつかみられるようなりました（Lu & Argyle, 1992;
Deci et al., 2006）。さらには，サポートの送り手と受け手の双方の視点に立っ
て，他者から受け取るサポートと他者に提供するサポートの差，すなわち，**サ
ポートの互恵性**と精神的健康との関連を検討した研究も数多く見受けられるよ
うになってきました（Antonucci & Jackson, 1990; Jung, 1990; Gleason et al.,
2003）。相手に対してサポートを与えることと相手からサポートを得ることが
同じ程度である場合，それを互恵状態と呼びます。また，相手に対して与える
サポートのほうが相手から受け取るサポートよりも多い場合を利得不足状態，
相手から受け取るサポートが相手に対して与えるサポートよりも多い場合を利
得過剰状態といいます。一般に，人は対人関係において互恵状態にあるときも
っとも心理的苦悩が低くなり，互恵性が欠如した状態，すなわち利得不足状態
と利得過剰状態のときはいずれも心理的苦悩が高まります（図 5.13）。恋愛・
夫婦関係（Acitelli & Antonucci, 1994; Gleason et al., 2008; Rook, 1987），友人関
係（Buunk & Prins, 1998），職場の上司・同僚関係（Buunk et al., 1993）など
幅広い対人関係にわたって，サポートの互恵性が精神的健康と関連をもつこと
が確認されています。

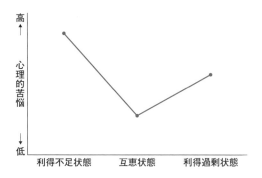

図 5.13　サポートの互恵性と精神的健康の関連（Väänänen et al., 2005 をもとに著者作成）

5.7　おわりに

　1970年代中頃から始まったソーシャル・サポート研究は，現在も，とりわけ，医学や看護学領域において活発に研究が行われているようです。また，サポートの文化差を検討した研究も比較的多く見受けられます。さらには，インターネットや携帯端末を介したサポートの研究や遺伝子レベルでサポートを分析した研究も散見されます。情報化や国際化など社会的環境の変化に伴って，サポートの形態もますます多様化していく可能性があります，今後も，ソーシャル・サポート研究は，その対象領域を広げながら，着実に進展していくものと思われます。

コラム 5.1　ソーシャル・サポート研究の最新動向

　5.7 節でも簡単にふれましたが，最近のソーシャル・サポート研究では，サポートの文化差，インターネットや携帯端末を介したサポート，遺伝子やホルモンとサポートとの関連が検討されています。本コラムでは，上記の 3 つのトピックごとに，最新研究のいくつかを紹介したいと思います。

1.　サポートの文化差

　従来のサポート研究のほとんどは，西洋文化圏の人を対象としていたため，研究結果の一般化可能性（西洋文化圏以外の人においても，同様の結果が得られるかどうか）については，未解決の状況が続いていました。最近では，2 つ以上の異なる文化圏のグループを対象としたサポート研究が活発に行われています。ノースカロライナ州に住む 65 歳以上のアフリカ系アメリカ人と白人を比較した研究によると，アフリカ系アメリカ人では，ストレッサーの経験頻度に関わらず，家族や友人からのサポートが 3 年後の身体的健康と関連していましたが，白人では，そうした関連がみられたのは，ストレッサーの経験頻度が少ない場合のみでした（Sheffler & Sachs-Ericsson, 2016）。また，4 つの民族グループ（白人，メキシコ系アメリカ人，アフリカ系アメリカ人，韓国系アメリカ人）で構成されるシカゴ在住の成人 603 人（平均年齢 44.2 歳）を比較した研究では，サポートの主効果が白人と韓国系アメリカ人において，サポートの緩衝効果がメキシコ系アメリカ人においてそれぞれ確認されました（Shavitt et al., 2016；図 5.14）。さらに，オーストラリア，ニュージーランド，中国，香港の 17〜72 歳の勤労者を対象とした研究では，中国と香港のサンプルにおいてのみ，上司のサポートが仕事と家庭の葛藤を低減させ，勤労者の精神的健康を高めることが示されました（Drummond et al., 2017）。この他にも，ヨルダンの大学生では親からのサポート，トルコの大学生では友人からのサポートがそれぞれ抑うつを低下させること（Khallad & Jabr, 2016），中国人よりもアメリカ人のサンプルにおいて，アタッチメント回避（attachment avoidance）と抑うつの関連に対するサポートの仲介効果がより強いこと（Zhu et al., 2016），トルコ国内の農業コミュニティ（相互依存が高い集団）の子どもは，畜産業コミュニティ（相互依存が低い集団）の

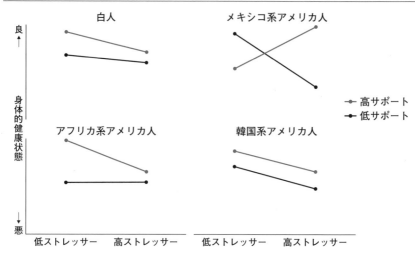

図5.14　身体的健康に対するサポートの効果の文化差
(Shavitt et al., 2016 をもとに著者作成)

子どもよりも，架空のいじめ状況における被害者の対処方法として，「友人からのサポートを求める（友人と一緒に遊ぶ）」を選択する傾向が高いこと（Over & Uskul, 2016）などが確認されています。

2. インターネットや携帯端末を介したサポート

　インターネットや携帯端末の普及に伴って，これらを利用したオンラインサポートにも注目が集まっています。オンラインサポートと対面（in-person）サポートについて，類似尺度を作成し，厳密な比較を行った研究では，対面サポートが多い人は，オンラインでも同種のサポートを受けている一方で，対面サポートが少ない人は，対面では受けられないサポートをオンラインから代わりに受けている可能性があること，オンラインサポートと対面サポートは，それぞれ独自に抑うつ思考・感情に影響を与えていること（図5.15），オンラインサポートは，無視やからかいなどオンラインでの嫌な出来事（victimization）が多い場合に，その悪影響を緩和する効果（緩衝効果）をもつ一方で，対面サポートは，対面での嫌な出来事の多少に関わらず，抑うつ思考・感情を低下させる効果（主効果）をもつことが示されました

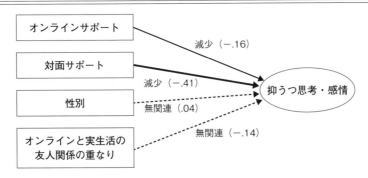

図 5.15　**オンラインサポートと対面サポートの効果**（Cole et al., 2016 をもとに著者作成）

（Cole et al., 2017）。また，日記法を用いて，2 週間にわたり，サポートの希求先（対面，テキストメッセージ，Facebook，Twitter，オンラインフォーラム）を比較検討した研究では，ストレスイベント（特に，対人ストレスイベント）を経験した人は，その解決方法として，対面（直接・電話）によるサポートを求める傾向がもっとも高く，次いで，テキストメッセージによるサポートを求める傾向が高いことが明らかになりました（Rife et al., 2016）。さらに，社会的手がかり（アイコンタクト，表情，声の調子など）に対する注意資源の分配という観点から，オンラインサポートと対面サポートを比較した実験研究によると，テキストベースのオンラインサポートを受ける条件では，対面での会話によるサポートを受ける条件と比較して，アイコンタクトなどの社会的手がかりに注意を払う必要がない分，直面しているストレッサーに対してより多くの注意が向けられ，サポート処理の動機づけが高まっていました。その結果，受け取ったサポートの内容がしっかりと吟味され，不安や不確実性の低下といったサポートの有益な効果が増大していました（Rains et al., 2016）。こうした研究結果の他にも，オンラインサポート（情報的サポート・情緒的サポート・関係維持）が SNS（social network site）への関与を高め，ひいては SNS の継続使用意図を高めること（Lin et al., 2016），インターネット依存者では，オンラインサポートが自尊心や主観的安寧（subjective well-being）を高める一方で，非依存者では，オンラインサポートが自尊心や主観的安寧とは関連をもたないこと（Ouyang et al.,

2016)，Facebook 上で大学生の友人が多い人ほど，大学入学後の適応（肯定的感情）が高いこと（Stenson & Connolly, 2016），Facebook 上での相互作用（コメントや「いいね」の回数）が多く，投稿からコメントを受け取るまでの時間が短い人ほど，Facebook 上の友人からの知覚されたサポートが高く，孤独感が低いこと（Seo et al., 2016），高校生の女子では，Facebook の積極的利用（投稿，チャットなど）が，オンラインサポートを高め，抑うつ感情を低下させる一方で，消極的利用（他人のプロフィールの閲覧）が，抑うつ感情を高めること（Frison & Eggermont, 2016），Facebook 上の友人の数が多いほど，主観的安寧（幸福感，人生満足感，肯定的感情）が高くなるという関連は，パーソナリティ特性（特に，外向性）による見かけ上の関連であること（Lönnqvist & große Deters, 2016）などが明らかになっています。

3. 遺伝子やホルモンとサポート

　近年では，遺伝子型とサポートの交互作用，すなわち，遺伝子型の影響に対するサポートの調整効果（moderation effect）を検討した研究が増えてきています。たとえば，抑うつと関連をもつ遺伝子型として，セロトニントランスポーター遺伝子多型（5-HTTLPR）があります。急性冠症候群（acute coronary syndrome）の患者を対象にした研究では，慢性期（発症 1 年後）において，SL 型，SS 型の人では，サポートが少ない人ほど，急性期に併発した抑うつ障害が持続しやすいことが示されました（Kim et al., 2016；図 5.16）。また，健常者のネガティブな注意バイアス（ネガティブな表情刺激に注意を向けやすい傾向で，抑うつの発症と密接な関連をもつ）に着目した研究では，SS 型の人がネガティブな注意バイアスをもちやすいこと，さらには，SS 型の人でも，知覚されたサポートが多い場合，ネガティブな注意バイアスが減少することが確認されました（Pearson et al., 2016）。この他には，ストレス反応と関連をもつ遺伝子型として，オキシトシン受容体（OXTR）遺伝子 rs53576 の一塩基多型（SNP）があげられます。ストレス反応として，副交感神経活性化レベルの指標でもある心拍変動に着目した研究では，GG 型と AG 型の人においてのみ，ストレスイベントが予期される状況で，恋人からサポートを受けると，ストレス反応である心拍変動の減少がより小さくなる（サポートがストレス緩和効果をもつ）こと

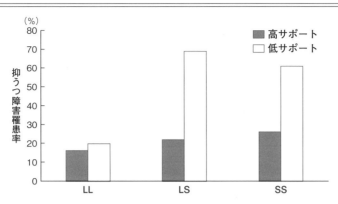

図 5.16　急性冠症候群患者の発症 1 年後における抑うつ障害罹患率
(Kim et al., 2016 をもとに著者作成)

が示されました（Kanthak et al., 2016）。

　遺伝子型と同様に，ホルモンとサポートとの関連も，近年，精力的に研究が行われています。実験参加者に，特定の手がかり語（肯定語として「幸せ」，否定語として「怒り」，中立語として「椅子」など）を提示し，その語と関連する過去 24 時間以内に生じた出来事の記憶を思い出させ，直後に，肯定的・否定的感情，心地良さ，情緒的サポートを評定させる自伝的記憶テスト（autobiographical memory test）を用いた研究によると，オキシトシンの経鼻投与によって，親和欲求が高まった女性は，同性の実験者から手がかり語を伝えられた状況（social condition）では，否定語に関連した出来事の記憶を思い出した後，情緒的サポートをより高く評価していました。一方，コンピュータの画面上で手がかり語が提示された状況（non-social condition）では，情緒的サポートをより低く評価していました。すなわち，オキシトシンの投与は，サポートが利用可能な状況では，知覚されたサポートを増加させますが，サポートが利用不可能な状況では，逆に，知覚されたサポートを低下させることが示唆されました（Cardoso et al., 2016；図 5.17）。この他にも，デキサメタゾン抑制試験による血中コルチゾール濃度の低下率が低い（ストレスに対する感受性が高い）女性において，知覚されたサポートが，血中の脳由来神経栄養因子（brain

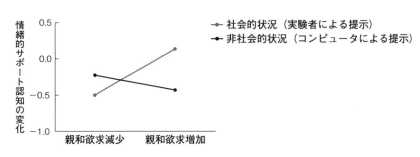

図 5.17　オキシトシン投与による親和欲求の変化とサポート認知の変化
(Cardoso et al., 2016 をもとに著者作成)

derived neurotrophic factor）の水準（ストレスからの回復力）を高めること（**Ma et al., 2016**），青年初期の子どもでは，知覚されたサポートが多いほど，唾液中コルチゾールの 1 日分泌量が増加すること（**Morin-Major et al., 2016**），唾液中コルチゾール濃度が高い人は，比較的短期間のうちに，従来の友人関係を終結させ，新しい友人関係を築きやすい傾向（相手のコルチゾール濃度が低い場合より顕著）がある一方で，唾液中テストステロン濃度が高い人は，従来の友人関係を維持し，新しい友人関係を築きにくい傾向（相手のテストステロン濃度が中程度の場合より顕著）があること（**Kornienko et al., 2016**），40 歳以上のアメリカ人男性では，1 人以上の血縁者（妻，子ども，兄弟，親）に加えて，非血縁者（友人，同僚，近所の人など）からも情緒的サポートを受け取っている人ほど，血中テストステロン濃度が低いこと（**Gettler & Oka, 2016**）などが確認されています。

復 習 問 題

1. ソーシャル・サポートの測定法には，大きく分けて 3 種類あります。各測定法の内容と課題を説明してください。

2. 精神的健康に対するソーシャル・サポートの 2 種類の効果について，説明してください。

参 考 図 書

浦 光博（1992）．支えあう人と人──ソーシャル・サポートの社会心理学──　サイエンス社

　ソーシャル・サポート研究の歴史，内容，課題などが，これ一冊で手に取るようにわかります。ソーシャル・サポート研究に興味・関心をもたれた方には，ぜひとも最初に目を通していただきたい，いわば「バイブル」のような名著です。

谷口 弘一・福岡 欣治（編著）（2006）．対人関係と適応の心理学──ストレス対処の理論と実践──　北大路書房

　対人関係のポジティブな側面（ソーシャル・サポート）とネガティブな側面（対人ストレス），ならびに自己（自己概念，自己開示）の側面が精神的健康や適応とどのように関わっているかについて，理論的・実践的な知識を身につけることができる一冊です。

松井 豊・浦 光博（編）（1998）．人を支える心の科学　誠信書房

　ソーシャル・サポート研究の最新動向に加えて，サポートの効果を説明する新たな理論である文脈モデル，親密性ならびに対人葛藤とサポートとの関連，対人関係全般に対する構えと個別的関係におけるサポートとの関連など，本章では取り上げることができなかった重要な課題が，詳細に解説されています。

第 **6** 章

集団のダイナミックス

　職場や学校など，人は集団に所属して社会生活を営んでいます。集団はメンバーの態度や行動に影響を及ぼしますが，逆に，1人のメンバーの働きかけが他のメンバーたちの態度や行動を変えていくこともあります。グループ・ダイナミックス（集団力学）では，このような個と集団の影響過程について研究が進められています。本章では集団内の影響過程について概説します。

6.1　集団の特性

　集団（group）とは，相互作用を通して影響を与え合うメンバー（成員）たちの集まりです。電車の乗客やデパートの買い物客のような不特定多数の人々の集まりは**集合**（aggregate）と呼ばれ，集団と区別されます（第9章参照）。

　集団には，次のような特徴があります。①メンバーたちが共通の目標をもっている（集団目標）。②メンバーたちがコミュニケーションを交わしている（相互作用）。③メンバーたちの行動を規制するルールが形成されている（集団規範）。④メンバーたちが集団に魅力を感じている（集団凝集性）。⑤各メンバーが，集団内で地位と役割をもっている（地位と役割）。⑥メンバーたちが仲間意識を抱き，自分たちを他の集団と区別している（われわれ感情）。こうした特徴が認められるほど集団らしさ（groupness）が高いといえます。

　以下では，これらの特徴のうち規範と凝集性を取り上げます。

6.1.1　集団規範

　一般に，同じ集団に所属するメンバーたちには，言葉遣い，服装や髪型，挨拶の仕方などに類似性がみられます。集団活動が続く中でメンバーの行動が似

通ってくる現象を行動の斉一化（uniformity）と呼びます。斉一化された行動
はその集団における標準的な行動となり，メンバーたちがどう行動すべきかを
判断する準拠枠となります。このようにメンバーたちが共有している行動の準
拠枠を集団規範（group norm）と呼びます。

　集団規範は，メンバーたちの行動を規制する圧力として作用します。たとえ
ば，部活動で「練習に遅刻してはいけない」という規範が存在していれば，部
員たちは規範の圧力から早めに部室に向かうことでしょう。部員たちが規範に
沿った行動をすれば（時間を守れば），先輩や仲間たちから受け入れてもらえ
ますが，規範から逸脱すれば（遅刻すれば）叱られるかもしれません。

　規範の存在によって，私たちは不自由さや拘束を感じますが，規範には重要
な2つの働きがあります。一つは，集団の目標達成を促進する機能です。たと
えば，「練習に遅刻してはいけない」という規範によって部活動を時間通りに
開始できるだけでなく，部員たちの練習に対する気持ちが引き締まります。も
う一つは，集団の人間関係を維持する機能です。たとえば，「部室に入ったら
挨拶をする」とか，「困ったことを相談し合う」といった規範は，部員同士の
人間関係を良好に保つ上で役立ちます。

　しかし，集団に望ましい規範が形成されるとは限りません。たとえば，職場
の規範が，不適切な作業手順を許容していると事故が起きやすくなります。こ
のような規範を変容させる技法として，レヴィン（Lewin, 1953）は，「集団決
定法」を考案しました。集団決定法は，集団討議と自己決定の2つのステップ
から成ります。そこでは当事者たちが小集団を作り，現状の問題点や今後とる
べき望ましい行動について話し合います。次に各メンバーが実行しようとする
行動を自己決定（決意）し，集団内で表明し合うのです。集団決定法はバス会
社や造船所などで事故予防に活用され，その有効性が実証されています（三
隅・篠原，1967）。

6.1.2　集団凝集性

　集団凝集性（group cohesiveness）とは，集団のまとまりを表す概念であり，
「メンバーたちを集団にとどまるように作用する力の総体」と定義されます

(Festinger et al., 1950)。しかし，この定義は抽象的なので，凝集性を測定しようとする際は，個々のメンバーに「その集団の一員であることにどのくらい魅力を感じるか」を質問紙でたずねるのが一般的です。

　集団凝集性は，2つに大別されます。一つは対人的凝集性です。これは，メンバーたちが互いに好意を抱くことから生まれる集団への魅力です。もう一つは課題達成的凝集性です。これは，メンバーたちがやりたい活動ができたり，価値ある目標の達成を目指せることから生まれる集団への魅力です。

　これまでの研究から，凝集性の高い集団は低い集団よりも，「メンバーたちが積極的に課題に取り組み，目標を達成しようとする」「他のメンバーの期待に応えようと努力する」「不安が低減したり，自尊心が高まる」などの点で好ましいことがわかっています。また，凝集性が高まると，メンバーにとってその集団は単なる所属集団（membership group）ではなく，帰属意識や忠誠心を感じる準拠集団（reference group）になります。

　集団凝集性は，規範の影響力を良くも悪くも増幅させます。シャクターら（Schachter et al., 1951）は，3人1組の集団を作り，厚紙で工作を行う作業をしてもらいました。実験条件として，規範の正負と凝集性の高低を組み合わせて4つの条件が設定されました。ここで規範の正負は，作業中，実験参加者に他のメンバーからと称するメッセージ（実際は，実験者からのメッセージ）を渡して操作されました（正規範の例：「もう少し早く切ってください」，負規範の例：「ゆっくりやりましょう」）。また，凝集性の高低は，実験前に参加者たちに実施した性格テストの結果と称する教示によって操作されました（高凝集性の例：「このグループのメンバーは，とても仲良くなれそうです」，低凝集性の例：「残念ながら，仲良くなれそうもありません」）。

　実験の結果，集団の作業量は，①正規範・高凝集性→②正規範・低凝集性→③負規範・低凝集性→④負規範・高凝集性の順になりました（表6.1）。すなわち，凝集性の高い集団に正規範が存在していれば（①），集団は，「皆で力を合わせて頑張ろう」という方向に向かいますが，負規範が存在していると（④），「仲良く手を抜こう」という望ましくない方向に向かうのです。この他，凝集性の高い集団では，メンバーたちが葛藤や対立を避けようとするあまり率

表6.1 **参加者が切断した厚紙の平均枚数（作業量）**（Schachter et al., 1951 をもとに作成）

	人数	8〜16分 (ベースライン)	16〜24分 (リーダーが業績を誘導する)	24〜32分
正規範・高凝集	13	5.31	8.23	11.23
正規範・低凝集	12	6.16	9.08	11.25
負規範・高凝集	13	6.31	5.31	4.15
負規範・低凝集	12	6.42	5.84	6.00

直な発言を抑制し、その結果、不適切な決定を下してしまうことがあります（集団的浅慮；6.3.3 項参照）。

6.2 多数者と少数者の影響過程

集団内では、議題への賛否をめぐって多数者と少数者に分かれることがよくあります。ここでは、**多数者と少数者の影響過程**についてみていきます。

6.2.1 多数者影響

あなたが運動部の一員だとします。大会を前に「毎日、早朝練習をしよう」という提案が出ました。あなたは反対なのですが、ほとんどの部員たちが賛成しています。そこで、やむなく早朝練習に賛成しました……。この例のように個人や少数者が**集団圧力**を感知し、自分の意思を曲げて多数者と同じ行動をすることを**同調**（conformity）と呼びます。

同調行動に関する有名な研究にアッシュ（Asch, 1951）の実験があります。アッシュが考案した課題は、図 6.1 に示すような図版を実験参加者に提示し、「左のカードの線と同じ長さの線を右の 3 本の線の中から選んで回答してもらう」というものでした。この課題は個人で判断してもらうと、誤答はほぼ皆無です。アッシュは、この課題を用いて個人（少数者）が多数者の圧力に屈して同調するかを試したのです。

実験では、「知覚判断の実験」と称して、9 人の参加者が集まり、対面して着席します。そして参加者たちに図版を見せ、順番に口頭で回答するように求

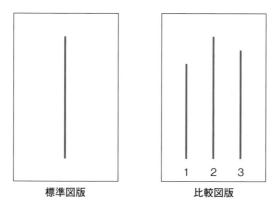

標準図版   比較図版

図 6.1 **アッシュの実験課題**（Asch, 1951）

めます。しかし，9人のうち真の実験参加者は1人だけで，他の8人は事前に
誤った回答をするように依頼されていた実験協力者（サクラ）でした。真の参
加者は最後から2番目の席に座り，8番目に回答します。

　実験では，こうした判断試行が18回行われ，うち12回の試行において，実
験協力者たち（多数者）は全員一致で誤答をしました。その結果，真の参加者
50人中，37人（74%）が少なくとも1回は誤答をした（同調した）のです。
12試行中6回以上誤答をした参加者も15人（30%）に達しました。1回も誤
答をしなかった参加者も13人（26%）いましたが，実験後の振り返りで「自
分の回答が間違いではないかと疑った」と報告しています。

　さらにアッシュは，多数者の数を1人，2人，3人，4人，8人，16人と変
化させ，同調の程度（誤判断数の平均）を比較しました。その結果は，表6.2
に示しています。この表から，集団圧力は，自分と判断が異なるメンバーが1
〜2人のときは小さいのですが，3〜4人になると急に大きくなり，ピークに達
することがわかります。すなわち集団圧力が発生するのに大人数は必要なく，
4〜6人くらいで十分なのです。

　また，この実験の状況は，課題に正解があることや，参加者同士が初対面で
あり，人間関係が一時的なものであることにも注意しましょう。現実の社会集
団では，課題に正解があることは少なく，メンバー同士も知り合いで，人間関

表6.2　多数者の人数と参加者の誤判断 (Asch, 1951)

	統制群	多数者（協力者）の人数					
		1	2	3	4	8	16
参加者数	37	10	15	10	10	50	12
誤判断の平均	0.08	0.33	1.53	4.0	4.20	3.84	3.75
誤判断の範囲	0～2	0～1	0～5	1～12	0～11	0～11	0～10

注：統制群は，参加者が単独で判断を行います。

係も長期にわたって続きます。したがって，現実の社会集団で発生する集団圧力は，決して小さくないと考えられます。

　同調行動はなぜ生起するのでしょうか。一つの理由は，人は「何が正しいのか」を判断する際，しばしば他者の判断に依存するからです。特に多数者の一致した判断には，**社会的真実性**（social reality）があるので同調しやすくなります（このように「正しくありたい」という欲求から生じる影響を**情報的影響**と呼びます）。もう一つの理由は，判断に不一致が生じると対人葛藤が生じるからです。すなわち，多数者を敵に回すかもしれないという懸念から同調しやすくなります（このように「対人葛藤を避けたい」という欲求から生じる影響を**規範的影響**と呼びます）。

　ところで，同調研究では，集団圧力が最大になるのは多数者が全員一致の場合であり，自分以外に同調しないメンバー（社会的支持者）が1人でもいれば，集団圧力が緩和されることがわかっています（Allen, 1965）。さらに多数者への同調を拒む少数者が声をあげれば，多数者の判断や意見を変えることができるかもしれません。では，そうした少数者影響の研究をみてみましょう。

6.2.2　少数者影響

　この節の最初にあげた仮想例を続けます。あなたの所属する運動部では，早朝練習を開始しましたが，しだいに部員たちに疲労の色が濃くなってきました。そんなとき，一人の部員が「早朝練習を中止してはどうか」と提案しました。話し合いの結果，早朝練習は，月・水・金の週3回になりました。

　この例のように少数者の主張が多数者の行動を変える事態は，実生活でも起

こります。モスコビッシ（Moscovici, 1976）は，多数者圧力に屈しない非同調者（少数者）を影響の源としてとらえ直し，少数者の影響過程を明らかにしようとしました。モスコビッシが重視したのは，少数者の**行動一貫性**（consistency）です。行動一貫性とは，時や状況を越えて同一の行動を繰り返すことですが，それは判断や意見の表明だけでなく，確固たる信念の表明を意味します。

　モスコビッシら（Moscovici et al., 1969）の初期の実験では，誰もが「青」と判断する（呼ぶ）ような複数の青スライド（色相は同じですが，明度が異なる数種類のスライドが用意されました）に対して，色名を「青」か「緑」で回答させるという課題が用いられました。実験群では，1つの集団が実験参加者4人（多数者）と実験協力者2人（少数者）で構成されています。実験条件は2つ設定され，一貫群では，2人の協力者が36試行（全試行）を通して「緑」と発言します。もう一つの非一貫群では，2人の協力者が24試行で「緑」，12試行で「青」とランダムに発言します。さらに，集団が真の参加者6人で構成される統制群が設定されました。

　その結果，一貫群の参加者の32％が少なくとも1回は「緑」と回答しました。また，一貫群の参加者の「緑」回答の割合は8％でしたが，非一貫群や統制群では，「緑」回答はほぼ皆無でした。このように一貫した少数者は，強いとまではいえないにせよ，多数者の行動に影響を及ぼしました。

　この実験で興味深いのは，むしろ集団場面後の色彩弁別課題の結果です（表6.3）。集団での色名判断が終了すると，別の実験と称して，2人目の実験者が

表6.3　**色彩弁別課題における緑反応閾のシフト**（Moscovici et al., 1969）

	統制群		実験群		t	p（片側）
	平均	SD	平均	SD		
75％緑反応閾	46.16	1.42	46.85	1.54	1.68	.047
50％緑反応閾	47.39	1.21	48.03	1.38	1.78	.038
25％緑反応閾	48.41	1.14	49.19	1.28	2.33	.010

注：数値はスライドの色相番号で，数値が高いほど青みが強いスライド。
　　75％緑反応閾＝参加者が，75％の割合で「緑」だと判断したスライド番号。
　　50％緑反応閾＝参加者が，50％の割合で「緑」だと判断したスライド番号。
　　25％緑反応閾＝参加者が，25％の割合で「緑」だと判断したスライド番号。

入室し，色彩弁別課題を行いました。この課題は，青と緑の中間色を多数提示し，参加者に「青」か「緑」を筆答で答えさせます。その結果，一貫群では，多数者（参加者）の緑反応閾が青色側にシフトしていたのです（「青」に近い中間色まで「緑」と回答していました）。しかも緑反応閾のシフトは，集団場面で少数者に抵抗し，「青」と回答し続けた多数者に顕著でした。このことは，集団場面における多数者の行動に変化がみられない場合でも，多数者が内面的には影響を受けていることを示唆しています。

　さらに，その後の研究でモスコビッシとペルソナーズ（Moscovici & Personnaz, 1980）は，色彩弁別課題に代えて，実験参加者に青色の残像色を報告させました。その結果，多数者（参加者）の報告する残像色が，実験の前後で，黄（青色の補色）から赤（緑色の補色）にシフトしていました。この結果は，少数者影響によって，多数者が青スライドを緑色に知覚するようになったことを示唆しています。

　一連の実験結果から，モスコビッシ（Moscovici, 1980）は，「多数者は少数者に内面の変化を伴わない追従を引き起こす。逆に，少数者は多数者に対して追従は引き起こさないが，内面を変化させる」という仮説を提起し，多数者と少数者の影響は質的に異なると主張しています。また，ネメス（Nemeth, 1986）は，問題解決課題や連想課題を用いて実験を試み，多数者影響のもとで，少数者は多数者と同じ反応をしがち（追従しがち）であるのに対し，少数者影響のもとでは，多数者が，通常は気づきにくい解決法を発見したり，独創的な連想反応をすることを見出しました。

　このように多数者と少数者の影響には質的な違いがあることが示唆されますが，その一方で量的な違いにすぎないという見解もあり（Latané & Wolf, 1981; Tanford & Penrod, 1984），論争が続いています。また，行動一貫性の効果についても，少数者が多数者の意見にことごとく反対するよりも，「ここは賛成だが，ここは反対」という具合に場合分けをしたほうが効果的です（Nemeth et al., 1974）。すなわち，「何でも反対」という主張の仕方では，多数者は少数者を「頑固者だ」と否定的に認知するようになります（吉山，1988）。したがって，少数者は自分たちの意見と多数者の意見との共通点と相違点を吟

味しつつ，論点を絞って主張することが大切です。

6.3 集団意思決定

集団意思決定とは，メンバーたちが話し合いをして物事を決めることです。そこではメンバーたちが多角的な視点と豊富な情報に基づいて，最適の決定をすることが期待されます。しかし実際には，以下に述べるように不適切な決定を導く心理的な「落とし穴」も存在します。

6.3.1 集団極化現象

会社の幹部たちが出店計画を話し合っているとします。幹部の中には，「思い切って10店ぐらい出すべきだ」という人もいれば，「5〜6店が適当」という人もいるでしょう。「出店に反対」の人もいるかもしれません。幹部たちが話し合いで出店数を決定するとどうなるのでしょうか。この問いに対して，集団決定はメンバーたちの意見の平均的なところに落ち着くと予想する人が多いでしょう。しかし，研究結果は，出店に積極的なメンバーが多いと極端な決定をしやすい（出店数が増える）ことを示しています。このような現象を**集団極化現象**（group polarization）と呼びます。

集団極化現象の研究は，集団の決定が個人の決定よりも危険を伴いやすいという**リスキーシフト**現象として始まりました。この現象に関する実験では，参加者に次のような課題が与えられます。

「電気技師A氏は，大学卒業後5年間，大企業で働いています。彼の給料はまずまずですが，大幅に上がる見込みはありません。ある日，A氏は起業したばかりの小さな会社からスカウトされました。給料は今よりはるかに高いし，会社が大きくなれば重役にもなれます。さて，あなたがA氏から転職の相談を受けたとします。あなたは，その会社が成功する確率が最低何％くらいあれば，会社を移るべきだとアドバイスしますか？」

このような判断課題について，参加者は，①一人ひとりが個人として何％か回答し，②次に討論をして集団決定を行い，③もう一度，一人ひとりが回答し

ます。その結果，②集団決定と，③その後の個人決定が，いずれも討論前より
もリスクの高い方向にシフトすること（上述の例では，新会社の成功確率が低
くても転職をすすめるようになる）が明らかになりました（Stoner, 1961;
Wallach et al., 1962）。その後，集団極化現象はリスク判断だけでなく，社会的
態度，陪審員の評決，ステレオタイプなど，さまざまな課題で確認され，集団
意思決定で起こる一般的な現象であると考えられています（Myers & Lamm,
1976）。

　集団極化現象が起こるメカニズムについては，**社会的比較理論**（Sanders &
Baron, 1977）と**説得的論拠理論**（Burnstein & Vinokur, 1977）による説明が有
力です。説得的論拠理論では，メンバー間の情報交換に注目します。すなわち，
討論を通してメンバーが優勢な意見や，それを支持する論点や理由を聞くこと
になり，互いに説得されてしまうからだ，と説明します。他方，社会的比較理
論は，集団の規範や価値観に注目します。討論の中で，自分や他者の意見が，
規範や価値観（上述の例では，「人生にはチャレンジ精神が大切」）に照らして，
どの位置にあるのかしだいに明確になってきます。そして自分が規範や価値観
の体現者であることを示そうとして極化が生じる，と説明するのです。この他，
集団極化現象は自集団の独自性を際立たせようとして起こる，と考える**社会的
アイデンティティ理論**による説明もあります（Mackie, 1986）。

6.3.2　情報共有の困難さ（隠れたプロフィール）

　「今度の企画は，A，B どちらの案にしようか」というように，意思決定は
複数の選択肢から 1 つを選び取るプロセスです。そこでは各選択肢を支持する
情報と支持しない情報を十分に検討する必要があります。たとえば，学園祭に
呼ぶ芸能人を選ぶとすれば，候補者の長所（人気がある，ヒット曲がある，な
ど）と短所（ギャラが高い，ドタキャンする，など）を吟味して決めることで
しょう。このように集団意思決定では，メンバーたちが選択するための情報を
話し合いの中で共有していくことが期待されます。しかし，情報の共有化はう
まくいくのでしょうか？

　ステイサーとタイタス（Stasser & Titus, 1985）は，メンバー間で選択肢に

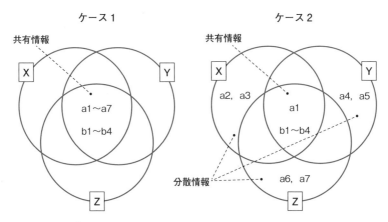

図 6.2　3 人集団における情報分布の例（Stasser & Titus, 1985 を参考に作成）
X, Y, Z＝集団のメンバー。a1 ～ a7＝A 案を支持する情報，b1 ～ b4＝B 案を支持する情報。

関する情報がどのように分布しているのかに着目し，**図 6.2** のようなモデル（ひな形）を考えました。このモデルでは，3 人のメンバーが，A 案と B 案のどちらにするかを話し合う状況を考えます。そして A 案を支持する情報が a1 ～a7 の 7 つ，B 案を支持する情報が b1～b4 の 4 つあるとします（情報の重要度は等しいとします）。ここで，**図 6.2** のケース 1 のように，討論の前に，すべての情報を 3 人全員が共有していれば，誰もが B 案（支持情報 4 つ）ではなく A 案（支持情報 7 つ）を選択し，その後の話し合いでも，やはり A 案に決まることでしょう。

　しかし，情報の分布によっては，個々のメンバーから優れた選択肢が見えにくい事態が存在します。ステイサーは，そうした事態を「隠れたプロフィール」（hidden profile）と呼びました。その例が，ケース 2 です。このケースのように，B 案については，それを支持する b1～b4 の情報がメンバー全員に共有されています。しかし，A 案を支持する情報については，共有されているのは a1 だけで，a2～a7 は 2 つずつ各メンバーに分散しています。この場合，各メンバーは B 案を支持する情報は 4 つとも知っていますが，A 案を支持する情報は 3 つしか知りません。したがって，各メンバーは討論に入る前に B 案

を選択するでしょう。この状況を出発点として討論を行った場合，分散してい
る a2〜a7 の情報が共有化され，A案がB案よりも良いことを発見できるでし
ょうか。

　この問いに対して，ステイサーとタイタスの実験結果は否定的です。すなわ
ち，メンバー間の分散情報の共有化は困難であり，A案よりもB案が選択さ
れやすいことが示されています。その理由は，2つあげられます。一つは，メ
ンバーたちの共有情報が話し合いで発言されやすいからです。すなわち，B案
を支持する共有情報は，知っているメンバーが多い分，話題になる確率が高い
のに対し，1人しか知らない情報は話題になりにくいのです。もう一つは，各
メンバーが自分の初期選択（B案）の正しさを確かめるために，B案を支持す
る共有情報を発言し合うためです（**確証バイアス**）。その結果，メンバーたち
は，不適切なB案を「正しい」と確信してしまうのです。

　なお，近年では，集団内の分散情報の共有化を促進するための方策について
も，研究が進められています（**コラム6.1**参照）。

6.3.3　集団的浅慮

　集団意思決定では，多くの情報や判断材料を集め，多角的な視点から討論す
ることによって優れた決定をすることが期待されます。しかし現実には，話し
合いをした結果，愚かな決定に至ることがあります。

　ジャニス（Janis, 1972）は，アメリカ政府の対外政策の決定過程について事
例研究を行い，**グループシンク**（groupthink）という概念を提起しました。こ
れを直訳すると「集団思考」ですが，近年では「**集団的浅慮**」と訳されていま
す。集団的浅慮とは，集団が全員一致の決定を求めて愚かな決定をしてしまう
ことです。その事例の一つに，ジャニスは，ケネディ大統領と側近たちが決定
したキューバ侵攻作戦の失敗をあげています。キューバ侵攻とは，1961年4
月，カストロの革命政権を倒すために，キューバ人亡命者を中心とした部隊が，
アメリカ軍の支援を受けながら，キューバに侵攻しようとした作戦です。しか
し，この侵攻作戦は，カストロ軍の戦力の過小評価や上陸地点の不適切さなど，
計画にずさんな点が多く，3日間で失敗に終わりました。

　ジャニスの理論によれば，集団的浅慮が発生しやすいのは，①非常に高い集団凝集性，②外部情報からの隔絶，③対案を検討しない，④高いストレス状況，⑤強力なリーダーの存在，などの条件が揃った場合です。そして，このような条件のもとで，メンバーたちの間に意見の一致を求める傾向が過度に強まり，集団的浅慮が発生するとされます。

　集団的浅慮の症状は，次の3つにまとめられます。第1に，「勢力・道徳性の過大評価」です。「われわれは，絶対に失敗しない」という思い上がりが生まれ，楽観的な見方が支配的になります。また，自分たちの決定の非倫理性や反道徳性に気づかなくなります。第2に，「精神的閉鎖性」です。自分たちに不利な情報を軽視したり，不利ではないと歪めてしまいます。また，敵のリーダーは劣っていると，ステレオタイプ化した見方をしがちになります。第3に，「意見の斉一化への圧力」です。異義を唱えるメンバーには圧力や中傷が加えられ，誰もが疑念や疑問を口にするのを控えるようになります。そうした表面上の満場一致によって，根拠のない自信やおごりが生まれます。さらに悪いことに，「忠誠者」を自認し，決定の有効性や倫理性に関する信念を頑なに守ろうとするメンバー（用心棒）さえ出現します。

　集団的浅慮の防止策として，蜂屋（1987）は，①バズ・セッション法，②エキスパート法，③デビルズ・アドボケート法，④仮想敵想定法の4つをあげています。①は，集団をいくつかの下位グループに分けて討論させ，それらの意見を持ち寄って検討を重ねる方法，②は，外部の専門家を招いて，集団の決定に挑戦させる方法，③は，多数意見を批判する役割を設け，その人に問題点を指摘させる方法，④は，自分たちと対立する仮想のライバル集団の立場から，自分たちの案に批判を加えるセッションを導入する方法です。これらの方法は，いずれも集団に異なる意見を意図的に持ち込むことによって，集団が一面的な見方や思考に陥ることを阻止し，多面的な討論を展開させることを狙っています。

コラム 6.1　少数者影響は，集団意思決定の質を高めるのに有効か？
──シュルツ=ハルトら（2006）の実験

　ステイサーとタイタス（Stasser & Titus, 1985）の研究以来，集団メンバーに分散した情報を共有化するのが困難であることが繰返し確かめられてきました。しかし，その一方で，メンバー間の情報共有を促進し，適切な集団決定を導く方策についても研究が進められています。

　シュルツ=ハルトら（Schulz-Hardt et al., 2006）は，「メンバー間の初期選択の不一致が手がかりになって分散情報が掘り起こされ，適切な決定を導くことができる」と予想し，実験を行いました。

　課題は，参加者（被験者）が3人集団を作り，旅客機のパイロットを4人の候補者（A，B，C，Dの各氏）の中から最適任者を1人選ぶというものでした。表6.4には，4人の候補者たちの長所と短所の情報分布を示しています。A〜D氏の情報は各10個（長所は「リーダーシップがある」，短所は「協調性に欠ける」など）で，C氏（長所7個，短所3個）が最適の選択肢（正答）であり，A，B，Dの各氏（長所4個，短所6個）は不適切な選択肢（誤答）です。

表6.4　パイロット候補者（4人）の情報分布（Schulz-Hardt et al., 2006 を一部修正）

	パイロット候補者			
	A	B	C	D
集団全体の情報				
長所	4	4	7	4
短所	6	6	3	6
共有情報				
長所	4	4	1	4
短所	0	0	3	0
分散情報				
長所	0	0	6	0
短所	6	6	0	6
各参加者の情報（討論前）				
長所	4	4	3	4
短所	2	2	3	2

注：各参加者は，候補者A，B，Dの長所4個，候補者Cの長所1個と短所3個を共有しています。しかし，Cの長所6個とA，B，Dの短所6個は，3人の参加者に2個ずつ分散しています。

　話し合いの前に，3人の参加者には，C氏の長所1個と短所3個は共有されていますが，C氏の他の長所は2個ずつ分散されています。また，A，B，Dの各氏については，長所4個が共有され，短所は2個ずつ分散されています。したがって，理想的には参加者3人が自分に与えられた情報をすべて正確に記憶し，話し合いの中でもれなく発言して，候補者たちの全情報を共有することができれば，C氏がもっとも適任という正解にたどり着くわけです。

　参加者3人は，A〜D氏の情報（長所・短所）が書かれた3種類のシートのうちの1つをよく読み，誰をパイロットに採用するか質問紙に回答します（初期選択）。次に，全員の意見が一致するまで話し合って集団決定を行います。この実験では6つの条件が設定されていますが，ここでは少数者影響の効果と関わる①〜③の条件の結果を紹介します。

①「全員一致・誤答」群＝参加者が3人とも同じ不適切な選択肢を選んでいる群（参加者3人の初期選択は，AAA，BBB，DDD）。
②「少数者・誤答不一致」群＝参加者2人が同じ不適切な選択肢を選んでいるが，残る1人（少数者）が別の不適切な選択肢を選んでいる群（参加者3人の初期選択は，AAB，AAD，BBA，BBD，DDA，DDB）。
③「少数者・正答不一致」群＝参加者2人が同じ不適切な選択肢を選んでいるが，残る1人（少数者）が適切な選択肢Cを選んでいる群（参加者3人の初期選択は，AAC，BBC，DDC）。

　実験の結果，C氏の選択率（正答率）は，①「全員一致・誤答」群で7％（28のうち2集団），②「少数者・誤答不一致」群で27％（26のうち7集団），③「少数者・正答不一致」群で65％（20のうち13集団）でした。すなわち，初期選択においてメンバーたちが全員一致で誤答を選んでいる場合（①），討論をしてもほとんど正解にたどり着けませんでした。しかし，初期選択の異なる少数者が存在している場合，その少数者の選択が誤答であっても（②），討論によって正答率が3割近くに上がりました。さらに少数者が初期選択で正答を選んでいる場合には（③），討論を通して正答率が6割を超えました。また，②と③の条件では，発言記録の分析から，メンバーたちが初期選択の不一致を手がかりにして活発に討論し，分散情報を共有化していったことが確かめられました。

　シュルツ＝ハルトらの実験結果は，(1) 初期選択が全員一致の誤判断である場合には討論をしても正解にたどり着くのが困難なこと，そして，(2) 異なる選択をしている少数者が存在すれば，メンバーたちがもっている情報が掘り起こされ，集団意思決定の質が高まること，の2点を示唆しています。

復習問題

1. 集団のメンバー同士の「仲が良いこと」（凝集性が高いこと）のメリットは何でしょうか。また，留意すべき点は何でしょうか。

2.「話し合いにおいて少数意見（少数者）を尊重すべき」なのはなぜでしょうか。その心理学的意味を考えてみましょう。

3. あなたの体験，あるいは，社会的出来事の中から，不適切な集団意思決定が下されたケースを取り上げ，メンバーたちの心理過程を分析してみましょう。

参考図書

本間 道子（2011）．集団行動の心理学——ダイナミックな社会関係のなかで——　サイエンス社

　集団の形成と発達，集団内の影響過程，集団の生産性，意思決定・合意形成，集団間関係など，グループ・ダイナミックスの研究成果を幅広く，わかりやすく解説した一冊です。心理学を学ぶ学生だけでなく，組織運営に携わる実務家やビジネス・パーソンにも有用な内容です。

山口 裕幸（2008）．チームワークの心理学——よりよい集団づくりをめざして——　サイエンス社

　創造的なアイディアを生み出したり，事故や不祥事を防止するためのチームの役割が再認識されています。「チームワークとは何か」「チームワークをどう可視化するか」「チームワークを促進する手立ては何か」など，集団運営を効果的に行う上で多くの示唆を与える一冊です。

第7章 集団間関係

　集団間関係（intergroup relations）とは，読んで字のごとく，集団と集団の間の関係性を指します。日本とアメリカ，早稲田大学と慶應義塾大学，白人と黒人，キリスト教徒とイスラム教徒，などのように，個人同士の関係だけではなく，集団と集団の間にも関係性があります。自分が所属する集団を内集団（ingroup）と呼び，自分の所属しない集団を外集団（outgroup）と呼びます。そして，自分と同じ集団の成員を内集団成員（ingroup member）と呼び，自分と異なる集団の成員を外集団成員（outgroup member）と呼びます（図7.1）。第3章では1対1の人間関係における対人葛藤について紹介しましたが，集団間でも葛藤は生じます。本章では，集団間葛藤とその解消という側面から，集団間関係について紹介します。

7.1　集団間葛藤とは何か？

　集団と集団の間では争いごとが起きやすく，集団間関係が対立関係に陥った場合を特に集団間葛藤（集団間紛争；intergroup conflict）と呼びます。国家間

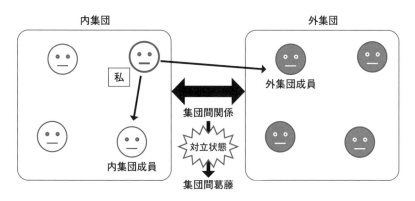

図 7.1　集団間関係

の戦争や民族紛争などは典型的な集団間葛藤であり，不良集団同士のいさかいや，組織内の派閥争いや部門間対立もこれに含まれます。現代日本では，在日韓国人・朝鮮人へのヘイトスピーチも問題視されています。これは日本人と在日韓国人・朝鮮人の間の集団間関係の問題です。また，2015年のパリでの同時多発テロは，西洋社会とイスラム過激派組織との集団間対立の結果発生したものです。このように否定的，破壊的な関係に陥りやすい集団間関係の心理的特徴とはどのようなものなのか，順にみていきましょう。

7.1.1　利害競争が引き起こす葛藤

　集団間関係が葛藤状態に陥る，もっとも根源的な要因の一つは，集団間の利害関係です。この説明は**現実的利害対立理論**（realistic conflict theory）と呼ばれ（Levine & Campbell, 1972），この理論では欠乏した資源を求めた集団間の競争が葛藤を生み出すとされます。

　利害をめぐる競争関係が集団間葛藤状態を生み出すことを示したフィールド実験として，シェリフら（Sherif et al., 1961）が行ったサマーキャンプ実験（泥棒洞窟実験と呼ばれることもあります）があげられます。この実験では，オクラホマ州の泥棒洞窟と呼ばれるキャンプ場で，11歳の少年たち22人に3週間のキャンプに参加してもらいました。この実験には，大きく3つのステージがあります。

【第1ステージ：集団形成】

　最初に，少年たちは2つの集団に分けられました。その際には，少年たちの心理的・身体的な特徴に基づいて，2つの集団ができるだけ等質になるように分けられました。また，少年たちのもっとも仲の良い親友が違う集団になるようにも配慮しました。集団形成の最初に，少年たちは集団の名前を「イーグルス」「ラトラーズ」といったように自分たちで名づけました。この段階ではお互いの集団は少し離れた場所でキャンプ活動を行い，お互いの集団の存在をまだ知りません。

【第2ステージ：集団間競争】

　次に，お互いの集団の存在を知らされて，集団対集団の競争ゲームを行いま

した。ゲームは野球や綱引き，テント組み立て競争，宝探しなどです。この競争で勝ったときには，ペンナイフなどの少年たちが欲しがる賞品が得られます。つまり，賞品といった利害をめぐった集団間競争を行ってもらいました。2つの集団の関係は，一方の集団が勝って利益を得れば，他方の集団が利益を失うというネガティブな相互依存関係にあったといえます。

集団間競争関係を経る中で，少年たちの心理や行動に変化が生じていきました。競争が進むにつれて，相手集団への敵意や攻撃がどんどん高まっていきました。少年たちの集団の凝集性（集団としてのまとまり；第6章参照）がどんどん高くなりました。そして，リーダー構造も，時には外集団を攻撃するのが得意な暴力的な少年がリーダーに取って代わる場合もありました。もっとも仲の良い友人を選択させたときにも，両集団の少年の90％以上が自分の集団から選びました。相手集団にもともとの親友を割り振ったという点を考慮すると，この実験が始まる前の人間関係が状況次第で変化しやすいことがわかると思います。相手集団への敵意は競争ゲーム場面のみにとどまりません。試合に負けたイーグルスが，腹いせにラトラーズの旗を盗んで燃やしてしまいました。さらに，その報復に，ラトラーズは相手チームの宿舎に押し入って，蚊帳を割いたり，個人の持ち物を盗んだりしました。まさに敵意と怒りによる報復の負の連鎖が生じていました。

【第3ステージ：葛藤の解消】

最後の週では，葛藤関係の解消が目指されました。ここでは共通上位目標に向かった協働が集団間葛藤を解消しました。この点は，7.4.2項「共通目標に向けた協働」でより詳細に説明します。

このように，利害の対立は集団間関係が葛藤・紛争状態に陥るための根源的な原因です。その一方で，利害関係だけが葛藤や紛争の原因ではないことも指摘されています。

7.1.2 不連続効果

集団間関係は，個人間関係と比較して，そもそも対立状態に陥りやすいことが指摘されています。インスコら（Insko et al., 1987）は，囚人のジレンマゲ

ーム（詳細は第1章参照）の実験課題を用いた実験室実験を行いました。この実験では，協力的な選択肢と競争的な選択肢の2つがあり，双方が選んだ選択肢によって，それぞれが得られる利益が異なります。ゲームの結果，1人と1人でゲームをした場合には競争の選択率は平均6.6％だったのですが，3人集団の代表者同士でゲームをした集団間ゲームの条件では，53.5％にも上りました。つまり，個人間ゲームよりも集団間ゲームのほうが競争行動を行いやすいといえます。このように，実験場面で個人間関係よりも集団間関係のほうが競争的になりやすいことを**個人間-集団間不連続効果**（interindividual-intergroup discontinuity effect）と呼びます。

　不連続効果は，日本での実験でも同様の結果が得られています（Takemura & Yuki, 2007）。また，不連続効果は必ずしも実験室実験の実験ゲーム場面だけで生じるものではありません。相手に辛いソースを食べさせるような攻撃行動を用いた実験でも，同様に集団間関係のほうがより多くのソースをかけて危害を加えようとすることが示されています（Meier & Hinsz, 2004）。さらに，回想法を用いた日常場面の分析でもやはり集団間相互作用のほうが競争的であることが示されています（Pemberton et al., 1996）。

　では，なぜこのように集団間関係は競争的な関係になりやすいのでしょうか。ヴィルスフートとインスコ（Wildschut & Insko, 2007）は，不連続効果の実験研究を整理して，大きく2つの心理が関わることを指摘しています。一つは強欲さ（greed）です。個人よりも，集団は利益の最大化をより求めるようになります。これは集団メンバー同士で自らの強欲さをお互いに支持・強化し合うことや，身内びいきすべきだという規範ができるためではないかと考えられます。2点目が恐怖（fear）です。囚人のジレンマゲームの特徴として，相手が競争的選択を選んだ場合には，自分も競争的選択を選んで自己防衛をしようとします。集団が相手の場合には，相手が競争的であると認識するので，防衛的に自分も競争的な選択を選ぶのだとされます。こうした外集団への不信感がある原因には，日常生活の中で集団間関係が競争的であることを学習した結果である可能性や，個人と集団で異なる規範がある可能性が指摘されています。

7.2　外集団はなぜ嫌われる？

7.2.1　社会的カテゴリー化とステレオタイプ

　人は，内集団と外集団の間に心理的な線引きを行い，集団を切り分けて認識します。これは社会的カテゴリー化（social categorization）と呼ばれます。そこでは，大きく同化（assimilation）と対比（contrast）という 2 つの過程からなる集団カテゴリーの強調化が生じます（Tajfel & Wilks, 1963）。まず，同化効果では，同じ集団カテゴリー内では成員の類似性が強調され，内集団成員同士は互いに似ているし，また外集団成員同士も互いに似ていると知覚されます。次に，対比効果によって，集団間の違いが強調され，内集団と外集団は互いに異なった存在として知覚されます。図 7.2 を見てください。8 人の身長は連続しています。しかし，A 集団と B 集団として区切ると，A 集団（B 集団）の人は背が低くて（高くて）類似しているように見える同化効果が生じます。そして，A 集団と B 集団の違いが強調され，まったく異なる特徴をもつように見えます。このような同化と対比の心理メカニズムを通じて，内集団と外集団はそれぞれが異なるひとまとまりの集団として知覚されるようになります。

　社会的カテゴリー化によって「外集団」というものがまとまりのある集団として知覚された際には，さらに外集団成員に対して「十把ひとからげ」の認知

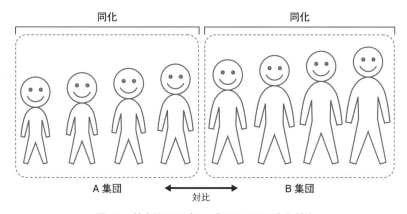

図 7.2　社会的カテゴリー化における同化と対比

が行われて，所属成員に共通の特徴やイメージが知覚されます。これは**ステレオタイプ**（stereotype）と呼ばれます。たとえば，「イタリア人は陽気だ」「黒人は身体能力が高い」「男性は暴力的だ」といったものです。

　ステレオタイプは，否定的な内容になったとき，差別と結びつき，社会的な問題となります。典型的なものは，黒人，女性，同性愛者といった社会的マイノリティへの偏見です。差別の理解と解消という視点から考えると，特に否定的な側面のステレオタイプが形成され，社会的に共有されていくプロセスを理解することは非常に重要だといえます。

7.2.2　ステレオタイプ内容モデル

　近年のステレオタイプ研究の進展の中で，重要だとされるモデルの一つに**ステレオタイプ内容モデル**（stereotype content model）があります（Fiske et al., 2002; Cuddy et al., 2007：図7.3）。ステレオタイプ内容モデルによると，ステレオタイプの内容は温かさ（warmth）と能力（competence）の2次元から構造化されています。このモデルの重要な点は，ステレオタイプの多くは「一方が高いが，もう一方が低い」という相補的な形であることを示した点です。たとえば，高学歴や富裕層に関しては，温かさ低・有能さ高，すなわち「優秀だ

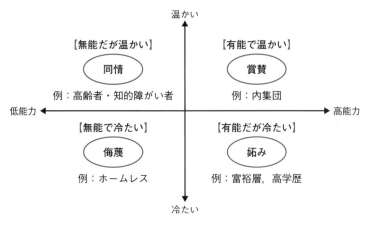

図7.3　**ステレオタイプ内容モデル**（Cuddy at al., 2007 を参考に作成）

けど，冷たい」といったステレオタイプがもたれがちです。そして，彼らに対しては妬みの感情が感じられます。それに対して，高齢者，知的障がい者，主婦に対しては，「温かいけど，能力に欠ける」といったステレオタイプがもたれがちです。彼らに対しては哀れみや同情の感情が感じられます。多くの社会集団に対する認知はこのモデルで示す枠組みでおおむね理解可能であることがこれまでの研究で示されてきました。

7.2.3　外集団に対する認知バイアス

　認知バイアスとは，人間のさまざまな認知過程において存在する非論理的ないし誤った偏りのある認知や判断のことです。特に外集団に対しては多くの認知バイアスの存在が明らかにされています。

1.　内集団ひいき，内集団バイアス

　内集団を外集団よりも高く評価し，優遇して扱ってしまう傾向が人間にはあります。これを社会心理学では**内集団ひいき**（ingroup favoritism）もしくは**内集団バイアス**（ingroup bias）と呼びます。いわゆる，「身内びいき」のことです。出身地や大学が同じであることがわかるとついうれしくなって，その相手を優遇してしまうことはよくあります。内集団ひいきは，外集団の排斥（たとえば，他大学出身者は登用しない）と表裏一体であることが多く，その解消が求められます。

　内集団ひいきが生じる条件を理解しようと，タジフェルら（Tajfel et al., 1971）は最小条件集団実験を実施しました。この実験では，クレーの描いた絵とカンディンスキーの描いた絵から好きな絵を選ぶという基準で，実験参加者は 2 つの集団に分けられます。これは社会的に意味のない基準で分けられたという意味で，「最小」条件集団と呼ばれます。その後に，自分と同じ集団の人（内集団成員）と自分と異なる集団の人（外集団成員）に報酬やポイントを分配する課題を実施してもらいます（図 7.4）。こうした集団でさえ，実験参加者は，内集団成員に対して多くの報酬が分配される組合せを選択していました。また，内集団成員が受け取る報酬が減ってでも，外集団成員よりも内集団成員が相対的に多い報酬を受け取る選択を好む傾向があることもわかりました。意味のな

得点を2人の人に分配するとしたら，どの組合せが適切だと思いますか？
チェックして下さい。

成員番号○○（内集団)	1	2	3	4	5	6	7	8	9	10	11	12	13
成員番号○○（外集団)	13	12	11	10	9	8	7	6	5	4	3	2	1

成員番号○○（内集団)	7	8	9	10	11	12	13	14	15	16	17	18	19
成員番号○○（外集団)	1	3	5	7	9	11	13	15	17	19	21	23	25

図7.4　最小条件集団パラダイムによる分配実験の例

下のマトリックスの場合，内集団成員の報酬が一番多くなるのは，マトリックスの一番右
（19）を選択することです。にもかかわらず，実験参加者は，内集団成員が受け取る報酬
が減ってでも，外集団成員よりも内集団成員が相対的に多い報酬を受け取る選択を好む傾
向があることがわかりました。

い基準で作られた集団間関係でさえ，人間はつい内集団ひいきをしてしまいが
ちだといえます。

2. 錯誤相関

　これは，少数派集団にまれで異質な特徴が知覚されやすいバイアスのことで
す。ハミルトンら（Hamilton & Gifford, 1976）は，少数派集団に対して否定的
なステレオタイプが形成される上で，錯誤相関が重要な役割を担うことを指摘
しました。まず，社会の中で，少数派集団はその名の通り，希少性が高いため，
存在する場合には目につきやすいものです。また，反社会的な行動はこちらも
社会の中で少ないので目立ちます。したがって，目立つ事例同士が組み合わさ
った「少数派集団成員が反社会的行動を行う」事例は特に目立って記憶に残り
やすく，実際には関連がない場合にでも，まるで少数派集団は反社会的行動を
行いやすい人々であるかのような印象を誤って抱いてしまいがちなのです。

3. 外集団均質性効果

　社会的カテゴリー化のところでみたように，同化と対比の心理過程によって，
内集団成員同士，外集団成員同士は類似しているとみなされがちです。その中
でも，特に外集団は内集団よりも，似た者同士であるといった類似性が高く知
覚される傾向があります。これを外集団均質性効果と呼びます。

4. 究極的帰属のエラー

他者の行為は，性格や能力などの内的な属性に帰属されがちであるという認知バイアスは基本的帰属のエラーと呼ばれます。この集団間関係版が**究極的帰属のエラー**と呼ばれるものです（Pettigrew, 1979）。これは外集団成員が行ったネガティブな行為は，性格や能力などの内的属性に帰属される傾向があるという認知バイアスです。ここで重要なのは，集団間関係版である究極的帰属のエラーは，否定的側面のみで働くという点です。たとえば，ある外国人が銀行強盗をしたときには，彼らの性格や遺伝要因に結びつけて判断されます。しかし，その外国人が良いことをしたときにはむしろ状況要因が原因だと判断されることが多いのです。良い行為は特別な例外ケースだとみなされるためです。

5. 非 人 間 化

特に破壊的暴力場面で大きな役割を担う認知バイアスとして，**非人間化**（dehumanization）があげられます。非人間化とは，対象をあたかも人間ではない，動物や物体であるかのように認識し，扱うことです。通常は，人間相手だと気がとがめてしまい，暴力や残虐行為に歯止めがかかります。しかし，人間ではない相手だと認識されれば，それは人ではない対象ですから，残虐的な行為に歯止めがかかりません。

たとえば，ルワンダでは1994年に100万人もの犠牲者を出したジェノサイド（大量虐殺）が発生したのですが，そこでは加害者であるフツ族が，虐殺相手であるツチ族を「ゴキブリ」と呼んでいました。また，第2次世界大戦時の日本でも，戦争相手であるアメリカ人とイギリス人は「鬼畜米英」と呼ばれ，「鬼」や「畜生」という人以下の存在であることが繰返し印象づけられていました。これらは非人間的なラベリングをすることで，暴力の抑制が取り外されてしまった例だといえます。実験場面でも，非人間化された対象に対して，より強い電気ショックが行われることが示されています（Bandura et al., 1975）。

外集団は，そもそも内集団と比べて人間性が低い存在だと知覚されます。たとえば，人は外集団に対して，人間的な複雑な感情が少ないように感じられることが指摘されています（Leyens et al., 2000）。いわば，外集団である外国人や異教徒は，日本人と比べて「人間味」が少ないように感じられるのです。その結果，外集団に対しては，あまり共感が働かないという研究知見が多くあり

ます（Cikara et al., 2011）。共感は利他行動の強力な基本原理です。同じ人間として共感できるからこそ，私たちは暴力を加えないし，手を差し伸べることができます。外集団への破壊的暴力と協力を考える上で，非人間化は非常に重要な概念だといえます。

6. 潜在的偏見

　ここまで外集団への否定的態度の心理プロセスについて説明しました。その一方で，外集団をあからさまに差別することは法律的・社会的に禁じられています。アメリカでは，黒人だから劣った存在だと差別的な取扱いをすると訴訟の対象になります。しかし，私たちは意識しないままに外集団に偏見をもっていることがあります。こういった，本人も意識しない偏見を潜在的偏見と呼びます。

　こういった潜在的偏見は，どのようにして調べるのかというのが問題となります。意識された態度は質問紙法やインタビューなどにより，本人たちから報告してもらえます。しかし，潜在的偏見は，本人たちも気づいていないものであり，本人たちに述べてもらうことは困難です。また，上で述べた通り，差別や偏見は社会的に望ましくないものであるため，自己報告では隠されてしまうこともあります。したがって，回答者本人が自分でも気づかず，また自分で意図的にコントロールしない偏見を測定する手法が必要になります。そこで広く用いられているのが，潜在連合テスト（IAT; implicit association test）という行動実験により偏見の強さを測定するという手法です（Greenwald et al., 1998；図7.5）。ここでは，パソコンを利用してボタンを押す速さによって潜在的態度の強さを測定します。IATでは，単語のグループ分けを行います。たとえば，ポジティブな単語として「笑い」「うれしさ」，ネガティブな単語として「恐ろしい」「失敗」といった言葉が出てきます。こういった言葉が出てくるたびに左（キーボードの「e」）や右（キーボードの「i」）のボタンを押して，ポジティブな単語とネガティブな単語を分類していきます。このときに，ポジティブ・ネガティブな単語とともに偏見対象の単語や写真も同時に出てきます。たとえば，白人・黒人間関係であれば，白人と黒人の顔写真が提示されます。これも指示された通りに左右に分類することが求められます。そのときに「ポ

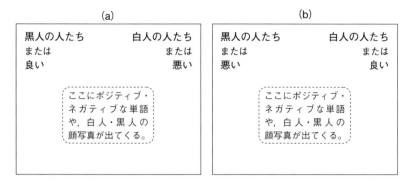

図7.5 潜在連合テストのPC画面例

ジティブな言葉と黒人写真を一緒に右に分類させるセッション」（図7.5（a））と，「ネガティブな単語と黒人写真を一緒に分類させるセッション」（図7.5（b））で反応時間を比較します。もしも「黒人写真をネガティブ単語と一緒に分類する場合のほうが，ポジティブ単語との場合よりも時間がかかるならば，その人は「黒人＝ネガティブ」関連の連想のほうが「黒人＝ポジティブ」関連の連想よりも強いことを示しています。つまり，この分類にかかった時間の差の大きさが潜在的偏見の強さだとみなすことができます。こういった反応時間をもとに，本人も気づかない偏見をあぶり出すことができるのだといえます。

IATで測定された潜在的偏見は，自己報告の質問紙で測定された偏見とほとんど相関がないことが示されています（たとえば，Dasgupta et al., 2000）。このことは，自己報告では差別的な回答を避けていることを示しています。潜在的偏見を測定することは現実の偏見や差別を理解する上で重要だといえるでしょう。

7.3 対立を深める内集団過程

　集団間葛藤は集団で生じる現象であり，逆に言うと，集団が存在しない限り生じないものです。そのため，所属する内集団から大きく影響を受けます。この節では，集団間葛藤を激化させる内集団の中での集団過程に焦点を当てて解

説していきます。

7.3.1　社会的アイデンティティ

　人は内集団に所属することで，集団に所属しているという意識をもちます。こうした所属集団から得られるアイデンティティを**社会的アイデンティティ**と呼びます。

　人はさまざまな社会集団に所属しています。たとえば，「日本人」「東京都民」「○○大学生」「サッカー部員」「キリスト教徒」といったように，人は多くの集団に同時に所属し，その集団の成員になっています。それらの社会的アイデンティティの中で，どれが顕在化するのかは状況によって異なります。たとえば，オリンピックで国同士が対戦する場面では，所属国である日本が社会的アイデンティティとして顕在化します。しかし，日本の国内を旅行するときには，むしろ出身地である「福岡県民」「北海道民」といった都道府県に対する社会的アイデンティティのほうが顕在化します。このように，場面によって，人の社会的アイデンティティは変わります。

　では社会的アイデンティティの強さは，どういった形で集団間関係に関連するのでしょうか。実は，社会的アイデンティティが強いことそのものが直接的に外集団への攻撃につながるわけではありません。むしろ多くの研究が，内集団へのアイデンティティの強さと外集団への否定的態度・行動との間に一貫した正の関連がないことを指摘しています（Brewer & Campbell, 1976; Cashdan, 2001 など）。

　内集団への社会的アイデンティティの強さが，紛争を引き起こす条件を，縄田（2013）は2つほど指摘しています。

1.　すでに紛争・競争状況下にある場合

　一つは，集団間関係がすでに紛争状況や競争関係にある場合です。すでに集団間関係が競争的関係にある場合には，社会的アイデンティティをもつほど，外集団への攻撃を促進します。それは，**自己カテゴリー化理論**（self categorization theory）から説明されます。自己カテゴリー化理論とは，社会的アイデンティティ理論（social identity theory; Tajfel & Turner, 1979）の拡張理論の一

つです。自己カテゴリー化理論によると，人は自らとその所属している集団や
カテゴリーを同一視する傾向があり，人は所属している集団やカテゴリーを自
己の一部のようなものとして認知するようになるとされます。この理論による
と，内集団同一視が行われることで，個人独自のアイデンティティは脱個人化
（depersonalization）され，典型的な内集団の一員として自らをとらえるよう
になります。その結果，集団成員として典型的な行動が行われるようになりま
す（Hogg & Terry, 2000）。紛争状況のもとでは，紛争に積極的に参加するこ
とが集団成員として典型的な行動であるため，内集団アイデンティティが強い
人ほど，紛争に従事し，外集団に攻撃や差別を行うと考えられます。実際の調
査でも，たとえば，9.11テロ後のアメリカでの調査では，国家への内集団同一
視が高い人ほど，テロリストを許さず，報復を望んでいたことが指摘されてい
ます（Brown et al., 2008）。このように，紛争状況では，内集団アイデンティ
ティをもつことが，典型的行動としての外集団攻撃や差別意識を促進するとい
えます。

2. 社会的アイデンティティ次元が集団間比較に基づく場合

　2点目は，内集団への社会的アイデンティティのあり方が集団間比較に基づ
く次元である場合です。ここまで内集団への社会的アイデンティティを1次元
のものとして指摘してきましたが，社会的アイデンティティには複数の側面が
あることが指摘されています。この複数の側面を丁寧にみていくと，外集団へ
の攻撃と関連が強いのは，集団間比較次元です。たとえば，自国に対するアイ
デンティティには，愛国心と国家主義があります（Kosterman & Feshbach,
1989）。愛国心は，単純な自国への愛着次元です。国家主義は，他国との集団
間比較を行った上で自分の国こそが素晴らしいという優越視を指します。多く
の実証研究において，愛国心などの内集団への愛着は集団間攻撃と関連が低い
のに対して，国家主義などの内集団の優越視は集団間攻撃と正の関連があるこ
とが示されています（Kosterman & Feshbach, 1989; Roccas et al., 2006）。この
ように集団間比較次元の内集団優越視や賛美が「悪玉」なのであり，単純に郷
土や国を愛する気持ちそのものが悪いわけではないという点は適切に理解する
必要があるでしょう。

7.3.2　集団間感情理論

　内集団に対して社会的アイデンティティをもつことで，集団レベルの感情をもつことがあります。このことが時に集団間葛藤を引き起こします。こういった感情面からの集団間関係に関する重要な理論が**集団間感情理論**です（Mackie et al., 2000）。これは「集団間関係がすでに紛争状態にある場合」に生じる心理過程の一つです。

　この集団間感情理論は，感情の認知的評価理論と自己カテゴリー化理論を融合したものです。まず，感情の認知的評価理論によると，ある出来事が自分にとってどのような出来事だと評価されるかによって，生起する感情の種類と強さが決まるとされます。また，自己カテゴリー化理論は，上述の通り，人は所属している集団やカテゴリーを自己の一部のようなものとして認知する傾向があることを指摘しています。これらの2つの理論をともに考慮すると，自己カテゴリー化によって自らと所属集団が同一視され，自らと同一視された所属集団に起きた出来事に対する認知的評価がなされた結果，集団間感情が生じます。

　集団間感情理論による集団間行動を引き起こす感情過程をまとめたものが図7.6です。ある出来事が発生したときに，（1）まず，この出来事が「内集団 対 外集団」という対立事象として解釈されます（集団間フレーミング）。次に，（2）内集団にとってどのような出来事か評価がなされます。これは特に内集団同一視が高い人において顕著となります。（3）その評価の結果，怒りや恐怖といったさまざまな感情が喚起され，（4）それに対応する形で攻撃や回避といった集団間行動がなされます。

　この過程の例として，来日外国人犯罪報道への接触という場面で考えてみましょう。ある外国人が日本で強盗殺人を行ったと報道で知り，（1）この犯罪を個人間で起きた出来事ではなく，当該国人が日本人を殺した事件として認識し，（2）日本人への危害事象として評価を行う。このような評価の結果，（3a）怒りが喚起されれば，（4a）当該国人全般への攻撃・差別行動が行われ，（3b）恐怖が喚起されれば，（4b）当該国人全般との関わりを回避する行動が行われるようになります。集団間感情理論の枠組みを用いることで，こういった一連の心理・行動プロセスが理解できるようになります。

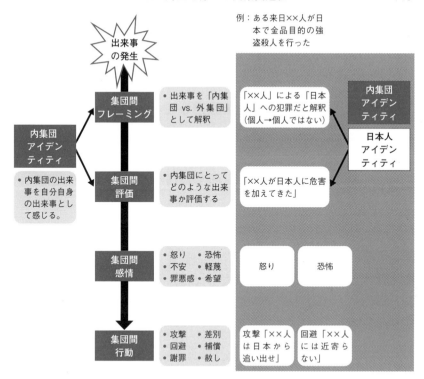

図7.6 **集団間感情理論における集団間感情過程**（縄田，2015 をもとに作成）

　感情という視点から集団間関係を理解することにはいくつかの利点がありま
す。まず，外集団に対する信念や態度のみならず，その帰結としての行動を説
明している点です。感情は行動への準備状態であり，行動と密接な関連があり
ます。そのため，集団間感情は集団間行動をよく予測できます。また感情から
検討することで，より複雑な行動を予測できます。これまでの集団間関係研究
では，「内集団＝ポジティブ，外集団＝ネガティブ」という単純な1次元の態
度について検討してきました。しかし，怒りなのか嫌悪なのかで生じる行動は
異なっています。たとえば，コトレルらの研究では（Cottrell et al., 2010），外
集団に対する感情として怒り，嫌悪，恐怖，哀れみの4つを測定し，それぞれ
の感情がさまざまな社会集団に対するさまざまな政策の支持を予測・説明可能

であることを指摘しています。こういった行動の違いを説明できるのが，集団間感情アプローチの利点です。

7.4　紛争や偏見の解決を目指して

さて，ここまで集団間関係が紛争・対立状態に陥る際の心理過程についてみてきました。では，この紛争や偏見をどのように解決していけばよいのでしょうか。本節では，社会心理学の研究で提唱された，いくつかの方略を紹介します。

7.4.1　集団間接触

両集団が物理的に繰返し会うことによって，偏見や紛争が解消できるという考え方が**接触仮説**です。これはオルポート（Allport, 1954）が提唱したものです。ただし，接触が集団間関係を効果的に改善するためには，以下の4つの条件があることが指摘されています（Allport, 1954; Amir, 1969）。

(1) 地位の対等性……両集団の間に地位の高低の差がないこと。

(2) 共通目標……等しい利益をもたらす共通の目標に向けて課題を行うこと。

(3) 協力関係……相互依存性があり，協力的な相互依存関係が求められること。

(4) 権威，法律，慣習による支援……ポジティブな相互作用を推奨するような状況的な規範があること。

これらはその後の実証研究によっておおむね支持されています（Pettigrew, 1998）。また，状況によって，接触が保つ効果には大小があることもわかってきました。メタ分析という多くの研究を統計的にまとめて検討する分析手法によると，レクリエーション場面や職務場面では集団間接触の効果は大きいのに対して，旅行などの単なる訪問だと効果は小さくなります（Pettigrew & Tropp, 2006）。また，接触の効果は，認知的側面（ステレオタイプ）よりも，情動的側面（集団間感情）に対する効果が大きいことも指摘されています。

近年の研究では，接触の効果は，必ずしも直接接触する場合だけではないことも示されています。拡張接触仮説によると，直接的な接触がなくとも，内集

団成員が外集団成員と親密な関係にあることを知ることで（拡張接触），偏見低減の効果があることが指摘されています（Wright et al., 1997）。いわば，「友だちの友だちが外集団成員である」ことを知ることで，偏見は低減できるのです。さらには，外集団成員との肯定的な交流場面を想像するだけでも（想像接触），偏見が解消できることも近年では主張されています（Crisp & Turner, 2012）。

　以上のように，集団間接触にはもちろん制限や前提条件はあるものの，おおむね効果的であることが繰返し指摘されてきました。シンプルで応用性も高いことから，現実の紛争解決にも広く利用されることが期待できます。

7.4.2　共通目標に向けた協働

　シェリフらのサマーキャンプ実験について，7.1.1項で説明しました。もう一度振り返ると，第1ステージは少年たちによる集団の形成，第2ステージは利害競争関係による集団間葛藤の勃発でした。少年たちは，集団間で競争することで，敵意や攻撃が強くなったのが第2ステージまでです。

　さて，第3ステージが葛藤の解消です。シェリフらは，最初に彼らを接触して交流させようとしました。しかし，一緒に食事をとらせてみても，けんかばかりで仲良くなる兆しはありませんでした。上でも述べた通り，集団間接触が紛争を解消するには条件を満たす必要があります。単純に一緒の場をもたせるだけでは余計にこじれてしまうこともあるのです。

　次に，シェリフらが行ったのが，共通目標に向けた協働です。これは非常に効果的でした。シェリフらは，次のような状況を少年たちに告げました。「飲料水のタンクが故障したため，トラックが水を運んできているが，そのトラックもぬかるみにはまって動けなくなった。両集団がともに協力して，トラックを引き上げないと水が飲めなくなってしまった」という状況です。少年たちはともに協力し合ってトラックを引き上げ，水を飲むことができました。この協働を皮切りに，両集団は友好的な関係を築くようになっていきました。

　このように両集団が共通の目標に向けて協働していくことは，集団間葛藤の解消にきわめて有効だといえます。それは，次の項で説明する再カテゴリー化

の心理過程が働くためだと考えられます。すなわち，両者が目標に向かって協働していくことで，外集団成員を競争相手だとみなすのではなく，1つの大きな集団における仲間だと認識できるようになります。これによって対立意識から，むしろ協力していこうというように心理的変化が生じます。

7.4.3　社会的カテゴリー化の変化

　これは上の2つの説明と独立したものではありません。むしろ接触や共通目標の導入に際して，社会的カテゴリー化に関してどのような変化が生じるかを説明するものだともいえます。

　社会的カテゴリー化はある意味で状況依存なものであり，どこで心理的線引きを行うかで，内集団と外集団の区分は変わってしまいます。たとえば，A大学文学部生の人にとって，文学部と法学部を比較する場面では，文学部生は内集団成員であり，法学部生は外集団成員です。その一方で，A大学とB大学を比較する場面では，文学部生も法学部生も同じくA大学生という内集団成員となります。このように，場面や状況ごとにどの側面が目立っているかによって，内集団／外集団の区分は変わってしまうものだといえます。

　社会的カテゴリー化が集団間葛藤に対して大きな影響をもつ以上，カテゴリー化を変化させることは，葛藤の解消に役立ちます。ここでは脱カテゴリー化と再カテゴリー化の2つを説明します（図7.7）。

1.　脱カテゴリー化（decategorization）

　これは個人化方略とも呼ばれるものです。「○○民族の一人」であるとカテゴリーで認識されることが否定的認知の原因であるため，カテゴリー集団としてではなく，個人としての「○○さん」として認識することによって，葛藤を解消しようという方略です。内集団−外集団という区別から逃れようという意味で脱カテゴリー化と呼ばれます（Brewer & Miller, 1984）。このようにカテゴリーベースではなく個人ベースで接触することが外集団成員への態度を好転させることは多くの研究で示されています。しかしその一方で，脱カテゴリー化の手法は，その個人としての「○○さん」との関係は改善しても，「○○民族」それ自体の印象が改善されるわけではなく，「他の○○民族の人全体」と

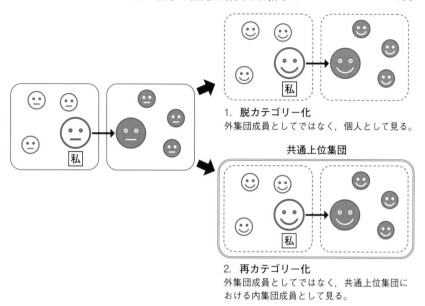

1. 脱カテゴリー化
外集団成員としてではなく，個人として見る。

共通上位集団

2. 再カテゴリー化
外集団成員としてではなく，共通上位集団に
おける内集団成員として見る。

図7.7　集団間紛争解消に向けた社会的カテゴリー化方略

の関係改善に一般化が難しいという問題点も指摘されています。

2. 再カテゴリー化（recategorization）

　これは，共通目標の導入とのつながりの強い考え方です。ガートナーとドビ
ディオ（Gaertner & Dovidio, 2000）は**共通内集団アイデンティティモデル**を
提唱し，2つの集団を包括的に含む共通の上位集団を強調し，**再カテゴリー化**
を行うことによって，偏見が解消できると指摘しました。再カテゴリー化が行
われた後では，集団Aも集団Bも同じ1つの共通上位集団のメンバーの一員
として認識されることで，ともに同じ集団の仲間だとみなされるようになりま
す。先に紹介したシェリフのサマーキャンプ実験でも，「トラックを引っ張る」
という共通目標に向けて2つの集団は協働を行いました。これにより，これま
で争ってばかりだった2つの集団の間に，共通上位集団としてのアイデンティ
ティが形成できました。つまり，「2つの競争し合う集団同士」から「協力し
て困難を乗り越えた1つの大きな集団の仲間」という関係へと変化していきま

した。このことが，紛争解決に大きな役割を担ったことが考えられます。

7.4.4　感 情 制 御

　感情制御とは，自らの感情の経験や表出をコントロールすることを指します。集団間関係では感情が大きな役割を担うことは，集団間感情理論でみてきた通りです。したがって，この感情を適切にコントロールできれば，紛争の解消が期待できます。

　近年では，集団間紛争における政治的態度と集団間行動を生起させる感情制御過程として，特に認知的再評価の重要性が指摘されています（Gross et al., 2013；図7.8）。認知的再評価とは，状況の意味づけを肯定的なものに変化させることで，そこから生じる感情的反応も肯定的に変化させるという手法です。図7.6の集団間感情理論に基づく心理過程で示したように，認知的枠組みは重要な役割を担っています。紛争を解釈する際の認知的枠組みを変えていくことで，たとえ同じ紛争出来事に対しても異なる認知的評価が生じるといえるのです。

　近年の実証研究では，現実の集団間紛争の解決を目指した介入場面でも，感情制御の有効性が示されています。たとえば，ハルペリンらの研究によると（Halperin et al., 2014），客観的・中立的な視点から認知的再評価を行うよう実験的に教示することにより，イスラエルの学生のパレスチナへの否定的感情を低下させることができました。また，ハルペリンらの別の研究（Halperin et al., 2013）では，怒りを喚起するような絵画に対する認知的再評価の訓練を行った場合には，訓練しない条件と比較して，介入から5カ月後のパレスチナへ

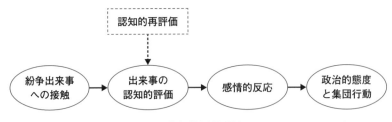

図7.8　**集団間紛争解決を導く感情制御過程**（Gross et al., 2013）

の怒り感情が低くなっていました。つまり，一般的な場面での怒り感情をコントロールする訓練を行うことで，紛争場面での怒りのコントロールができるようになったといえます。このように，紛争を解釈する認知的枠組みを変化させるような介入を行うことで，外集団に対する否定的感情反応が低減されるのです。

　このように，感情は認知的評価やフレーミングにより規定されるため，そこに適切に働きかけていくことによって，外集団への否定的感情を変化させることが期待できるのです。

コラム7.1　**ステレオタイプ・偏見・差別**　　笹山郁生

　第7章では，ステレオタイプ，偏見，差別という用語が出てきました。これらの用語は，日常的には非常によく似た意味をもつ言葉として使われていますが，社会心理学ではそれぞれ異なる概念として扱われています。このコラムでは，岡（1999）や唐沢（2010）に従って，社会心理学ではこれらの概念をどのように定義しているのかについてみていこうと思います。

　ステレオタイプとは，「集団成員の属性に関する一般化された固定観念（知識，信念，将来の行動予測など主に認知的なもの）」（唐沢，2010）です。つまり，ステレオタイプとは，ある社会的集団やその集団に所属しているメンバーを，人々がどのように知覚し，理解しているかを示したものであり，第4章で説明した態度の3成分の中の「認知成分」に該当します（図4.1参照）。ステレオタイプは知識や信念，期待といった認知成分なので，その内容には，たとえば「黒人は運動能力が優れている」といった肯定的なものもあれば，「黒人は粗野で乱暴である」といった否定的なものも含まれます。

　ここで注意すべきことは，ステレオタイプの内容は，必ずしも正しいものばかりではないけれど，すべてが誤っているわけでもないということです。ある集団に所属しているメンバーには，何らかの共通点があることが多いものです。したがって，それらの共通点に基づいて形成されたステレオタイプを用いて，その集団に所属するメンバーのことを判断しても，多くの場合，誤った判断にはなりません。そもそも，ステレオタイプを用いた判断が誤っていることのほうが多いのなら，人間はそのような役に立たない情報を用いた他者判断などしなくなっているでしょう。

　しかしながら，ステレオタイプの内容は，時に完全に誤っている場合もありますし，そもそも，ある集団に所属するすべてのメンバーにあてはまる特徴などありません。したがって，ステレオタイプを用いた判断は，時に誤っている場合もあるのです。しかもステレオタイプには，ステレオタイプ化された集団に所属している人物に出会った瞬間に，人々がもっているステレオタイプが，頭の中に自動的に浮かんできてしまうという性質があるのです（Devine, 1989）。そのため，心にゆとりが

ない場合などには，自分で気がつかないうちに，自動的に頭に浮かんだステレオタイプを利用して，他者を判断してしまうのです。その結果，目の前の他者に対して偏見をもってしまったり，差別したりしてしまうこともあるのです。

　偏見は，「ある社会的集団やそのメンバーを肯定的または否定的に評価する心的準備状態」（岡，1999）であり，態度の 3 成分の中の「感情成分」に該当します。つまり，偏見とは，「感情的要素が加わった先入観」（唐沢，2010）なのです。たとえば，「黒人は運動能力が優れているのでカッコイイ」とか「黒人は乱暴なので怖い」などが偏見にあたります。

　ステレオタイプ同様，偏見にも肯定的な偏見と否定的な偏見がありますが，ここで注意すべきことは，一見，肯定的だと思われる偏見の中に，実は否定的な評価が含まれている場合もあるということです。本文で紹介した**ステレオタイプ内容モデル**（図 7.3）を思い出してください。高齢者，知的障がい者，主婦などは，「温かいけど，能力に欠ける」というステレオタイプをもたれがちです（このようなステレオタイプを「**温情主義的ステレオタイプ**（paternalistic stereotype）」といいます）。そして，これらの集団に属する人は，能力に欠けているとみなされてしまうがために，憐れみ，同情，共感，やさしさといった肯定的感情を向けられやすいのです。したがって，このような集団の人々に向けられた肯定的感情，すなわち肯定的偏見には，実は否定的評価が含まれている可能性もあるのです。たとえば，ある人のことを「女らしい」と評価することは，その人のことを肯定的に評価しているようにみえるかもしれませんが，実は，無意識のうちに，「（温かいけど）能力が低い」というように，否定的に評価しているのかもしれません。

　差別とは，「ある社会的集団のメンバーに対して選択的に行う否定的な行動」（岡，1999）であり，態度の 3 成分の中の「行動成分」に該当します。つまり，差別には，「選択や意思決定など，観察可能な行動」が伴われるのです（唐沢，2010）。たとえば，「ダンサーには運動能力とリズム感が必要なので，黒人しか採用しない」とか，「怖いので，たとえ空席でも黒人の隣には座らない」などが差別にあたります。

　残念なことに，現代でもまだ，「民族」や「人種」，「出自」や「性」などといった

さまざまな集団に対して，明確な敵意を伴った差別が行われています。しかしながら，そのような差別が良くないことであるとの認識もまた，「常識」あるいは「規範」として広まってきたために，あからさまな差別を目にすることは少なくなったかもしれません。そのため，すでにこのような集団に対する差別はなくなったと考える人たちも出てきました。ここに新たな偏見が生まれ，その偏見に基づいた差別が行われているのです。

　その一例として，現代的レイシズムがあげられます。現代的レイシズムとは，「(1) 黒人に対する偏見や差別は既に存在しておらず，(2) したがって黒人と白人との間の格差は，黒人が努力しないことによるものであり，(3) それにもかかわらず黒人は差別に抗議し過剰な要求を行い，(4) 本来得るべきもの以上の特権を得ているという，四つの信念」(高，2015) が合わさったものです。この現代的レイシズムは，黒人に対してだけでなく，在日韓国人・朝鮮人に対しても認められる偏見 (高，2015) であり，このような偏見に基づいて，「ヘイトスピーチ」などの差別的行動をする人々もいるのです。

　さらに，女性や性的少数者など，差別を受けている多くの集団に所属している人々に対しても，現代的レイシズムと類似した偏見がみられます。たとえば，女性に対しては，「(1) 女性差別が存在することの否定，(2) 女性の要求に対する反感，(3) 女性への優遇措置への憤り」から構成される現代的性差別主義の存在が知られています (Swim et al., 1995)。このような現代的偏見や差別は，差別の存在そのものを否定することにより，実際に差別が存在している現状を肯定し，維持することになるという点で，大きな問題を抱えています。しかも，このような偏見をもっている人たちは，自分が偏見をもち，差別しているのだということさえ，自覚していないことが多いのです。

　また，先に紹介した「温情主義的ステレオタイプ」に基づいた偏見や差別も，好意に基づくものなので，差別に気がつきにくいという性質をもっています。たとえば，「障がいがあるのに頑張っている人たちを応援しましょう」という呼びかけは，一見，障がいをもっている人たちに寄り添っているようにみえますが，この呼びか

けには,「障がいをもっている人たちは,普通,頑張ることができないものだ」とい
う意味合いが暗に含まれているために,障がいをもっている人たちをかえって傷つ
けるかもしれません。

　私たち人間は,何らかのステレオタイプをあてはめて他者を見てしまう生き物で
す。このようなメカニズムは,他者に対する情報処理を軽減化することができるの
で,人間にとって非常に有効な方略ですが,時に偏見や差別を生み出します。しか
も,このメカニズムは自動的に働いてしまうので,本文でみたように,自分自身気
がついていない**潜在的偏見**になったりするのです。

　「先入観で他者を判断してはいけない」とか,「差別はいけないことである」とい
うことは,当たり前のことですし,多くの人は,自分はそのようなことはしていな
いと考えていると思います。しかしながら,これまで述べてきたように,私たちに
は,知らず知らずのうちに,他者に偏見をもってしまったり,差別したりすること
があるのです。だからこそ,特に他者に対して否定的な印象をもってしまった場合
には,「これは偏見ではないだろうか」と考える必要がありますし,他者より優位な
立場に立った場合には,「他者を差別していないだろうか」と考える必要があるので
す。そして,そのようなことを考えるためには,心にゆとりをもつことが,とても
大切なことなのです。

復習問題

1. 社会的カテゴリー化とステレオタイプとの関連性はどのようなものでしょうか。

2. 日本人が被害を受けた事件報道を聞いたときに，同じ日本人が怒りを感じる心理プロセスを，集団間感情理論に基づいて説明してください。

3. オルポートが提唱した集団間接触が効果的となる 4 つの条件とは何でしょうか。

参考図書

縄田 健悟（2022）．暴力と紛争の"集団心理"――いがみ合う世界への社会心理学からのアプローチ――　ちとせプレス

　コミット型，生存戦略型の 2 つの「集団モード」の観点から，集団暴力や集団間紛争が生じるメカニズムを読み解いた本です。社会心理学の古典的知見から現代の実証研究までを概観しています。集団間葛藤の社会心理学研究に関しては，まずはこちらの本を読むとよいでしょう。

ブラウン，R. 黒川 正流・橋口 捷久・坂田 桐子（訳）（1993）．グループ・プロセス――集団内行動と集団間行動――　北大路書房

　集団過程に関する社会心理学研究が体系的に示されています。原書が 1980 年代と少し古いものですが，集団内過程と集団間過程のつながりが理解できる良書です。

バル・タル，D.（編著）熊谷 智博・大渕 憲一（監訳）（2012）．紛争と平和構築の社会心理学――集団間の葛藤とその解決――　北大路書房

　日本語で読める集団間葛藤の数少ない専門書です。社会心理学の基礎理論だけでなく，実際の民族紛争を対象にした研究知見が多く紹介されているのが特徴です。

縄田 健悟（2013）．集団間紛争の発生と激化に関する社会心理学的研究の概観と展望　実験社会心理学研究, 53, 52-74.

　集団間葛藤に関する近年の研究展望を示した論文です。内集団の形成，外集団の認識，内集団と外集団の相互作用の 3 つのフェーズから整理されています。

池上 知子（2014）．差別・偏見研究の変遷と新たな展開――悲観論から楽観論へ――　教育心理学年報, 53, 133-146.

　社会的認知研究としての視点から，差別と偏見研究の近年の展開を説明した展望論文です。

第 8 章

インターネットの人間関係

メールを送る，ニュースをチェックする，検索をする，ゲームをする，音楽や動画をダウンロードする，商品を購入する，同じ趣味をもつ友だちを探す，自分のホームページを作成するなど，インターネットは私たちの生活の中で必要不可欠になりつつあります。しかし，他方では，ネットいじめ，ネット依存といったインターネットの利用による弊害も社会的な問題となっています。本章では，このようなインターネットの利用と人間関係について概観します。

8.1　インターネットの人間関係への影響

8.1.1　人間関係への影響

インターネットによるコミュニケーションは，人々の関係を豊かにしたのでしょうか。インターネットが普及し始めた頃，クラウトら（Kraut et al., 1998）は，インターネット・パラドックスという研究結果を報告しました。この研究では，アメリカの 93 世帯にコンピュータとソフトウェアを提供し，ネットにつながる環境に設定した上で，2 年間の縦断的調査を行い，ネット利用が現実生活における家族・友人との関わりや精神的健康に及ぼす影響を分析しました。その結果，ネット利用は家族・友人との関わりを減少させ，孤独感や抑うつを増大させることが示されました。インターネットによるオンラインコミュニケーションは，対人関係のネットワークを拡大し，コミュニティを形成することによって孤独感が低下するはずと予想されたのですが，結果はまさに正反対のものだったのです。

後に，クラウトらの研究には，研究の対象者や実施上の問題について批判が行われました（詳しくは，Joinson, 2003 三浦ら訳 2004）を参照してください）。

そこで，クラウトらは，さらなるフォローアップ調査や新たな調査を実施し，インターネットの利用は，家族との関わりやコミュニケーションを減少させないことを示しました（Kraut et al., 2002）。そして，研究結果を踏まえリッチ・ゲット・リッチャー仮説（rich get richer hypothesis）を提唱しました。リッチ・ゲット・リッチャー仮説とは，すでに社会的ネットワークを有している者や社会的スキルをもっている者がインターネットの利用によって利益を受け，さらにネットワークを広げていくという仮説です。ファルケンブルグとピーター（Valkenburg & Peter, 2007a）は，10～16歳の子どもを対象にした調査において，社会的不安が低い子どもほど，オンラインコミュニケーションを行い，その結果として友だちとの親密さが高くなることを示し，リッチ・ゲット・リッチャー仮説を支持しました。

　インターネットの利用によって，人々にもたらされる影響にはリッチ・ゲット・リッチャー仮説の他にも複数の仮説が提唱されています（表8.1）。ピアース（Pierce, 2009）は，社会的不安が高い高校生ほど，オンラインでコミュニケーションをしたり，テキストメッセージを介してやりとりしたりすることを快適と報告しており，ソーシャル・コンペンセイション仮説を支持しました。また，先に述べたクラウトら（Kraut et al., 1998）の縦断調査の結果は，ディスプレイスメント仮説を支持するものです。この仮説は，対面による相互作用

表8.1　**インターネット利用による影響仮説**（Lee, 2009 を参考に作成）

仮説	説明
リッチ・ゲット・リッチャー仮説 (rich get richer hypothesis)	すでに社会的ネットワークを有している者や社会的スキルをもっている者がインターネットの利用によって利益を受けるという仮説。
ソーシャル・コンペンセイション仮説 (social compensation hypothesis)	社会的不安や孤独を感じている者がインターネットの利用によって利益を受けるという仮説。
ディスプレイスメント仮説 (displacement hypothesis)	対面の相互作用時間がオンラインの利用時間によって置き換えられ，関係が希薄になるという仮説。
インクリース仮説 (increase hypothesis)	インターネットの利用が社会的相互作用やソーシャルネットワークのサイズを拡大させ，相手との親密性を増加させるという仮説。

と比較すると，オンラインでの相互作用は，気持ちが通じ合っていなかったり，コミットメントが弱かったりするという前提に立っており，オンラインコミュニケーションをする時間が増えることによって，対面によるコミュニケーションが減少し（置き換わり），関係が希薄になるというものです。ファルケンブルグとピーター（Valkenburg & Peter, 2007b）は，10〜17 歳の子どものチャットでのコミュニケーションが，現実の友だちと過ごす時間を増加させるとともに，交友関係の質を向上させ，精神的健康を高めることを示し，**インクリース仮説**を支持しました。

8.1.2 CMC による人間関係形成のパターン

コンピュータを介したコミュニケーションを CMC（Computer-Mediated Communication）といいます。一方で，対面による場合を FTF（Face-to-Face）といいます。CMC の人間関係には，① FTF の関係から始まって CMC も行う場合，②見ず知らずの人とネット上でコミュニケーションをするような CMC だけで完結する場合，③②の関係から始まって FTF へも発展する場合，の 3 パターンがあります。

ディ・ジェンナロとダットン（Di Gennaro & Dutton, 2007）は，イギリスで 2005 年に実施された国のインターネット利用調査（オックスフォードインターネット調査）の対象者から，14 歳以上の 20％がオンラインで見ず知らずの新しい友だちをつくり，さらにそのうちの約半数が，1 回またはそれ以上対面で実際に会ったことを報告しています。

8.1.3 ソーシャルネットワークサイト（SNS）の台頭

ソーシャルネットワークサイト（SNS）は，社会的絆を強め，維持するための対人的交流を行うのに適しています。SNS とは，エリソンとボイド（Ellison & Boyd, 2013）によると，3 つの要素から定義されると述べられています。SNS は，ネットワーク化されたコミュニケーションプラットホームであり，参加者は，①ユーザーに提供されたコンテンツ（コンテンツは他のユーザーやシステムレベルのデータから供給される）から構成される独自の身元を

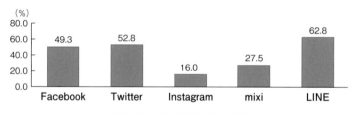

図8.1　**20代以下のSNSの利用状況**（総務省，2015）

確認できるプロフィールをもつことができ，②他のユーザーによってみられる
公的な関係をつなぐことができ，③消費したり，生産したり，そして，サイト
上でつながった他のユーザーが作ったコンテンツとやりとりしたりできます。

2015年に報告された資料によると，アメリカの若者の間では，Facebookが
もっとも人気があるSNSですが（Lenhart, 2015），日本の若者の間ではLINE
がもっとも普及しています（図8.1；総務省，2015）。日本人はすでに親しい
関係にある人とインターネット上の関係をもつ傾向がある（Ishii, 2004, 2008）
ことがLINEの高い人気につながっていると考えられます。大学生と短大生を
対象にLINEとTwitterの利用状況について調査したものでは，両方を利用し
ている学生がもっとも多いことが示されており（苅野，2014），複数のチャネ
ルを使い分けていることも特徴的です。

8.1.4　Facebook, Twitter, LINEの特徴

日本の20代以下の若者に多く利用されているSNSの機能面の特徴は表8.2
の通りです。Facebookでは，ユーザーは実名に基づくプロフィールを作成し，
自分の近況や写真・動画を投稿することができ，投稿を公開する範囲を設定す
ることも可能です。Twitterでは，140文字の制限のもとで短い文章を述べる
ことができます（ツイートするといいます）。他のユーザーはそれに対してコ
メントすること（フォローといいます）ができます。Twitterの投稿は匿名で
行うことができます。LINEは，「友だち」に限られた中で関係を形成するツ
ールです。Eメールがもつようなテキストベースによるコミュニケーション機
能の他，スタンプや絵文字も使用可能な「トーク」と呼ばれるチャット機能が

表 8.2　Facebook，Twitter，LINE の機能面の特徴（大橋，2014 を参考に作成）

SNS	Facebook	Twitter	LINE
登録に必要なもの	• 氏名 • メールアドレス • 生年月日 • 性別	• メールアドレス	• 携帯電話番号または Facebook アカウント • 年齢確認（ID 検索利用時のみ） • メールアドレス （パソコン版などの利用時）
アカウントの表示名	原則として実名	匿名可，複数アカウントも作れる	表示名は匿名も可
投稿内容の公開範囲	「公開」「友だち」など設定可能	原則として公開	「友だち」のみ
音声通話機能	○	×	○

あります。

　オーアら（Orr et al., 2009）では，シャイな大学生ほど，Facebook を利用する時間が長い一方で，Facebook の友だちリストの人数が少ないことを明らかにしました。また，アミチャイ=ハンブルグとヴィニツキー（Amichai-Hamburger & Vinitzky, 2010）では，性格の5因子モデルに基づく外向性が高いほど，Facebook における友だちの数が多く，内向性や経験への開放性が高いほど，個人情報のアップロードが多いと報告されています。ヒューズら（Hughes et al., 2012）は，Twitter および Facebook の利用とパーソナリティや社会性との関連を検討しました。性格の5因子モデルによる情緒不安定性，外向性は Facebook 利用者のほうが Twitter 利用者よりも高いことが示されました。また，社会性についても Facebook 利用者のほうが Twitter 利用者よりも高いことが示されました。このように，SNS の種類によって利用者の特徴が異なることが明らかにされていますが，日本の大学生における LINE の利用のように，あるコミュニティにおいて，そのほとんどが利用している状態になると，「もたないと友だち付き合いができないから」といったように，性格などの個人的な要因よりもむしろ環境要因による影響によって利用する SNS が決定されます。

8.1.5　SNS の利用がもたらす社会的適応や精神的健康への効用

　ベストら（Best et al., 2014）は，青年のソーシャルメディア利用に関する研究をレビューしたところ，良い影響として，自尊心が高まり，知覚されたソーシャル・サポートやソーシャル・キャピタルが増加し，そして，安全にアイデンティティを試す自己開示の機会の増加がみられたことを明らかにしました。

　ソーシャル・キャピタル（社会的資本）とは，「相互に知り合いであるか，または認知できるネットワークをもつことによって得られる現実もしくはバーチャルな資源の総計」と定義されています（Bourdieu & Wacquant, 1992）。パットナム（Putnam, 2000 柴内訳 2006）は橋渡し型（bridging）と結束型（bonding）のソーシャル・キャピタルを区別しています。橋渡し型のソーシャル・キャピタルは，情緒的なサポートよりむしろ情報共有をもとにしている人々の間での弱いつながりです。これらの結びつきは，それぞれのネットワークメンバーが異質なので，幅広い機会や知識にアクセスするという点において有益です。他方で，結束型のソーシャル・キャピタルは，家族や親密なメンバーとの間の強い結びつきのことです。エリソンら（Ellison et al., 2007）は，大学生を対象に，Facebook の利用と3つのソーシャル・キャピタル（橋渡し型，結束型，高校の頃のつながりに関する維持型（maintained social capital））の関係を検討した結果，橋渡し型のソーシャル・キャピタルがもっとも関連が強いことが示されました。また，エリソンら（Ellison et al., 2011）は，Facebook 上で "実際に" 友だちだと思っている相手の数が橋渡し型のソーシャル・キャピタルを予測しましたが，"Facebook の友だち" の数は予測できませんでした。これらの結果は，Facebook の利用が橋渡し型のソーシャル・キャピタルを形成するものの，その形成者は特定の関係のみに限られることを示唆するものでした。

8.2　ネットいじめ

8.2.1　ネットというテクノロジーを使ったいじめ

　平成27年度「児童生徒の問題行動等生徒指導上の諸問題に関する調査」（文部科学省，2017）では，「パソコンや携帯電話等で，誹謗中傷や嫌なことをさ

れる。」といういじめが小学校で2,075件，中学校で4,644件，高等学校で2,365件認知されています。パソコンや携帯電話等を用いたいじめは，特に中学校や高等学校で問題となっています。

　ネットいじめ（cyberbullying）は，「自分自身で容易に護ることができない被害者に対して，コンピュータを使用した接触形態によって，集団もしくは個人によって一定期間以上繰返し行われる攻撃的，意図的な行動」と定義されています（Smith et al., 2008）。これは，オルヴェウス（Olweus, 1993）によるいじめの定義に「コンピュータを使用して」という点を加えた定義です。また，ラスカウスカスとストルツ（Raskauskas & Stoltz, 2007）も，「侮辱・脅かす・嫌がらせ・脅迫などを行うのに，電子機器を用いて行ういじめ」と定義し，電子媒体を使用して行ういじめと述べています。つまり，ネットいじめの定義は従来型のいじめの定義に準拠しており，①加害者と被害者のパワーバランスが崩れた状態で一方的に行われること，②一定期間以上繰返し行われるという継続性，③被害者を苦しめようとする意図的な攻撃である，という点が含まれています。しかし，ネットいじめの特徴として，ネット上の書き込みはネット上に存在し続け，加害者の意図以上に被害状況が継続するため（戸田ら，2013），ネットいじめの定義には，必ずしも「一定期間以上，繰返し」は必要ないとも考えられています。いじめは一定の人的関係の中で行われるものであり，オンライン上の匿名による攻撃行動は嫌がらせ（online harassment）またはサイバー攻撃（cyber aggression）と呼んで区別されています。

　ソーシャルメディアが多様なように，ネットいじめにもさまざまなメディアを使用したものがあります。電話をかける，テキストメッセージやEメールを送る，画像や動画クリップを貼りつける，インスタント・メッセージを送る，ウェブサイトやチャットルームで書き込むなどがあります（Smith et al., 2008）。

8.2.2　ネットいじめの特徴

　ネットいじめは従来型のいじめとどのような点で異なるのでしょうか。ネットいじめの特徴として，次のものがあげられます。

　（1）時間的制約，物理的制約を受けずに行われます。ネットいじめは，時間

と場所を問わずに行われます。たとえ，被害者が家にいたとしても，それが夜中であっても，いじめ被害を受ける可能性があります。

（2）加害者が匿名で加害行為を行うことができます。たとえば，掲示板（bulletin board system; BBS）への書き込みやTwitterでは，投稿者が自分の名前を伏せることができます。いじめは一定の人的関係がある者の間で行われるものですから，匿名といっても加害行為の行為者が被害者にとって知り得ないという意味での匿名性です。また，匿名性はオンライン上の勢力関係をオフラインから切り離すことができます。匿名による加害行動は，行為者が特定されないため，加害者の身の安全を護ります。このことは，オフラインで弱い立場の者でも加害行動を可能にします。

（3）加害者が被害者の反応を即時的に知ることができません。ネットいじめは，対面で行われないため，被害者が苦しんでいるところを加害者は直接見ることがありません。被害者の反応という即時的なフィードバックがないために，過度な加害行動に至ってしまう危険性をもっています。また，加害行動に対して，良心の呵責が少ないということも指摘されています（Slonje et al., 2012）。

（4）いじめ行為の目撃者は不特定多数に及びます。いじめ加害行動を目撃する人は，ネット上の不特定多数に及ぶ場合もあります。被害者は加害者のことを知っている人物であっても，加害行動に便乗して被害者を苦しめようとする者や加害行動を見て楽しむ者は被害者の見知らぬ人である場合もあります。加害行動について，誰が目撃しているかわからないことも特徴です。また，被害者を撮影した画像や動画がネット上に投稿された場合，不特定多数の人に拡がってしまうため，ネット上から削除することが困難になります。

8.2.3　ネットいじめにおける役割（立場）

いじめは集団で起きる現象であり，加害者，被害者だけでなく，それを取り巻く観衆，傍観者が存在します（森田・清永，1986）。森田・清永（1986）は，これをいじめの4層構造と呼んでいます。観衆とは，笑うなどして，いじめをはやしたてる者であり，傍観者とは，いじめが行われていることを知りつつも，被害者を助けるわけでも，加害者に加わるわけでもなく，ただ眺めている

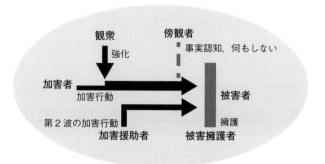

図 8.2　いじめに関わる役割

だけの立場です。サルミバッリら（Salmivalli et al., 1996）は，いじめには加害者（bully），被害者（victim），加害援助者（assistant），観衆（reinforcer），被害擁護者（defender），無関係者（無関係を装う傍観者；outsider）の役割があることを指摘しています。加害援助者とは，自分が率先して加害者になるほどではないにしても，加害者を補助的に助けていじめを行ってしまう者のことです。被害擁護者は，いじめが行われているのをやめさせようと介入する立場の者のことです。無関係者は，いじめには関与しておらず，何もしない者のことです。これらをまとめると，いじめにおける役割は図8.2のように表すことができます。

　ネットいじめについては，加害者がネット上に書いた情報を被害者以外の人物が目撃したときに，72％が何も行動しないのに対し，9％がそれを他の友だちに送ると回答し，6％がターゲットとなっている被害者に加害目的で送ると回答しました（Slonje et al., 2012）。また，13％が被害者を助けるために被害者へ送ると回答しました。

8.2.4　ネットいじめ役割の特徴

　コワルスキーら（Kowalski et al., 2014）のメタ分析によると，ネットいじめ加害に強く関連していた特徴は，**攻撃に関する規範的信念と道徳不活性化**でした。攻撃に関する規範的信念とは，攻撃を是認する信念で，その信念を特定の

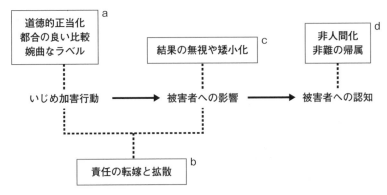

図 8.3　いじめ加害行動時における道徳不活性化
(Bandura, 1986; 大西・戸田，2015 を参考に作成)

道徳的正当化：いじめ加害行動が社会的に望ましいもので，道徳的であると考える。
都合の良い比較：他の卑劣な行動よりも悪くないと考える。
婉曲なラベル：いじめを格闘ゲームごっこと呼ぶような言葉の置き換えで悪いと思わない。
責任の転嫁と拡散：責任を自分以外に転嫁したり，拡散させたりして，自分は悪くないと考える。
結果の無視や矮小化：被害者の状況を無視したり，大したことではないとみなしたりする。
非人間化：被害者を人と思わない。
非難の帰属：責任から逃れるために，被害者や状況に非があったと帰属しようする。

文脈における特定の攻撃行動の受容度に関する認知として概念化されたものです（Huesmann & Gurra, 1997; 吉澤，2015）。道徳不活性化は図 8.3 のような過程を経て生起し，加害行動，被害者への影響，被害者への認知に対して歪んだ認知をもつものです。

　ネットいじめ被害に強く関連していた特徴は，ストレス反応と自殺観念でした（Kowalski et al., 2014）。中学生を対象にしたネットいじめ被害者の心理的状態に関する研究では（黒川，2010），掲示板などに誹謗・中傷を書き込まれた生徒やメールのやりとりで仲間に入れてもらえない，もしくは無視されるなどの被害を受けた生徒は，抑うつ・不安感情が高い結果が得られています。また，ネットいじめ被害は，従来型のいじめ被害と比較しても，抑うつ症状や自殺観念が高いことが示されています（Bonanno & Hymel, 2013）。

　ネットいじめ目撃者の役割を規定する要因として，バーリンスカら（Barlińska et al., 2013）では，認知的，感情的共感性の両方がネガティブな傍

観者行動（情報を拡散させること）を減らす効果があることが示されています。
バスティアエンセンスら（Bastiaensens et al., 2014）は，被害者を助けようと
するか，観衆となるかの要因として，ネットいじめの重大性や，他の目撃者が
友人であるか否かが影響していることを明らかにしています。ネットいじめが
重大なときは，他の目撃者が知り合いよりも友人であるときのほうが被害者を
元気づけたり，被害者に助言しようとしたりするのに対し，重大でないときは，
友人よりも知り合いであるほうがそれらをより行おうとしました。また，ディ
ロンとブッシュマン（Dillon & Bushman, 2015）はラタネとダーリー（Latané
& Darley, 1970）の傍観者介入モデルに基づき（図8.4），ネットいじめの介入
に，ネットいじめに気づくというStep1が必要であることを明らかにしました。
このように，ネットいじめ目撃者の規定因は，個人要因のみならず，状況的・
環境的要因の影響もあることが示されています。

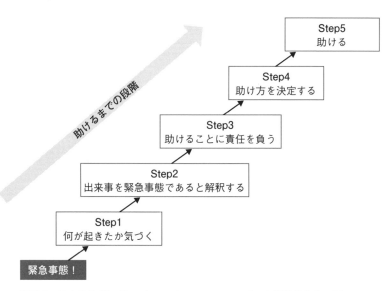

図8.4　**ラタネとダーリー（Latané & Darley, 1970）の傍観者介入モデル**
（Dillon & Bushman, 2015）

8.3　インターネット依存

8.3.1　インターネット依存とは何か

次の事例はレオンとロタンダ（Leon & Rotunda, 2000）による報告です。

> 1日に8時間以上インターネットを使用する27歳の男子大学生。友だ
> ちによると，彼は外向的で社交性があるという。大学3年生のときにRed
> Alertというオンラインゲームに出会った。そのゲームは，現実の友だち
> 付き合いに取って代わり，オンライン上の友だち（プレイヤー）と遊ぶた
> めに，彼の睡眠パターンは変わってしまった。2つの授業を除くすべての
> 授業を放棄し，1週間あたり50時間オンラインゲームに費やした。友だ
> ちは，彼の性格は変わったという。短気で過剰なほど敏感になり，特に彼
> がオンラインで過ごす時間になるととりわけそうなったという。ついに，
> 彼は友だち付き合いの一切をやめてしまった。授業をサボり，成績はいっ
> そう悪くなり，昼間に寝て，一晩中ゲームをしていた。彼はより高速なモ
> デムを購入するために食料を買うためのお金を使ってしまった。接続の速
> さは彼にとってとても重要であり，ゲームサーバーがオフラインの状態に
> なってしまったときは，落胆したり怒ったりした。

インターネットの普及に伴い，インターネット利用者の中に薬物，アルコー
ル，ギャンブルに依存するかのように，インターネットに依存する「インター
ネット依存（以下，**ネット依存**）」者がいることが報告されました。レオンと
ロタンダ（Leon & Rotunda, 2000）の報告事例からも，現実の交友関係や学業
を犠牲にして，一変した生活習慣を送り，ネットにのめり込む若者の様子をみ
ることができます。

ネット依存については，研究者によってとらえ方が異なり，定義や使用され
る用語も統一されていないのが現状です。ネット依存には，これまで主要な3
つの測定モデルが提唱されています（Van Rooij & Prause, 2014）。

ヤング（Young, 1998）の定義は，アメリカ精神医学会（American Psychiatric

表 8.3 ヤング（Young, 1998）の診断 8 項目（小林, 2000）

---

1. インターネットに夢中になっている。
2. ある程度の接続時間がないと満足できない。
3. ネットへの接続をやめる（時間を減らす）のを失敗したことがある。
4. 接続を切断するときに憂うつな気持ちになる。
5. ついつい予定より長く接続してしまう。
6. インターネットのせいで，仕事や学校を休んだことがある。
7. 家族やセラピスト，その他の親しい人間に，どの程度ネットに接続しているか正直にこたえられなかったことがある。
8. 日常生活でイヤなことがあるとネットに接続してそれを解消する。

Association）の DSM-IV（Diagnostic and Statistical Manual of Mental Disorders IV）の病的賭博の診断基準を基本としています。つまり，ネット依存を薬物などの外的物質に関与していない衝動制御障害と定義しています。ヤングはネット依存に該当する項目リストを作成し，全 8 項目のうち，yes が 5 つ以上あれば依存者，5 つ未満の者を非依存者としています（表 8.3）。ヤングの基準は，仕事などに関係のない個人的なネットの利用のみに用いる必要があります。

　また，ヤングは当事者がインターネット依存かどうかを判断することができるインターネット依存テストも開発しています。長田・上野（2005）はヤングのインターネット依存テストの日本語版を作成し，妥当性と信頼性を検証しました。日本語版も 20 項目（各項目 1 ～ 5 点，合計 20 ～ 100 点）から構成されており，ネット依存のカットオフポイントを 52/53 に設定（53 点以上だとネット依存と判定されます）しています（表 8.4）。

　グリフィス（Griffiths, 2005）は，あらゆる依存は 6 つの要素から構成されると考えています（表 8.5）。6 つの構成要素は，ギャンブル依存の考えをもとにしており，DSM で使用されたギャンブルの病的な診断のチェックリストと共通のものが多く含まれています。

　タオら（Tao et al., 2010）は精神科医によって報告されるようなインターネット依存を抱える中国人患者の臨床的特徴を考慮することによって，インターネット依存に関する診断的基準を作成しました（表 8.6）。(a)(c)(d) のそれぞれの基準に該当し，(b) の基準に該当しないものをネット依存ととらえています。

表8.4　**日本語版インターネット中毒テスト**（長田・上野，2005）

---

1. 思っていたよりも長くオンラインにいた経験はありますか
2. オンラインで長く過ごしたために，家事をおろそかにしたことがありますか
3. パートナーと仲良くするよりも，インターネットで得られる刺激のほうを求めることがありますか
4. オンラインで新しく知り合いを作ることがありますか
5. 周囲の誰かに，あなたがオンラインで過ごす時間について文句を言われたことがありますか
6. オンラインで費やす時間のせいで，学校（仕事）の成績や勉強に悪影響が出ていますか
7. ほかにしなければいけない事がある時でも，電子メールをチェックしますか
8. インターネットが原因で，仕事の能率や成果に悪影響を与えていますか
9. オンラインで何をしているのかと聞かれた時，自己弁護したり，秘密主義になったりしますか
10. インターネットで楽しむことを考えて，現実の生活の問題を頭から締め出そうとすることがありますか
11. 次にオンラインにアクセスするのを楽しみにしている自分を意識することがありますか
12. インターネットのない生活は退屈で，空しく，わびしいだろうと，不安に思うことはありますか
13. オンラインにアクセスしている最中に誰かに中断された場合，ぶっきらぼうに言い返したり，わめいたり，いらいらしたりしますか
14. 深夜にログイン（接続）するために，睡眠不足になることがありますか
15. オフラインにいるときインターネットのことを考えてぼんやりしたり，オンラインにいることを空想したりしますか
16. オンラインにいるときに「あと，2，3分だけ」と言い訳しますか
17. オンラインにいる時間を短くしようと試して失敗したことがありますか
18. どれだけ長くオンラインにいたのかを人に隠そうとしますか
19. ほかの人と出かける代わりに，もっと長い時間オンラインで過ごすほうを選んだことがありますか
20. オフラインにいると気分が落ち込み，機嫌が悪くなって，イライラするが，オンラインに戻るとすぐに払拭できるという経験がありますか

注：原典のまま，依存については中毒と表記しています。
　　53点以上がネット中毒と判定される基準です。

表 8.5　グリフィスによる依存の 6 つの中核的要素（小林，2000）

要素	内容
顕現性	ある特別な行動が，その人の生活において最も重要な活動となり，思考・感情・行動を支配すること。
ムード調整	人々がその活動に従事したことによって得られる主観的な経験のこと。それらは，コーピングの一種とも考えられる。
耐性	以前その行動によって得た結果を上回るものを求めたるためにその行動が増加すること。
禁断症状	それらの活動が続けられなかったり，急激に減少したりすると感じる不快感（e.g., いらだちや震えなど）。
葛藤	中毒とそれ以外の仕事（仕事，趣味など）との葛藤や，中毒による人間関係の葛藤。
再発	何年かそれをやめていたにもかかわらず，それをしていた初期の活動と同程度のレベルで再び行ってしまうという傾向。

注：原典のまま，依存については中毒と表記しています。

表 8.6　タオら（Tao et al., 2010）による診断基準

(a) 症状の基準（両方がなければならない）：没頭と禁断症状
　1 つもしくはそれ以上の基準
　（1）耐性
　（2）持続した欲望や使用を制御しようとする努力の不成功
　（3）身体的・心理的に問題があるとわかっているにもかかわらず，過度な使用を継続
　（4）他の関心事の喪失
　（5）不快な気分を取り除くため，逃避するために使用する
(b) 除外基準：精神病や双極 I 型を除く
(c) 臨床的に有意な悪化基準：重要な関係，仕事，教育上または仕事上の機会の消失を含む機能的な悪化（社会的，学業的，職業的能力）
(d) インターネット依存期間が 3 カ月を越し，少なくとも 1 日あたり 6 時間以上インターネットを使用している（仕事や学業以外で）

8.3.2　インターネット依存を引き起こす要因

　ネット依存のリスク要因については，気質的な要因からネットのコンテンツ内容への好みといったネットの利用環境の要因までさまざまな検討がなされています。

　モラハン＝マーティンとシューマッハ（Morahan-Martin & Schumacher, 2000）は大学生を対象にした調査で，男性のほうが女性よりも 4 倍ネット依存者が多

いことを明らかにしています。セルビディオ（Servidio, 2014）は，大学生を対象に，インターネット依存テストや性格の5因子モデルに基づくテスト，インターネット利用に関する調査を実施し，インターネット依存を予測するモデルを検討したところ，1日あたりのインターネットの接続頻度と外向性の低さ，誠実性の低さ，経験への開放性の高さがネット依存を予測しました。

インターネットの過剰な利用者は，FTFと比較してオンラインでの相互作用を好み（Caplan, 2003），抑うつが高く（Young & Rodgers, 1998），孤独感が高く（Caplan et al., 2009），シャイネスが高く，自尊心が低い（Caplan, 2002）という結果が得られています。これらの調査は，横断的調査によるものであり，これらの特徴がネット依存の原因であるのか，ネット依存によってもたらされた結果であるのかは明らかにされていません。一方で，堀川ら（2011）では，中学生を対象にネット依存に関わるパネル調査（追跡調査）を実施し，友人関係への満足度が低いほど約4カ月後のネット依存傾向が増すという関係を導き，ネット依存に友人関係の満足感が予測因となることを明らかにしました。

デイヴィス（Davis, 2001）では，病的なインターネットの利用（Pathological Internet Use; PIU）を，認知行動モデルによって固有な（Specific）PIU（たとえばオンラインでの性行動やギャンブルなど）と一般的な（Generalized）PIUに分けることを提案しています。ネットは多様なコンテンツを含んだメディアです。したがって，一般的な過剰利用に関するネット依存と，ある特定のコンテンツへの依存を分けて考える必要があると考えたのです。人野ら（2011）は，チャットやオンラインゲームなど，利用者同士がリアルタイムにコミュニケーションを行うことを前提とした依存を「リアルタイム型ネット依存」，ブログ，BBS，SNSへの書き込みやメール交換など，利用者同士がメッセージを交換し合うウェブサービスへの依存を「メッセージ型ネット依存」，ネット上の記事や動画コンテンツなど，受信のみで成立する一方向サービスへの依存を「コンテンツ型ネット依存」と呼んでいます。

ワンら（Wang et al., 2015）は，ネット依存，ゲーム依存，Facebookに関するソーシャルネットワーキング依存の3つの尺度の測定と，性格の5因子モデルに基づくテストを実施したところ，ネット依存が高いほど，誠実性は低く，

情緒不安定性が高いこと，ゲーム依存が高いほど誠実性および経験への開放性が低いこと，ソーシャルネットワーキング依存が高いほど，外向性および情緒不安定性が高いことがそれぞれ示されました。インターネットで利用するコンテンツの違いによって，依存の原因や結果が異なる可能性があることを示唆しています。

復 習 問 題
1. リッチ・ゲット・リッチャー仮説を説明してみましょう。
2. ネットいじめが従来型のいじめと異なる点をまとめてみましょう。
3. ネット依存の概念に関するヤングとグリフィスのとらえ方についてまとめてみましょう。

参 考 図 書
ジョインソン，A. N. 三浦 麻子・畦地 真太郎・田中 敦（訳）（2004）．インターネットにおける行動と心理──バーチャルと現実のはざまで──　北大路書房
　インターネットにおける人間の行動と心理的メカニズムについてまとめた一冊です。特に，社会心理学的，教育工学的視点からみたインターネット利用について概観しています。（入門レベル）

坂元 章（編）（2000）．インターネットの心理学──教育・臨床・組織における利用のために──　学文社
　教育，臨床，組織という3つの領域におけるインターネット研究や実践について取り上げた一冊です。インターネットの光と影の両面を紹介しています。（入門レベル）

コラム 8.1　インターネット上の関係から友人関係の適応感は推測できるか？

　インターネットの進化と普及によって，私たちは世界中の人と関係を築くことが可能になりました。しかし，他方では LINE のように親密なメンバー同士のみで構成する閉じたネットワークもあります。さまざまなネットワークがある中で，インターネット上の関係から友人関係の適応感を推測することはできるのでしょうか？

　黒川ら（2015）は，インターネット上の関係と友人関係適応感の関連を調査しました。まず，ある高等学校の生徒を対象に，質問紙で友人関係適応感の測定を行いました。一方で，誰でも閲覧することができるウェブサイトに掲載されているプロフィール（学校名など）や書き込み内容から，その学校の生徒が管理しているウェブサイトを特定しました。そして，そのウェブサイトに登録されている友だちリストをもとに，インターネット上の関係を 1 カ月間にわたって調査しました。友だちリストに登録されている人は，同じクラスの生徒と登録されている人全員（同じ高等学校でも違うクラスの人や学校以外の人を含む）に分けられました。1 カ月後の測定において，友だちリストに変化がなかった割合を安定率（ただし，当初から友だちリストに登録がなかった場合を除く），増えた割合を増加率，減った割合を減少率としました。

　相関分析の結果は表 8.7 の通りでした。友人関係適応感とクラスの生徒以外も含む友だちリストの数や，安定率，減少率，増加率は無相関であったのに対し，同じクラスの生徒のみに限定した友だちリストの数や安定率とは有意な正の相関がみられ，減少率とは有意傾向の負の相関がみられました。この結果は，身近で親密な関係にある相手とのインターネット上の関係のみが友人関係適応感と関連していて，インターネット上のすべての関係は関連がなかったことを示しています。

表 8.7　インターネット上の関係と友人関係適応感の相関係数 （黒川ら，2015）

	友だちリスト全員				友だちリスト（同じクラスの友だちのみ）			
	数	安定率	減少率	増加率	数	安定率	減少率	増加率
友人関係適応感					.21	.17	−.17	

注：数値の記載がないところは無相関であった。

　この研究では，インターネット上の関係が独自に友人関係適応感と関連があったとまではいえません。同じクラスの生徒とのインターネット上の関係はFTFネットワークを反映していますので（黒川ら，2015），インターネット上の関係と友人関係適応感はFTFを介した見かけの関連が示されたにすぎない可能性もあります。

　FTFを統制し，インターネット上の関係独自の影響を検討した研究もあります。黒川・吉田（2016）では，大学新入生を対象に，5月と7月の2回，質問紙調査によって，①同じ課程に所属する人が含まれるLINEグループの数，②①で回答してもらったLINEグループのうち，もっとも頻繁にアクセスするグループのメンバー，③同じ課程に所属する人でほぼ毎日のように会って会話をしている人（FTF），④友人満足感尺度（加藤，2001），⑤GHQ28（中川・大坊，1996），の測定を行いました。FTFの影響を統制した相関分析を行ったところ，同じ課程に所属する人が含まれるLINEグループの数は精神的健康（GHQ28）の各下位尺度と無相関でしたが，LINEネットワークの中心性（もっとも頻繁にアクセスするグループのメンバーとして他者から名前があがった数の合計）は5月において友人満足感尺度と有意傾向の正の相関がみられ，うつ傾向とは7月において負の相関がみられました。

　最後に，関係性いじめを受けた女子高校生Pの事例研究を紹介します（大西ら，2014）。高校に入学したA，B，C，D，E，Pは親しくなり，学校だけでなくSNSサイトでも交流するようになりました。ところが，PがDの彼氏と仲良くなったこと

表8.8　**調査対象生徒の足跡の応答率**（大西ら，2014）

From＼To	→P	→A	→B	→C	→D	→E
P →		0.58	0.61	0.06		0.44
A →	0.09		0.89	0.44		0.78
B →	0.00	0.50		0.47		0.78
C →	0.09	0.50	0.69			0.78
D →	0.09	0.50	0.22	0.36		0.56
E →	0.09	0.50	0.47	0.36		

注：Dは期間内に記事の投稿がなかったため，欠測値となっている。

がきっかけで, P は裏切ったとしていじめにあいました。大西ら (2014) は, P が仲間はずれにされた頃から, 学級内で落ち着きを取り戻した時期までの 5 カ月間において, DECOLOG (SNS サイト) が提供するブログサービスの情報を収集しました。表 8.8 は足跡の応答率を表しています。応答率とは, 生徒 Y の投稿記事の件数に占める生徒 X の足跡の割合です。P は A, B, C, E の記事を読んで足跡をつけていますが, 反対に P の記事投稿に対しては, A〜E はほとんど足跡をつけていません。つまり, ネット上においても無視するという関係性いじめがみられたのです。

　これらの研究からは, CMC だけではなく, FTF との関係ももつ相手との場合に限り, インターネット上の関係は, 友人関係の適応感を推測できるといえそうです。

9

流行とうわさ

　人間は，一人でいる場合と周囲に誰かがいる場合とで，その行動を大きく変えます。これまでの章を学んできたあなたは，このことを十分に認識しているでしょう。そして，周囲に誰かがいる場合にもいくつかのバリエーションがあり，代表的なものが，これまで第6章や第7章を中心に学んできた「集団」です。本章では，集団とは異なり，特にルールやはっきりとした境界がない，単に人が集まっただけでできる「集合」に焦点を当てます。そして，集合が生み出す現象である集合行動について，その一種である流行とうわさを中心に学んでいきます。

9.1　集合行動とは何か

9.1.1　集合とは何か

　集合行動について学ぶ前に，まずは集合とは何かを，集団との違いの点から説明しましょう。集団（group）の定義はさまざまですが，ここでは「外部との境界があり，その成員間に積極的な心理的あるいは機能的な相互関係や相互作用のある集まり」（吉森，1995）という定義を取り上げます。この定義から，集団は，「ウチとソト」があり，成員間である程度日常的なコミュニケーションがなされており，役割分担をしながら，何らかの目標の達成に向けて行動している複数の人々の集まりといえます（第6章参照）。

　それに対して，集合（collection）は「単なる複数の人々の集まり」のことを指します。平日の朝，通勤中に交差点で信号が変わるのを待っている人々や，休日の昼に有名ラーメン店で行列を作っている人々が集合です。狭い意味でいえば，このような空間的に近接し，同時に存在している複数の人々を指して集合といいます。さらに，空間的に近接し，共通の興味・関心や動因のある集合

のことを，特に**群集**（crowd）と呼びます。交差点で信号待ちをしている人々は集合ですが，群集ではありません。一方，ラーメン店で行列を作っている人々は群集です。また，集合を広い意味でとらえた場合，最近流行の服装をしている人々や，最近起きた大きな災害について話題にしている人々も集合に含まれます。この場合，集合の成員は空間的に近接しておらず，同時に集まることもできませんが，互いに影響を及ぼし得る点で集合としてまとめることができます。いずれにせよ，集合を形成する成員間に明確な関係はなく，必ずしも成員間でコミュニケーションがなされるとは限りません。その集合に入るのも出るのも自由ですし，何ら規範はありません。

9.1.2　集合行動の事例

　このような集合によって生じる現象である集合行動について，具体的な事例を3つ紹介しましょう。ここで紹介する事例をもとに，集合行動のイメージを膨らませてみてください。

　日本における集合行動の例としてよく取り上げられる現象として，「ええじゃないか」があげられます。「ええじゃないか」とは，慶応3（1867）年の7，8月頃から翌年の春にかけて，西日本を中心とした広範な地域で民衆を巻き込んだ，一種独特な騒乱状態を指します（高木，1979）。具体的には，以下のような経過をたどります（藤谷，1993; 高木，1979）。まず，「お札降り」と呼ばれる，お札やお祓いが町内の家に降下するところから始まります。「お札降り」があった家は，これを吉兆として，隣人や知人に知らせ，家の前の人目につくところに神棚等を作ります。そして，お祝いに来た親類縁者や知人，隣人に酒食を振る舞います。このような家は，一般的に地域の村役人や名家が多く，家業を休んで来客をもてなすとともに，その家の奉公人や雇用人には休暇を出します。休暇をもらった者は，他の「お札降り」があった家に出向いてもてなしを受けます。しだいに町内で酒に酔った者が増え始め，お祭り気分になっていきます。気分が大きくなり，日頃の鬱憤を晴らす言葉をはやし立てるようになり，最終的には「ええじゃないか」といった囃子言葉を連呼しながら，集団で踊りながら練り歩くようになります。特に，囃子言葉とともに世直しや政治情

図 9.1　「ええじゃないか」の波及地域 (高木，1979)

勢に関わる内容が歌われたことから，世直しを訴える民衆運動であったとも考えられています（高木，1979）。「ええじゃないか」は，主に町や村単位で発生していました。そのため，個別の「ええじゃないか」をみれば，群集による集合行動と解釈できます。一方で，波及範囲をみると（図9.1），西日本を中心としながらも，東は東京から西は広島まで，かなりの広範囲にわたって波及しています。このことから，社会運動や流行に近い現象としてもとらえることができるでしょう。

　前述の「ええじゃないか」は，マスメディアがほぼ発達していない時代に生じた集合行動です。一方で，マスメディアが発達した現代だからこそ発生する集合行動もあります。1938 年 10 月 30 日の夜，ニューヨーク州周辺に住む多くのアメリカ人が，火星人の侵攻を伝えるラジオ番組によってパニックに陥りました（Cantril, 1940 斎藤・菊池訳 1971）。このラジオ番組は，H. G. ウェルズ原作の『宇宙戦争（*The War of the Worlds*)』をラジオドラマ風に翻案したものを流していました。通常のラジオ番組のように始まったこの番組では，天気予報や音楽が流れた後，唐突に火星上での異変を伝える臨時ニュースが流れました。その後，火星から隕石が落下し，その隕石が実は金属製の円筒型物体であ

ることが伝えられ，この物体の中から異様な生物が現れ，周りの人を光線によって攻撃し，その後ニューヨークに向けて侵攻し始めたことが，緊迫感をもって伝えられました。放送の終了前から，実際の臨時ニュースであると勘違いしたリスナーが車で避難したり，周りの人々に危険を知らせたりしていました。後の調査では，放送を聞いた600万人のうち，実際のニュースであると信じたものが28％（約170万人）おり，そのうち70％（約120万人）が驚いたり不安に陥ったりしたと推定されています。そのときの様子は「この放送が終了するずっと前から，合衆国内の人びとは，狂ったように祈ったり，泣き叫んだり，火星人による死から逃れようとにげまどったりしていた。ある者は愛する者を救おうと駆けだし，ある人びとは電話で別れを告げたり，危険を知らせたりしていた。近所の人びとに知らせたり，新聞社や放送局から情報を得ようとしたり，救急車や警察のクルマを呼んだりしていた人びともあった」（Cantril, 1940 斎藤・菊池訳 1971）とまとめられています。もちろん，驚いたり不安に陥ったりした120万人すべてがパニックを起こしたわけではありません。しかしながら，ラジオ番組の1回の放送がきっかけとなって，実際に避難した人がいたり，救急車や警察に通報があったり，身近な人々に連絡をとったりした人が多数いたという点で，まさに「パニック」と呼べる集合行動が発生したといえるでしょう。

　広範囲に伝播する「うわさ」も集合行動の一つです。1979年の春から夏にかけて，日本全国で「口裂け女」のうわさが流布しました（朝倉，1989; 木下，1994）。「口裂け女」は，往々にしてマスクをして道端に立っています。通りかかった人に「私きれい？」と尋ね，その後の対応は地域によって異なりますが，「きれいだよ」と答えると，満足して去って行ったり，家についてこようとしたり，「これでもきれい？」とマスクを取って裂けた口を見せたりします。また，「きれいじゃない」と答えた場合は，マスクを取って裂けた口を見せ，驚かしたり，怒って顔や口を切り裂いたり，逃げようとすると追いかけてきたりします。1978年12月当初，「口裂け女」のうわさは，岐阜県賀茂郡周辺の小中学生の間で広がっていました。この段階では，一地域のうわさでしかなかった「口裂け女」ですが，翌年2月頃には愛知，滋賀へと小中学生の生活圏に沿

図 9.2　**口裂け女の伝播範囲**（朝倉，1989）

って伝播していきました。3月に入ると，京都から兵庫，岡山を過ぎて広島，愛媛へと広がりました。そして，4月から5月にかけて北陸，山陰，四国，東海，北関東へと広がり，マスコミが一斉に取り上げた後の6月には首都圏にも広がりました（**図 9.2**）。一部にマスメディアの介在はありましたが，大半の伝播過程が口伝えで広がっていました。「ええじゃないか」と同様に，マスメディアの介在がなくともうわさは広がり，多くの人々に多かれ少なかれ影響を与える場合があることがわかります。

9.1.3　集合行動の定義と特徴

　ミルグラムとトッホ（Milgram & Toch, 1969）によると，**集合行動**（collective behavior）とは「自然発生し，比較的組織化されず，無計画で，その展開の仕方は予測できず，参加者間の相互刺激に左右されるような現象」と定義されます。集合行動に含まれる現象は多岐にわたっており，パニックや暴動，流行，うわさ，社会運動，世論等が含まれます。

　釘原（2011）は，**図 9.3**のように集合行動を分類しました。この分類では，参加者が共通に抱く情動と，それが向けられる対象の組合せによって分類がなされています。敵意に基づく集合行動は，敵意の対象が社会に向けられ，既存の規範や制度に従う場合は，デモや社会運動となります。「ええじゃないか」

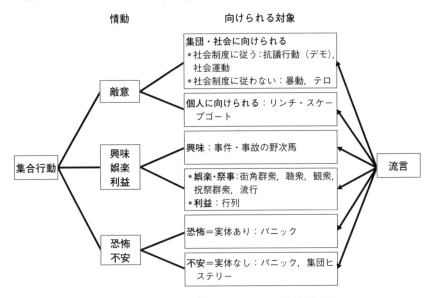

図9.3　**集合行動の分類**（釘原，2011に基づき作成）

のうち，世直しを訴える側面がこれに該当します。また，社会に向けられてい
ても，規範や制度に従わない場合，暴動やテロといった形で現れます。敵意が
個人に向けられた場合，リンチやスケープゴートといった形で特定の対象に行
動が向かいます。興味・娯楽・利益に基づく集合行動は，多くの人々が特定の
対象に対して興味を抱いた場合，野次馬のような形で現れます。娯楽や祭事の
際には，街角群集や祝祭群集，聴衆・観衆といった形で現れ，より広範囲の場
合に流行となります。「ええじゃないか」のうち，踊りを楽しんだり，騒いだ
りしていた側面がこれに該当します。また，特定の対象を購入する場合のよう
な利益を求めた集合行動の場合，行列が発生します。恐怖や不安に基づく集合
行動では，対象に実体がある場合，そこから逃げようとしてパニックが生じま
す。火星からの侵攻に恐怖し，それから逃れるために発生したパニックはこれ
にあたります。実体がない場合は，集団ヒステリーであったり，場合によって
はむやみやたらに逃げだそうとしてパニックが発生したりすることもあります。
そして，流言（うわさ）がこれらの集合行動を触発したり促進したりします。
「口裂け女」のうわさは，それによって，子どもたちが登校したくないと言い

出したり，保護者からの問い合わせが殺到したりしたといった点では，パニックを促進していました（朝日新聞，1979; 読売新聞，1979）。一方で，怖いもの見たさを満たすような楽しみとして語られていたことも報告されており（木下，1994），その点では興味や娯楽に基づく集合行動を触発していたともいえるでしょう。

　集合行動の特徴について，田中（2003）は，5つの観点からまとめました。第1に，集合体による行動，すなわち多くの人々が参加する行動です。物理的に近くに集まっているのかどうかや，直接的な相互作用があるのかどうか，どの程度持続するのかなど，その参加の仕方はさまざまです。しかし，どのような形態であったとしても，多くの人々が参加する集合体としての行動であるという点が集合行動の特徴です。第2に，情動性，すなわち参加者の情動的な行動が中心となっている点です。「ええじゃないか」で大騒ぎをした人々や，火星からの侵攻に恐怖した人々，口裂け女に不安や好奇心を感じた人々など，いずれも根底に楽しさや恐怖，不安といった情動を強くもっていました。その情動が共有され，参加者を突き動かすことによって，集合行動が発生し持続します。第3に，非慣習性，すなわち日頃の慣習から外れた非日常的な行動が中心となっている点です。「ええじゃないか」では男装，女装といった，普段はしないような格好をして踊る参加者が多かったことがわかっています。火星人による侵攻から逃げるための避難は，まさに普段の生活から離れた，非日常的な行動です。いずれの集合行動でも，その参加者が普段行っている文化的慣習的な行動とは外れた行動が生じやすくなります。第4に，未組織性，すなわち集合行動の参加者が組織化されていない点です。通常の集団であれば，そこに何らかの役割分担や規範があり，それらに則ってある程度規則的な集団行動をとります。たとえば，家族集団であれば，親と子の役割分担があり，家族独自のルールによって，その集団が維持されます。一方で，集合行動の参加者にはリーダーはおらず，明文化されたルールもありません。一時的に暗黙のルールが作られることはありますが，集合行動の参加者は流動的であり，そのルールも常に変化していきます。第5に，創発性，すなわち未組織であるにもかかわらず，集合行動の参加者がある程度まとまった行動をしている点です。慣習的な

制限もなく，組織的でもないからといって，集合行動の参加者がバラバラな行動をとっているかというと，必ずしもそうではありません。その場その場に適応して，参加者間で行動の調整がなされた結果，「ええじゃないか」ではバラバラに参加した人々が，最終的に一定のまとまりをもった踊りの行列へと変化していきました。

9.2　流　行

9.2.1　流行の定義と分類

　流行の最先端を追うのが好きな人もいれば，まったく意識しない人もいます。意識するにせよしないにせよ，現代社会において生活していれば，否応なく流行にふれています。それは，ショーウィンドウにディスプレイされる服装の傾向であったり，店内で流れる音楽の傾向であったりします。流行は，集合行動であるがゆえに，実体として確認することが難しく，一見するととらえどころのない現象です。しかし，それぞれの時代の社会的・文化的特徴を反映し，さまざまなメディアを介して私たちの生活に深く入り込んでいます。

　流行（fashion）に関する代表的な定義としては，南（1957）による「ある社会集団の中で，一定数の人たちが，一定期間，ある意図のもとに始められた同似の集団行動を取るように心理的に誘われること」という定義があげられます。また，中島（1998）は，流行に関する複数の定義の共通要素をまとめ，流行とは，「①一時的あるいは短期的といった時間的特性をもち，②広くゆきわたり，通常頻度以上に出現する現象である」と整理し，「端的に，流行とは『時・空間の集積現象である』といえよう」とまとめています。いずれの定義においても，一定の時間幅をもった現象であること，ある程度の広範囲に広がっている現象であること，そして，類似した行動がみられる現象であることがあげられています。

　流行を分類してとらえようという試みも複数なされています。たとえば，南（1957）は流行を「物の流行」「行為の流行」「思想の流行」の3種類に分類しました。南の分類からみると，服装の流行は着る「物」とそれを着て出かける

「行為」とにまたがった流行であるととらえられますし，エコブームのような流行は，ゴミを減らすなどの「行為」とそれによる地球環境の保全という「思想」とにまたがった流行であるととらえられます。ヒット曲の流行は，楽曲としての「物」と，口ずさんだり歌ったりする「行為」，そしてその曲を生み出したアーティストのファンになる「思想」としての流行の複合ととらえることができます。

　使用されている用語（外来語）に基づいて流行の特徴を分類しようという試みもあります（中島，1998; 斎藤，1959）。中島（1998）は，「ファッション」「スタイル」「モード」「クレイズ」「ファッド」「ブーム」の6種類の用語を用いて，流行を分類しました（表9.1）。ファッションは，服装や髪型の流行を指す場合が多いですが，より広く流行それ自体を指す用語としても使用されます。特に，ある程度一般化した段階の流行を指す場合が多いようです。スタイルは，狭義にはデザインや服飾等の基本となる「形」や「型」の流行を指します。広義には，何らかの事柄に関する支配的あるいは優勢で特徴的な様式，考え方，方法などの前提となる「型」を指します。モードは，短期間の服装の流行に使用される場合が多く，特に流行の初期やシーズン初期を指します。クレイズは，広範囲で大規模な熱狂的流行を指します。1996年から97年にかけての「たまごっちブーム」や，2014年に小学生を中心に流行した「妖怪ウォッ

表 9.1　流行の分類（中島，1998）

表現による分類	外来語	内容
ファッション	fashion	・服装や髪型の流行。 ・流行それ自体を指す場合もある。
スタイル	style	・デザインや服飾等の基本となる「形」や「型」の流行。 ・何らかの事柄に関する支配的あるいは優勢で特徴的な様式，考え方，方法などの前提となる「型」の流行。
モード	mode	・短期間の服装の流行。 ・流行の初期やシーズン初期を指す。
クレイズ	craze	・広範囲で大規模な熱狂的流行。
ファッド	fad	・一時的，短期的，小規模な流行。
ブーム	boom	・服飾以外の流行に使用されることが多い。 ・比較的持続性の高い流行。

チ」などがこれにあたります。ファッドは，一時的，短期的，小規模な流行を指します。クレイズが広範囲であるのに対して，ファッドは限定的な範囲での流行です。ブームは，服飾以外の流行に使用されることが多く，比較的持続性の高い流行を指します。この分類は，日常語として使用されている用語に基づく分類であるため，実際に流行しているものを直感的に分類できるという点でわかりやすいといえます。一方で，それぞれの流行が厳密に特定の分類にのみ含まれるということは少なく，分類間の境界もあいまいであるという欠点もあります。また，それぞれの用語を使用する研究者によっても，用語の使用方法が異なり定説がない点も問題点としてあげられます。

9.2.2　流行の特徴

　流行には，それを採用する個人の行動としての側面と，ある時期に一定数の人々が類似した行動をとるという社会的な側面とがあります。前者に関する心理的特徴と，後者に関する社会的特徴との2側面から流行の特徴をまとめてみます。

　流行の心理的特徴としては，他者に対する**同調**と**差異化**があげられます（Simmel, 1919 円子・大久保訳 1994）。同調は，他の集合行動でも頻繁にみられ，他者の行動をまねることを指します。服装の流行の場合，他者が着ている服装をまねるという行為が，ある時期に一定数の人々の間で生じることによって流行が発生します。テレビのCM で人気の女優がかわいいマフラーをしているのを見て，同じようなマフラーを購入し，通学時に早速着けていったとしましょう。あなたはきっと，駅のホームで電車を待っているときに並んでいる人や，大学の廊下ですれ違った人，場合によっては一緒に講義を受けている仲の良い友人がそのマフラーをしているのを見つけ，そのマフラーが流行しているのを知ることになるでしょう。一方で，同調のみでは新しい流行は発生しません。当初は真新しかったそのマフラーも，しばらくすると当たり前の普通なものになってしまいます。その状況において，あえて違ったマフラーをする人が現れることが，次の流行のきっかけとなります。言い換えると，他者との差異化が，流行の発生には不可欠であるといえます。

　流行の社会的特徴として，**滴下効果**（トリクルダウン）があげられます（Simmel, 1919 円子・大久保訳 1994; Tarde, 1901 稲葉訳 1989）。滴下効果とは，水が上部から下部に滴り落ちるように，上流階級で流行したものが下流階級に伝わっていく現象を指しています。ジンメルは，流行が特定の社会階級を結びつけ，他の社会階級から区別するように機能すると考えました。先に説明した同調と差異化を合わせると，まず上流階級の中で流行がスタートします。下流階級との差異化のために，上流階級の中で同調が起き，流行が広がっていきます。一方，下流階級は上流階級の流行をまねし，それに近づこうとします。上流階級で広がった流行が下流階級にも広がっていくと，今度は上流階級が差異化のために新たな流行を選択します。このようにして，上流階級と下流階級の差異は維持され，あたかも追いかけっこをするかのように，流行が繰り返されるようになります。

　なお，現代社会において，特にファッションに限定した場合は，滴下効果が有効ではない場合もあることが指摘されています（仲川, 2015）。ファッションの流行の場合，流行が生じる集団内での価値嗜好の影響が強く，単に上流階級から下流階級に広がるだけではありません。たとえば，1993年頃から女子高校生の間で広がったルーズソックスや，2000年代から広がった紺のハイソックスは，いずれも滴下効果では説明できない流行です。

9.2.3　流行のプロセス

　ある流行が社会の中でどのように受け入れられていくのかを考える際に，ロジャース（Rogers, 2003 三藤訳 2007）の普及過程に関するモデルが有用です。ロジャースは，新たな製品の普及過程を5段階に分類し，数量的にモデル化しました（**図9.4**）。このモデルでは，製品の普及はまず**イノベータ**による採用から始まります。イノベータは市場の2.5％を占め，新商品が出ると即採用する冒険的なタイプです。その製品が一般化する前に採用するため，変わり者としてみられがちです。続いて，**初期採用者**（アーリーアダプター）がその製品を採用します。初期採用者は市場の13.5％を占めます。流行に敏感で，イノベータによる新製品の採用状況や製品のプロモーションなどの情報収集を積極的

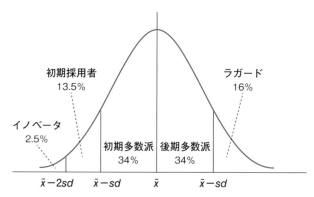

図9.4　**採用者の分布**（Rogers, 2003 三藤訳 2007 に基づき作図）
$\bar{x}$ は採用者分布の平均値を表し，sd は標準偏差を表します。

に行い，その製品を受け入れるかどうかを判断します。**オピニオンリーダー**とも呼ばれ，他の層への影響力が大きく，初期採用者に受け入れられるかどうかがその製品が市場に浸透するかどうかを左右します。その後に新製品を採用するのが**初期多数派**（アーリーマジョリティ）です。市場の34.0％を占め，新製品をすぐに採用するわけではありませんが，全体の中では比較的早くに新しいものを取り入れるタイプです。初期採用者からの影響を強く受け，彼らの判断に強く左右されます。遅れて**後期多数派**（レイトマジョリティ）がその製品を採用し始めます。後期多数派は市場の34.0％を占め，新製品に対して懐疑的であり，周りの大半がその製品を採用して初めて受け入れるタイプです。最後が**ラガード**です。市場の16.0％を占め，保守的で新製品に興味がなく，その製品が十分に行き渡り，日常的になってようやく採用するタイプです。

　ロジャースのモデルが製品の採用者の割合に基づくのに対して，池内（1968）は，流行の時間経過を「潜在期」「初発期」「急騰期」「停滞期」「衰退期」の5段階に分けてとらえました。潜在期は，新しい物が生み出され，限定された少数の人々によって試される時期です。ロジャースのモデルでは，イノベータが使用し始める時期が潜在期にあたります。この段階では，変わり者のイノベータが採用しているだけであり，多くの人は流行が発生し始めていることに気づいていません。次に初発期です。多くの人々が認識し始め，だんだん

と取り入れる人が増えてくる時期です。初期採用者が採用し始める時期ですが，流行に敏感な人が取り入れているだけであり，この時点では普及のスピードはそれほどではありません。そして急騰期に入ります。新しい物への抵抗や警戒が弱まり，抵抗や警戒の減少と採用者の増加とが相互に影響しながら，急激に採用が広がる時期です。市場の3分の1を占める前期多数派が採用していき，多くの人々が使用する状況になります。その後，ある程度一般的となった段階で停滞期となります。後期多数派の採用は緩やかであり，多くの人に受け入れられていますが採用の伸びが悪くなる時期でもあります。最後が衰退期です。取り入れる人よりもやめる人のほうが上回り，だんだんと忘れ去られるか，日常的に使用されるようになってラガードが採用を始める時期になります。

9.3 う わ さ

9.3.1 うわさの定義と分類

「うわさ」という言葉を聞いて，あなたはどんなイメージを抱くでしょうか。「うわさに踊らされる人」といった表現をイメージする人もいるでしょうし，「うさん臭くて本当かどうかよくわからない話」をイメージする人もいるでしょう。流行と同様にうわさも日常語であり，普段から多くの人が何気なく使用しています。しかし，その言葉の裏には複雑な現象が隠れています。

うわさ研究の第一人者による代表的な定義を2つ紹介しましょう。まず，オルポートとポストマン（Allport & Postman, 1947 南訳 1952）は，うわさ（rumor）を「正確さを証明することができる具体的なデータがないままに，口から耳へと伝えられて，つぎつぎに人々の間に言いふらされ，信じられてゆく，できごとに関する命題」と定義しました。そして，木下（1977）は，「社会的に広がりをもった人間関係のネットワークの中を次々と流れていく，確実な知識を土台にもたないあいまいな情報」と定義しました。これらの定義からうわさは，①本当かどうかを確認する方法がなかったり，確実な知識を土台にもたなかったりするあいまいな情報が，②友人関係や家族関係，職場や学校の知り合いといった普段の人間関係のネットワークを介して流れていき，③あいまい

表9.2　うわさの類似概念

名称	内容
流言	• 比較的多くの人が興味を持つ内容が，広範囲に広がったもの。
ゴシップ	• 比較的身近な範囲内で話され，特に人に関連するもの。
都市伝説	• 友だちの友だちくらいの関係の人に起きたと信じられている事柄で，「物語として楽しむ」ために話されるもの。
デマ	• 送り手の政治的，経済的，社会的な意図を実現するために流される真実でない情報。
クチコミ	• マスメディアによらず，人から人へと言葉を介して伝えられる情報。
風評被害	• ある事件や事故等が大々的に報道されることによって引き起こされる経済的被害。 • うわさによって引き起こされる現象ではない。

であるにもかかわらず，話す人々には信じられている現象である，とまとめることができます。

　うわさに類似する概念は複数あり，代表的なものとして「流言」「ゴシップ」「都市伝説」といった用語があげられます（DiFonzo & Bordia, 2007; 川上，1997；表9.2）。流言（rumor）は，うわさの中では，比較的広い範囲に広がり，社会的な情報に関する内容です。廣井（2001）は，流言とうわさとの違いについて考察し，流言の特徴として「情報内容の一般性」と「伝播範囲の普遍性」とをあげています。つまり，うわさの中でも，比較的多くの人が興味をもつ内容が，広範囲に広がった場合に流言と呼ばれます。ゴシップは，うわさの中では，比較的身近な範囲内で話され，特に人に関連する内容です。ファインとロスノウ（Fine & Rosnow, 1978）は，ゴシップを「ある人の資質や行動についてのその場の意見」と定義し，その特徴を「多くは人から聞いたことに基づいており，自分との関わりでは取るに足りないし，特に重要というものでもない」内容であるとしました。つまり，人を対象とし，身近で狭い範囲の中で流れるうわさがゴシップです。さらに「うわさ」といった場合，特にこのゴシップを指す場合もあります。都市伝説は，民俗学者であるブルンヴァン（Brunvand, 1981）によって積極的に使われだした用語です。友だちの友だちくらいの関係の人に起きたと信じられている事柄であり，事実かどうかよりも

「物語として楽しむ」ことに重点が置かれます。三隅（1991）は，都市伝説を流言と比較して，語り手の自己表現や，物語をすることによる楽しみなどを重視するうわさであると考察しています。

　これら以外にも，「デマ」や「クチコミ」「風評被害」という用語もたびたび使用されます。デマは，自然発生的に生じるうわさとは異なり，送り手の政治的，経済的，社会的な意図を実現するために流される真実でない情報です（川上，1999）。デマもうわさも，何人もの人を介して伝わっていく点では大きな違いはありませんが，デマはもともと煽動（デマゴギー（demagogy））の意味をもつように，悪意をもった中傷であったり，故意の捏造であったりという点で大きく異なります。**クチコミ**は，「マスメディアによらず，人から人へと言葉を介して伝えられるパーソナルなコミュニケーション」として定義されており（二瓶，2000），うわさを包含したより一般的な対人コミュニケーションに関する概念です。**風評被害**は「ある事件・事故・環境汚染・災害が大々的に報道されることによって，本来安全とされる食品・商品・土地を人々が危険視し，消費や観光をやめることによって引き起こされる経済的被害」と定義されます（関谷，2003）。「風評」はうわさを意味する用語であるため，風評被害もうわさに関連づけて話題にされることが多いようです。しかし，実際はうわさによって引き起こされる現象ではなく，何らかの事件や出来事をきっかけとし，安全を追求する消費者の心理やマスメディアによる報道の影響などによって発生する別の現象です（関谷，2011）。

9.3.2　なぜうわさが広がるのか

　オルポートとポストマン（Allport & Postman, 1947 南訳 1952）は，うわさが広がるために必要な要素として，題材とされている事柄の重要さと，その事柄に関するあいまいさの2つの要因を取り上げました。ここでいう重要さとは，うわさを話す人々にとって，その事柄が自分自身や自分の身近な人にとってどれくらい重要かを指しています。また，あいまいさとは，その事柄に関する事実関係がはっきりしていなかったり，十分な情報が得られていなかったりする状態を指しています。そして，彼らは，うわさの流布量は，重要さとあいまい

さの積によって決められると考えました。このことは，重要さとあいまいさの
どちらか一方が欠けても，うわさの流布は生じないことを意味しています。

　たとえば，地震に関するうわさの場合，日本国内で発生した地震であれば，
自分自身や自分の身近な人に関係する可能性は高いため，重要さは高くなりま
す。その状態で，被害の状況や余震の可能性などがはっきりせずあいまいであ
れば，うわさの流布量は多くなると予測できます。その後，報道や個人の情報
収集によって被害の状況や余震の可能性などがはっきりすれば，重要さは高い
ものの，あいまいさが低くなるため，うわさの流布量は減少していきます。一
方，海外，特に日本において津波の被害が起きないような場所における地震の
場合，自分自身や自分の身近な人に関係する可能性は低く，重要さは高くあり
ません。そのため，被害の状況や余震の可能性などがはっきりせずあいまいさ
が高くても，日本におけるうわさの流布はほとんどないと予測できます。

　重要さとあいまいさが，うわさの流布に不可欠であることはわかりました。
それ以外に，どのような内容や社会状況がうわさの伝達を促進するのでしょう
か。ロスノウ（Rosnow, 1991）は，うわさの伝達を検討した複数の研究の結果
をまとめ，「不安」「あいまいさ」「信用度」の3つがうわさの伝達を促進する
ことを示しました。不安は，うわさの伝達を促進する主要な要因です。不安を
感じやすい人や，不安を喚起する内容のうわさ，多くの人々が不安を抱くよう
な社会状況が，うわさの伝達を促進し，うわさの流布量を増加させます。あい
まいな状況もまた，うわさの伝達を促進します。一般的に，人はよくわからな
い状況に巻き込まれた場合，その状況を理解し，コントロールしようと動機づ
けられます。その試みの中で，他者とのコミュニケーションや情報収集行動が
発生し，うわさが伝えられやすい状況が生み出されます。あいまいな状況を理
解しようとする試みの中でうわさがやりとりされるため，その内容が信用でき
るかどうかは重要な要因になります。つまり，信用度の高い，信じられる内容
のうわさほど，多く伝達されることになります。ここで重要なことは，信用度
の高いうわさが，必ずしも「事実」であるとは限らないことです。後から考え
ると荒唐無稽な話でも，話している本人がもっともらしく信用できると感じれ
ば，伝達されやすくなります。

9.3.3 うわさの伝播と変容

うわさの特徴として，伝達過程の中でその内容がしだいに変化していくことがあげられます。このことを示した伝言ゲーム実験を紹介しましょう（Allport & Postman, 1947 南訳 1952）。この実験では，学校のクラスや複数の聴衆の前で，そこから選んだ 6，7 人を対象として伝言ゲームを行いました。まず，選ばれたメンバーが別室で待機している間，聴衆はスクリーンに提示された図9.5 のようなイラストを見ます。時間が来ると，別室のメンバーの中から 1 人が呼ばれ，聴衆から選ばれた 1 人がイラストの内容を伝えます。その際，別室から呼ばれた者はイラストを見ることはできませんでした。以降は伝言ゲームと同じです。別室のメンバーからさらに 1 人が呼ばれ，先ほどイラストの内容を説明された者がイラストの内容を伝え，別室のメンバー全員が伝言ゲームに参加するまで続けられます。そして，最後のメンバーに伝えられた内容がどのように変化していたのかを確認します。なお，この実験は，同時にうわさの不正確さを示すための教育ツールとしても使われていました。そのため，あえて聴衆たちの前で伝言ゲームを行うように場面設定がなされていました。

この実験の結果から，うわさの伝達過程の中で，以下の 3 つの変化が生じることが明らかにされました。まず，**平均化**です。これは，伝達の過程で話の要素が少なくなっていくことを指します。実験では，もともと 20 程度の話の要

図 9.5　**伝言ゲーム実験の図**（Allport & Postman, 1947 南訳 1952）

素が最終的に 5 個程度の要素にまで減少することが示されています。次に，**強調化**です。平均化と同時に発生し，少なくなった要素が強調されることを指します。実験では，話の中の数や大きさ，動き，レッテル，身近なシンボルなどが強調されることが示されています。最後に**同化**です。これは，伝えられる話の内容が，その話全体の文脈や，伝える者のもつ慣習・偏見・ステレオタイプに合致するように変化することを指します。図 9.5 のイラストを使った実験の場合，カミソリのようなものを持っているのは右にいる白人男性です。しかし，伝言ゲームをした結果，黒人男性に対する偏見によって同化が発生し，左にいる黒人男性が持っていると変化したケースが多かったと述べられています。

　もちろん，実際のうわさの伝達の場合，この実験で使用した伝言ゲームのように，一方向的に情報が伝えられるということはほとんどありません。実際には，内容を確認したり，別の情報源をあたったりと複雑な経路をたどりながら流れていきます。そのため，新たな内容が追加されたり，内容が詳しくなったり，より正確になったりすることもあるようです。

9.4　社会的ネットワークと情報伝播

9.4.1　社会的ネットワークの定義と特徴

　流行にしてもうわさにしても，一度条件が揃えば，多くの人々の間に広がります。もちろん，マスメディアを介せば広範囲に広がることは容易でしょう。しかし，口裂け女のうわさは，マスメディアの介在がない段階であっても日本全国に広がっていましたし，「ええじゃないか」は，テレビやラジオがない時代であっても広範囲で発生していました。仮に，私たちが膨大な数の知り合いをもっており，その知り合いに向けて情報を伝えたのであれば簡単です。しかし現実には，私たちの知り合いの数はそれほど多くはなく，日常的にコミュニケーションをとっている相手はさらに少数です。それにもかかわらず，なぜ，私たちが知り合い同士で情報交換をしているだけで，いつの間にかその情報が広範囲に伝わっているのでしょうか。このことを知るためには，社会的ネットワークについて理解する必要があります。

　社会的ネットワーク（social network）とは，個人間の関係のまとまりのことを指します（第3章のコミュニケーション・ネットワークを思い出してください）。単にネットワークといえば，たとえば，駅と駅とを線路で結んだ路線ネットワークや，世界中のコンピュータを有線および無線回線で結んだインターネットなどがあげられます。社会的ネットワークの場合，人と人とを，何らかの関係があるかどうかで結んだネットワークとなります。人をノード（頂点），人と人とのつながりをリンク（枝）とし，Aさん，Bさん，Cさん，Dさんの間の関係を模式的に示したのが図9.6です。図9.6（a）では，AさんはBさんのみとつながっていますし，BさんはAさんとCさんとつながっていますし，CさんはBさんとDさんとつながっています。AさんとCさんの関係は，いわゆる「友だちの友だち」であり，直接面識はないものの，何かのきっかけで知り合いになったり，Bさんを介して情報が伝わったりする関係です。一方で，AさんがDさんと友だちになるためには，Bさんを介してCさんを紹介してもらい，さらにそのCさんを介してDさんを紹介してもらわなければなりません。そのため，この2人は気軽には知り合えません。図9.6（b）は，何かのきっかけでAさんがCさんと友だちになった後のグループです。Aさん，Bさん，Cさんの友だちグループは，Cさんを介してDさんとつながっています。図9.6（a）とは異なり，3人でいるときにCさんがDさんを呼んでくれば，Dさんは簡単にこの友だちグループに入ることができます。こ

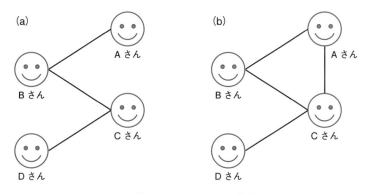

図9.6　社会的ネットワークの模式図

の図では4人しか登場していませんが，実際には4人にはそれぞれ他にも友だちがおり，より複雑な社会的ネットワーク内の一部として図9.6は描かれています。社会的ネットワークを通してやりとりされるものは，うわさのような情報だけでなく，友情や愛情，金銭，権力，新規商品のアイディア，場合によっては病気のようなものまで含まれます（Kadushin, 2012 五十嵐監訳 2015）。

9.4.2 スモールワールド実験

　私たちのもつ社会的ネットワークは，どの程度の広がりをもったネットワークなのでしょうか。ミルグラム（Milgram, 1967）は，社会的ネットワークの大きさを把握するために「スモールワールド実験」と呼ばれる実験を行いました。この実験では，アメリカ東海岸のボストンに住むAさんに手紙を届けるために，ボストン市内や，アメリカ中部にあるカンザス，ネブラスカから手紙をリレーしながら届けます。手紙にはAさんの氏名を含めた簡単なプロフィールが記載されています。手紙を受け取った人は，そのプロフィールを見て，もしAさんが知人であればAさんに手紙を出し，そうでなければ，Aさんを知っていそうな知人に手紙を出して，Aさんに届けてもらうように依頼します。そして，手紙を出す際には，同封されている連絡カードを使って，実験者に自分が誰に手紙を送ったのかを知らせます。なお，普段の人間関係のネットワークをたどるために，手紙を出せる相手は「ファーストネームで呼び合える程度の知人」に限定されています。ボランティアとして参加した実験協力者は，あたかもチェーンメールを伝えるようにして，ターゲットであるAさんにつながるように手紙を届けていきます。実験の結果，平均して6.2回のリレーで手紙はAさんに届きました。つまり，まったく見知らぬ人であっても，6人程度を介して，その相手に到達できる可能性があることが，この実験からわかりました。

　もちろん，ミルグラムによるスモールワールド実験は，1960年代のアメリカにおける実験であり，日本では同じようにならないかもしれません。三隅・木下（1992）は，スモールワールド実験を再現するために，日本において類似の実験を行いました。ターゲットとして，大阪在住のBさんとCさんを設定

し，Bさんは著名な百貨店勤務，Cさんは大手ではあるものの世間的には無名の繊維会社勤務の40代の男性でした。ミルグラムと同様に手紙を使って連絡をとりましたが，この実験では直接知人に手紙を出すのではなく，いったん実験者に紹介をし，実験者が本人に代わって手紙を出す形式でした。発信者は福岡市在住の成人男性であり，住民台帳からランダムに抽出された協力者でした。実験の結果，完成した連鎖は平均して7.2回であり，ミルグラムの実験とほぼ同程度でした。日本においても，6，7回のリレーでまったく見知らぬ人に手紙が届くことがわかりました。

　インターネットの発達した現在であっても，この結果は変わらないことが明らかにされています。ワッツらの研究グループは，電子メールを使用してスモールワールド実験を行い，スタートとゴールが同じ国の場合5段階で，違う国の場合7段階を経て，ターゲットに到達することを示しています（Dodds et al., 2003）。インターネットの有無に関わらず，社会的ネットワークにおける人々の間の距離はさほど変わりません。社会的ネットワークは非常に広く，その割にはネットワーク内の距離は比較的近いといえます。結果として，世間は狭く，あっという間に情報は伝わります。このことは，ミルグラム（Milgram, 1967）の論文にちなんでスモールワールド現象と呼ばれています。

9.4.3　ネットワークの中を流れる情報

　ミルグラムの研究や後の同様の研究から，私たちが思っている以上に世間は狭いことがわかりました。それでは，世間を狭くしている社会的ネットワークは，その中を流れる情報にどのような影響を与えるのでしょうか。ディフォンツォらの研究グループは，このことを明らかにするために，うわさを使った実験を行いました（DiFonzo et al., 2013）。この実験では，ファミリー，トーラス，リボン，ランダムの4種類の社会的ネットワークが用意されています（図9.7）。ファミリー型では，4人1セットで配置されており，密接に関係した3人の隣人と自分しか関係しない1人の隣人とがつながっています（図9.7 (a)）。トーラス型では，格子状に個人が配置されており，各個人は上下左右の隣人とつながっています（図9.7 (b)）。リボン型では，通り沿いに個人が

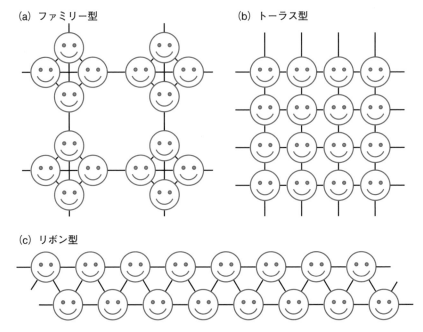

図9.7 **4種類の社会的ネットワーク**（DiFonzo et al., 2013 に基づき作図）

配置されており，両隣と斜向かいの隣人とつながっています（図9.7（c））。
ランダム型では，言葉通り，配置はバラバラであり，ランダムに4人の隣人と
つながっています。これらの4種類のネットワークは，セグメント化，つまり
まとまりの程度が異なっていました。図9.7の見た目通りに，ファミリー型が
もっともセグメント化されており，リボン型，トーラス型と続き，ランダムが
もっともセグメント化されていません。

　実験は，16人が1組となって行われました。実験室に来た実験参加者たち
は，ある状況のシナリオと，その状況を説明する4つのうわさを読み，もっと
も納得できるうわさを1つ選びました。そして，実験参加者はネットワークで
つながった他の4人の実験参加者と，電子メールを使ってディスカッションを
しました。ディスカッションでは，他の4人それぞれに対して，計4回メール
を送りました。メールには，もっとも納得できるうわさとその理由が記載され

ていました。送受信が一度終わるたびに，実験参加者は自分にとってもっとも
納得できるうわさを選び直しました。実験参加者たちは，聞いたうわさに対し
て自分の意見を言ったり，相手の意見を聞いたりしながら，そのうわさが納得
できるかどうかを選んでいました。実験的な状況ではあるものの，ある程度，
うわさを話すときの雰囲気や基本的な要素が含まれた状況となっていました。
さらに，シナリオを変えて実験を行うたびに，実験参加者には知らせずに，他
の4人とつながる社会的ネットワークの種類を，ファミリー型，トーラス型，
リボン型，ランダム型のいずれかの構造に変えていました。そして，社会的ネ
ットワークの種類によって，最終的に納得できるとして選ばれるうわさが異な
るかどうかを確認しました。

　実験の結果，ファミリー型の場合，多様なうわさが選ばれた反面，他の型の
場合はほとんどの実験参加者が同じうわさを選んでいました。言い換えると，
セグメント化の程度が高い社会的ネットワークでは，セグメントの内側では意
見が一致しますが，外側とは接点が少ないために意見が一致するとは限らず，
全体としては多様なうわさが生存できることになります。一方で，セグメント
化の程度が低い社会的ネットワークでは，ネットワーク全体で意見が収束して
いき，大多数の意見が一致することになります。このことは，家族や友人など，
ごく少数の身近な人とのつながりが強く，それ以外とのつながりが弱い，セグ
メント化の程度が高い社会と，近所の人や職場の人，趣味の知り合いなど，さ
まざまなタイプの人々とつながった，セグメント化の程度が低い社会とで，流
通するうわさの多様性に違いがあることを示しています。この実験から，社会
的ネットワークは，単に世間を狭くしているだけでなく，そこを流れる情報の
種類に影響を与えること，特に，情報の多様性に影響を及ぼすことがわかりま
す。

コラム 9.1　「紺のハイソ」と流行

　「紺のハイソ」と聞いて，何を思い浮かべるでしょうか。多くの人，特に女性は，よく女子中高生が履いている紺のハイソックスを思い浮かべるのではないかと思います。流行に詳しい人であれば，ルーズソックスの後に広がったファッションであることを知っているでしょう。それでは，この「紺のハイソ」の流行が，あるマーケティング企業が行った壮大な実証実験（吉永，1998）の成果であることを知っている人はいるでしょうか。

　この実験は，クチコミがメディアになり得るかどうかを明らかにするために企画されました。1996 年 5 月から，1,000 人の女子高生を対象として，渋谷での街頭リサーチやグループインタビューの場で，「ルーズソックスの次は，ラルフ・ローレンのハイソックスが来る」「ラルフの黒のベストには，ラルフの紺のハイソックスがマッチしていてかわいい」といった情報が流されました。1 カ月後の 6 月に渋谷の街頭で調査したところ，この情報の認知率は 25％でした。この時点では 25％の認知率でしたが，その後 7 月 17 日付の日経流通新聞のコラムに，女子高生のオピニオンリーダーたちが「紺のハイソ」を身に着け始めたという記事が掲載され，さらに，複数のテレビのトレンド番組で取り上げられました。その結果，秋頃の追跡調査では，ほぼ100％の女子高生がこの話を知っていると回答したことが報告されています。この後，90 年代末にかけてルーズソックスの流行は下火となり，2000 年代以降，紺のハイソックスが流行することになります。そして，2000 年代半ばには女子中高生のファッションとして定着していきます。

　「紺のハイソ」の流行は，ジンメルやタルドの考えた上流階級から下流階級へと広がる滴下効果には合致しません。一方で，渋谷の女子高生を，日本の女子中高生のファッションリーダーととらえれば，マスメディアを介して，そこでの流行が全国の女子中高生に滴り落ちるかのように広がっていくとみることもできます。いずれにせよ，ある企業の始めた実証実験が，渋谷の女子高生のクチコミを生み，最終的に女子中高生の定番ファッションとなった貴重な事例であるといえます。

コラム 9.2　善意のチェーンメール

「知人の 3 歳の子が急性リンパ性白血病で昭和大に入院しているが，血液不足で手術を受けられない。誰か RH マイナス B 型の方いませんか。」これは，2008 年 2 月に東京都内で広がったチェーンメールの内容です（朝日新聞，2008）。似たような文面のメールや，Twitter 等の SNS の投稿を見かけた人もいるのではないでしょうか。古くは，日本においてインターネットが一般に普及し始めた 1996 年に，神戸付近で「急性白血病の高校生のために血液を探している。みんなに呼び掛けて」といった内容のメールが広がりました（日経産業新聞，1996）。他にも，2000 年 5 月には緊急手術の妊婦さんのために RH マイナス AB 型の献血を求めるチェーンメールが広がり（朝日新聞，2000），2003 年には悪性リンパ腫の患者のために造血幹細胞のドナーを募集するチェーンメールが広がりました（朝日新聞，2003）。

うわさには，「時間的再帰性」と呼ばれる，類似した内容のうわさが時間をおいて繰返し現れるという特徴があります。上であげたチェーンメールはいずれも，①献血を求める内容であること，②善意に訴えかけていること，③知人への転送を要請していること，という共通点をもっています。そして，いずれの事例においても，実際に献血を必要とする人物はいませんでした。つまり，これらのチェーンメールはいずれも，必要のない献血を求める根も葉もないものでした。

すぐに輸血が必要な人物がいてもいなくても，献血は社会的にみて「良いこと」ですので，一見するとチェーンメールを拡散することには問題がないように感じられるかもしれません。しかし，入院先とされた病院や，献血事業を行う日本赤十字社の医療機関に問い合わせが殺到し，診察などの通常業務に支障が出るような事態が発生しました。特に，善意に訴えかける内容であるため，親切な人ほどこれらのメールを拡散し，問い合わせをしたり，実際に病院を訪れたりしてしまいます。そして，善意であるからこそ，それを受けた病院は対応に苦慮することになります。上であげた共通点をもつメールや SNS の投稿には，ぜひ気をつけるようにしてください。

復習問題

1. 以下の空欄にあてはまる言葉を入れてください。

　パニックや暴動，流行，うわさのような，自然に発生し，比較的組織化されず，無計画で，その展開の仕方は予測できず，参加者間の相互刺激に左右されるような現象のことを（　①　）という。

　ロジャースによる普及過程のモデルでは，市場の 2.5％ を占め，その製品が一般化する前に採用する者のことを（　②　）と呼んでいる。

　オルポートとポストマンによると，うわさの流布に影響する主要な要因は重要さと（　③　）である。

　頂点（ノード）と枝（リンク）で結びつけられた，人間関係のまとまりのことを（　④　）と呼ぶ。

参 考 図 書

釘原 直樹（2011）．グループ・ダイナミックス——集団と群集の心理学——　有斐閣

　集団や集合と呼ばれる，人が多数集まった際の行動について，具体的な研究や実際に発生した事件の分析を豊富に取り上げつつ解説した入門書。

中島 純一（1998）．メディアと流行の心理　金子書房

　流行研究の歴史を紐解きつつ，現代メディアと流行に関する理論構築を目指した中級書。

川上 善郎（1997）．うわさが走る——情報伝播の社会心理——　サイエンス社

　心理学的な側面からうわさをとらえ，その特徴やメカニズム，管理について解説した中級書。

増田 直紀・今野 紀雄（2006）．「複雑ネットワーク」とは何か——複雑な関係を読み解く新しいアプローチ——　講談社

　社会的ネットワークを含んだ「複雑ネットワーク」をわかりやすく解説する入門書。講談社ブルーバックスの一冊。

第 **10** 章

マスメディアの影響

　私たちの行動や考えが，マスメディアによって相当な程度影響されていると言われたら，多くの人は反発を感じるのではないでしょうか。たとえば，「テレビは見ているが，テレビの思い通りにあやつられているわけではない」といった意見が聞こえてきそうです。しかし，情報番組で健康増進効果が紹介された食品がスーパーからなくなる，不祥事を報道された組織に抗議電話が殺到するなどといった現象が生じているのも事実です。私たちは日々さまざまな情報を，テレビ，新聞，インターネット上のニュースといったマスメディアから得ており，直接的に行動に結びつくかは別にして，何らかの影響を受けていることは否定できません。

　この章では，①こうしたマスメディアが，私たちに影響する過程，②私たちの集合的な意見としての「世論」（public opinion）とマスメディアとの関係，そして③世論の誘導を目的とした戦時のプロパガンダ（propaganda）について考えます。

10.1　マスメディアからの影響

10.1.1　マスメディアとは

　マスメディアとは，マス（mass）すなわち不特定多数の人に向けて大量の情報を同時に伝達することが可能なメディアを指します。比較的古くからあるマスメディアとしては，印刷物としての新聞，雑誌があり，音声や映像を媒体とするものとしてラジオ，テレビがあります。また，これらを複合的に含むことができる媒体として，インターネットが存在します。

　一口にマスメディアといっても，それぞれに特徴があります。印刷メディアからメッセージを受け取るためには，テレビやラジオといった放送メディアに比して，読者側の主体的努力が必要とされるという違いがあります。また，印刷メディアは放送メディアに比して，情報が固定化されていると同時に一覧性

があり，放送される情報を逐次受け取っていく必要がある放送メディアに比して，情報の読み進め方について受け手の自由度が大きいといった違いもあります。さらに，マスメディアを使用したコミュニケーション，すなわちマスコミュニケーションは，かつては一方向性を一つの特徴ととらえることができましたが，インターネットの登場によって，情報の送り手と受け手との双方向のやりとりが容易に実現できるようになりました。すなわち，今日においては，同じマスメディアといっても，伝達形式に関して媒体ごとの違いが大きくなっているといえます。

　以下では，まず，こうしたマスメディアが，私たちにどのような影響を及ぼしていると考えられるかについて，これまでの重要な研究について紹介します。

10.1.2　強力効果論

　マスメディアからの情報は人々に強力に作用し，人々は簡単に操作され得ると仮定する考え方は，**強力効果論**（powerful effect model）と呼ばれます。初期の代表的な考え方には**魔法の弾丸理論**（magic bullet theory），**皮下注射モデル**（hypodermic effect model）などと呼ばれる，マスメディアが放つメッセージによって人々が容易に操作され得るとするものがあります。

　池田（1990）は，マスメディアによる宣伝の強力な効果として解釈された事例として，第 1 次世界大戦におけるプロパガンダ合戦とその後のナチス・ドイツ政権の誕生，そして，アメリカにおいて 1920 年になって実現した男女平等の普通選挙制度における投票行動をあげています。また，有名な他の事例としては，1938 年にアメリカの CBS ラジオにおけるドラマ『宇宙戦争（*The War of the Worlds*)』が，多くの人にパニックを引き起こした事件をあげることができます（図 10.1 は，この事件を報じた当時の新聞記事）。詳細は第 9 章に譲りますが，この事件を調査したキャントリル（Cantril, 1940 斎藤・菊池訳 1971）によると，全米でおおよそ 120 万人が火星人の侵攻を告げるこの放送を現実と信じ，驚いたか不安に陥ったと推定されています。ただし，この 120 万人が，いわゆるパニック行動をとった程度は確認されておらず，ラジオドラマによってパニックが引き起こされたという印象は，主として新聞による非難記事によ

図10.1　ラジオドラマによるパニックを報じた新聞記事

っているという説もあります（たとえば，Pooley & Socolow, 2013）。

10.1.3　限定効果論

　その後，マスメディアの一般大衆に対する影響力を検証しようと，実証的な研究が行われました。1940年の大統領選挙戦の時期に，マスメディアとの接触と投票意図との関係を研究したところ，マスメディアとの接触は投票意図の補強に関わっており，マスメディアとの接触によって投票意図を明確に変更した人はわずか5%にすぎなかったことがわかりました。さらにこの研究では，選挙期間中にマスメディアに積極的に接したのは，もともと政治に関心が高い人たちで，関心が低い人たちは政治に関わる情報をマスメディアから得ていませんでした。関心が低い人たちは，マスメディアに接触するような政治に関心が高い人から情報を得ていました。この結果から，ラザーズフェルドら（Lazarsfeld et al., 1948）は，「コミュニケーションの2段階の流れ（two-step flow of communication）」仮説を主張しました（図10.2）。マスメディアからの情報は，市民全体が一様に受け取るのではなく，そのテーマに関心のあるオピニオンリーダー（opinion leader；第9章参照）に受け取られ，そこで解釈された上で，そのオピニオンリーダーからより関心が低い人々が受け取ると考えられました。これらの結果と仮説は，マスメディアからの影響力を強く見積もる「強力効果論」とは異なり，マスメディアから人々への影響は限定的と考えるもので，

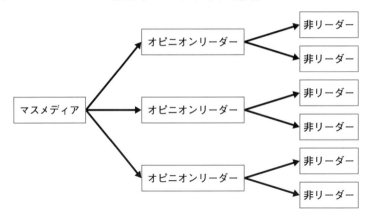

図10.2　「コミュニケーションの2段階の流れ」仮説の概念図
(Robinson, 1976 を参考に作成)
矢印は情報の流れを意味しており，マスメディアからの情報は，そのトピックに関心が高いオピニオンリーダーに届き，そのオピニオンリーダーたちから，それほど関心が高くない非リーダーに情報が広がると仮定しています。

「限定効果論（limited effects model）」と呼ばれます。

　「コミュニケーションの2段階の流れ」仮説は，カッツとラザーズフェルド（Katz & Lazarsfeld, 1955）によって検討され，テーマごとにオピニオンリーダーが存在すること，オピニオンリーダーから非リーダーに情報が伝わるのは職場や家庭であることなどが確認されました。なお，この仮説については，現実の情報および影響の流れの複雑さ，トピックによって段階の数が変わってくることに対応した「N段階の流れモデル」，仮説の背後にある価値前提などに関する議論が，岡田（1985）にまとめられています。

10.1.4　新強力効果論

　マスメディアの影響力について実証的に研究した結果，前述のようにその影響力は決して大きくなく，限定的であることがわかりました。しかし，このことは，私たちの生活の中での実感とは少し異なるようにも思われます。冒頭であげたように，ラジオ番組において「火星からの侵入」が告げられると人々がパニックに陥ったこともありますし，ある食品を摂取すると健康にポジティブ

な効果があるとテレビで報じられると，その食品が一時的に品切れになるほど集中的に購入されるような事態を経験した人も少なくないでしょう。「限定効果論」は，マスメディアの私たちへの影響力は大きくないと説きますが，それでは私たちが日常で経験するマスメディアの強力な力は，どのように説明されるのでしょうか。これまでとは違う側面からマスメディアの効果を検討した以下の理論は，「新強力効果論」と呼ばれたりします。

1. 議題設定機能

「限定効果論」は，選挙行動の研究からわかるように，マスメディアの効果を主に「態度」や「行動」の次元でとらえています。これに対し，マスメディアが効果を及ぼす他の次元として，「認知」を想定することができます。「〇〇候補は，こういう主張をしているので，他の候補より投票するに値する」，すなわち，〇〇候補に投票しようというキャンペーン・メッセージに接したとき，それに従った投票行動が生じるか否かが，「限定効果説」での問題でした。そうした説得的な効果だけがマスメディアの効果ではなく，「〇〇候補はAという問題について，Bという解決策を考えている。一方，△△候補は同じ問題についてCという解決策を考えている」といった報道によって，Aという論点の重要さが一般の人々に伝わるといった効果も考えられます。すなわち，認知の次元の効果とは，「こうしよう」というメッセージの効果ではなく，「こういう争点があります」というメッセージの効果を指します。

こうした視点の転換による大きな成果の一つが，**マスメディアの議題設定機能**（the agenda-setting function of mass media）だといわれています（竹下，1981）。これは1972年にマックウムとショー（McCombs & Shaw, 1972）によって提出された，認知の次元におけるマスメディアの効果に関する仮説です。彼らは1968年，アメリカ大統領選挙キャンペーン中，東南部の選挙民100人を対象に，選挙の主要な争点は何かについて面接調査を行いました。さらに，この地域で政治関連情報を提供している新聞，テレビのニュースなどマスメディアによる提供情報の内容分析を行いました。選挙民がさまざまな争点に与えた重要度と，マスメディアが各争点に関わる情報を提供した頻度との対応関係を検討したところ，高い相関関係にあることが見出されました。

　ところで，この相関関係が，各有権者がひいきにしている政党か候補者の争点重要度と，各有権者自身の重要度との一致の結果だとすれば，メディアは有権者と政党あるいは候補者とを単につないでいるだけで，独自に議題設定をしているとはいえません。そこで，支持している政党あるいは候補者別での有権者の重視する争点と各政党あるいは候補者に言及したニュースにおける各争点に関わる情報を提供した頻度との対応関係が検討されました。その結果（表10.1），取り上げられた 4 つのメディアで少しずつ結果は異なりますが，全体的には特定の支持対象をもつ人の重視する争点と，その対象に関わるニュースにおける各争点の登場頻度との相関係数は，ニュース全体で考えた場合での相

表 10.1　4 つのメディアごとでの強調された争点と各党を支持する有権者が強調した争点との相関係数（McCombs & Shaw, 1972 から作成）

	大ニュース		小ニュース	
	全ニュース	ひいきにしている政党か候補者に第一に言及しているニュース	全ニュース	ひいきにしている政党か候補者に第一に言及しているニュース
New York Times				
民主党びいきの人	.89	.79	.97	.85
共和党びいきの人	.80	.40	.88	.98
アメリカ独立党びいきの人	.89	.25	.78	−.53
Durham Morning Herald				
民主党びいきの人	.84	.74	.95	.83
共和党びいきの人	.59	.88	.84	.69
アメリカ独立党びいきの人	.82	.76	.79	.00
CBS				
民主党びいきの人	.83	.83	.81	.71
共和党びいきの人	.50	.00	.57	.40
アメリカ独立党びいきの人	.78	.80	.86	.76
NBC				
民主党びいきの人	.57	.76	.64	.73
共和党びいきの人	.27	.13	.66	.63
アメリカ独立党びいきの人	.84	.21	.48	−.33

関係数を超えない傾向がありました。すなわち，有権者が，それぞれが支持している政党や候補者の重視する争点に影響されている程度よりも，ニュース全体での重視する争点に影響されている程度のほうが大きいことが確認されたといえます。したがって，マスメディアの報道は全体として，選挙民の争点の重要度認知に影響しており，独自に議題設定機能を果たしていると考えられました。

2. 沈黙の螺旋理論

　一般に，人は孤立を恐れる傾向をもつと考えられます。そして，自らがある争点に関して少数派であると認識すると，意見を述べることによって孤立することを回避するために，その争点については意見の表明を回避する，すなわち沈黙するようになります。そうすると，多数派は，異なる意見を聞くことがまれになるので，自分たちの意見がますます多数に支持されていると認識するようになり，さらに活発に発言するようになります。一方，少数派はそれによって，自分たちと同じ意見の人がますます少ないと認知するようになり，意見表明が少なくなります。こうした循環的プロセスは，**沈黙の螺旋**（spiral of silence）と呼ばれ，こうしたプロセスを経て，**世論**（10.2 節参照）は収束すると考えられています（Noelle-Neumann, 1980）。このプロセスにおけるマスメディアの役割は，多数派の意見を提示することです。マスメディアによって，1 つの立場が繰返し報道されることによって，視聴者の中で「多数派」あるいは「少数派」としての自己認知が生じ，沈黙の螺旋の過程が始まると考えられます。この場合，マスメディアは説得的な役割を果たしているわけではありませんが，どの意見が優勢かという意見分布の認知に影響を及ぼしていると考えられます。

　マスメディア報道の影響を，自身が受けるよりも，より強く他者は受け取ると認知する傾向を，**第三者効果**（third person effect）といいます（Davison, 1983）。選挙情勢についての報道を例にとって考えると，視聴者は，第三者効果によって，自分以外の人はより強く報道に影響されると考えます。そうすると，自身は少数派の意見を保持している場合，多数派の意見がますます強化されていくと考え，投票時には多数派の意見に沿った投票を行うかもしれません。

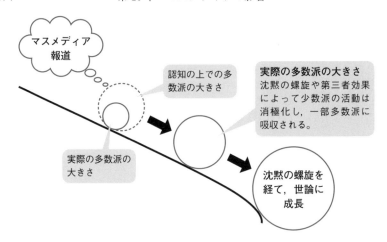

図10.3　世論が沈黙の螺旋や第三者効果を経て収束していくイメージ図

　すなわち，この場合は，第三者効果は沈黙の螺旋プロセスに促進的な影響を与えると考えることができます。一方で，自分以外の多くの人に影響を与えるような選挙情勢報道そのものに否定的な意見を形成し，報道規制を求めるようになることも考えられますし，多数に異議を唱えるために自身の意見をますます強固なものにする可能性も考えられます。

　第三者効果は，第三者の認知に関わるだけでなく，選挙における投票などの行動にも影響を与えると考えられています。沈黙の螺旋に第三者効果も加えると，多数派の意見の増大は，雪玉が斜面を転がりながら大きくなっていく過程にイメージとして類似しており，図10.3のように模式的に表すことができます。

3. 培養分析

　ガーブナーとグロス（Gerbner & Gross, 1976）は，人間にとっての環境とは，言語や映像などのシンボルから構成されるものであり，現代社会において人々に共通の現実感覚を構成するものはテレビであると仮定しました。テレビは，人々がそれを反復して視聴する中で，社会において何が現実かという現実感覚を培養（cultivation）していると想定します。後に取り上げますが，リップマンの擬似環境論と近い着想と考えられます。テレビの中で，ある事柄を強調さ

れると，多くの人々はそれに基づいて現実環境を認識するように働くと考えます。

　中村（1998）は，この**培養分析**（cultivation analysis）の観点から 1997 年のうちの 7 日間のテレビで放送された内容を検討し，当時，実際の殺人事件の件数が減少傾向にあったにもかかわらず，ワイドショーを中心に殺人事件情報が週 3 時間以上報じられていたことを見出しました。さらに，テレビを相対的に長時間見ている人は，現実の世界の暴力犯罪発生率を相対的に高く見積もること，そして，そうした高い見積もりをすることと，ワイドショーや刑事ドラマの視聴頻度とが関連していることを報告しています。

10.1.5　アナウンスメント効果

　「アナウンスメント効果」とはもともと金融用語でしたが，1970 年代の終わりに，日本のマスコミや研究者らが，選挙に関する世論調査の結果を知った有権者が当初と異なる投票行動をとる現象を「アナウンスメント効果」（announcement effect）と呼ぶようになりました（亀ヶ谷，2001）。アナウンスメント効果は，それまでにすでに検討されていた，選挙情勢情報が有権者の態度に及ぼす影響としての**バンドワゴン効果**（bandwagon effect）や**アンダードッグ効果**（underdog effect）などの上位概念とみなすことができます。バンドワゴン効果とは，「勝ち馬効果」とも呼ばれるように，多数者の意見に関する情報が広がることで，その意見に同調する人がさらに増えることを指します。逆に，アンダードッグ効果は，同じ情報が，少数派の意見への同調を生起させることを指します。いわゆる，「判官びいき」に相当する現象といえます。マックアリスターとスタッドラー（McAllister & Studlar, 1991）は，イギリスにおける総選挙時のキャンペーン期間中の情勢調査結果の認知，投票先，意思決定のタイミングなどのデータを分析し，バンドワゴン効果の存在を確認しています。一方，そこでの分析では，アンダードッグ効果の生起は確認されませんでした。

　選挙に関する世論調査結果を知ることが，その人の選挙に関わる行動を変化させること全般をアナウンスメント効果と考えると，バンドワゴン効果やアン

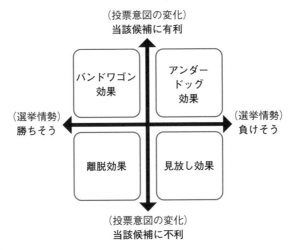

図 10.4　**アナウンスメント効果の下位効果の分類**（亀ヶ谷，2001 より作成）

　ダードッグ効果の他にも，さまざまな影響のあり方を考えることができます。たとえば，ある候補に投票することを考えていた人が，その候補者が有利な情勢にあることを知って，安心して投票に行くことをやめてしまうようなことを**離脱効果**，ある候補を支持していた人が，その候補が劣勢であることを知って，当選をあきらめて，投票をやめてしまったりすることを**見放し効果**と呼びます（白鳥，1983）。これらの効果は，図 10.4 のように示すことができます。

　なお，亀ヶ谷（2001）はさまざまなアナウンスメント効果を 3 つの観点，すなわち，①直接効果と間接効果，②投票行為自体への影響と投票決定内容への影響，そして③影響方向の違い，から分類整理することを提案しています。詳細は，当該資料に譲りますが，マスメディアからの影響の詳細を検討する上で，大変有用な観点と考えられます。

10.1.6　単純接触効果

　単純接触効果（mere exposure effect）とは，ある対象に繰返し接触することが，その対象に対する好意度を高める現象です（第 2 章参照）。

　この効果は，マスメディア，とりわけ広告が私たちに及ぼす影響において，

重要な役割を果たすものといえます。たとえばベーカー（Baker, 1999）では，あるブランドの広告が繰返し提示されることで，そうでないブランドに比して，選択されやすくなることを見出しています。また，山田・外山（2010）は，架空の洗剤を題材として，商品のロゴを繰返し提示すると，提示頻度が少なかった商品に比して選択される率が高まることを報告しています。インターネット上のバナー広告の効果を検討した松田ら（2007）は，対象となる刺激が焦点視野に繰返し提示された場合，その対象の事前典型性が高い場合と逆に低い場合に，その商品への好意度および購買意図などが高くなることを明らかにしています。事前典型性が低い商品については，周辺視野域に提示した場合でも同様の効果がみられています。なお，ここでの事前典型性とは，商品の名称として「いかにもよくありそうな」典型性の程度を意味します。あまりありそうでない，新奇な商品については，しっかりと目にとらえられていなくても，何度も提示されているうちに，それへの好意度が高くなることが示唆されていて，興味深い結果といえます。

　こうした広告に関する単純接触効果が，スーパーマーケットなどにおける実際の購買にどの程度影響しているかについては明らかではありませんが，同じものに繰返し接触することは，その対象へのポジティブな感情や認知を引き起こす傾向があることは確認されています。こうした傾向を選挙報道などにあてはめると，マスコミの中で繰返し露出することは，選挙で有利な影響を及ぼすといえるのかもしれません。

10.2　集合的な意見としての世論

　世論（public opinion）は，顕在的なものだけを含むのか，それとも潜在的なものも含むのか，あるいは，統計的に把握された個人の意見の集積なのか，それとも多くの人がある意見を「世論」として認めていることが必要なものなのかなど，世論の定義は容易ではありません。ここでは簡単に，ある社会的問題に対して，成員が表明する判断や評価が集積したもの，すなわち集合的な意見ととらえて考えることにします。

　世論が関わるトピックには，税の負担といった多くの人にとって身近な問題
から，遠い外国との外交交渉といった判断材料がきわめて乏しいものまで含ま
れます。さらに，身近なトピックであったとしても，そこでの争点，とり得る
選択肢の内容，それらのメリットとデメリットといった詳細な内容に多くの人
が通じているわけではありません。すなわち，世論として問題となることの多
くについて，私たちが独力で判断するのは難しいのが現実といえます。各人が
判断をする上で必要な情報を提供するのがマスメディアであり，したがって，
マスメディアは世論に大きく作用しているといえます。

10.2.1　リップマンの擬似環境論

　私たちにとって，外界はあまりに広く複雑なので，それをそのまま知覚する
のではなく，単純化したモデルを再構成し，そのイメージをあたかも真の環境
のように知覚し，その中でさまざまな行動をとっているとリップマン
（Lippmann, 1922）は述べています。ここで出てくる外界を単純化したモデル，
あるいはイメージを「擬似環境（pseudo-environment）」と呼びます。

　身近でない事象に関する擬似環境は，マスメディアによる情報を重要な情報
源としており，それらのいったん加工された情報をもとに，さらに私たちは擬
似環境を構成すると考えられます（図10.5）。そしてそうした擬似環境の中で，
社会問題について各人が構成する意見の集合が，「世論」ということになりま
す。

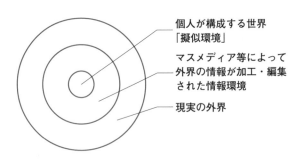

図10.5　擬似環境の概念図

10.2.2 世論の動き

　マスメディアと世論との関わりは，前述の擬似環境論からも明らかなように，大変深いものです。世論のもとになる各個人の意見や認知に，マスメディアが影響する過程については，すでにこれまでの節でふれているので，ここでは繰り返しません。コミュニケーションの二段の流れ，議題設定機能，沈黙の螺旋，アナウンスメント効果，第三者効果などといった影響過程が考えられています。また，リップマンは，「**ステレオタイプ**」（第7章参照）という概念を導入し，マスコミなどからの情報が，受け手の固定観念によって歪まされていることも指摘しています。

　世論の動きに関わる現象として，これらの他には，次のようなものをあげることができます。

1. フォールス・コンセンサス効果

　自分の意見は他の多くの人に共有されていると認知する一般的傾向が存在します。こうした現象は，**フォールス・コンセンサス効果**（false consensus effect）と呼ばれます（Ross et al., 1977）。意見が一致する他者の数を過大視するこの傾向は，自身の意見をより強固にする作用があるといえるでしょう。先にあげた沈黙の螺旋においては，多数派が勢いを増していくような局面で，促進的な影響を及ぼす効果と考えることができます。

2. 多元的無知

　多元的無知（pluralistic ignorance）とは，「集団の多くの成員が，自らは集団規範を受け入れていないにもかかわらず，他の成員のほとんどがその規範を受け入れていると信じている状況」とされています（神，2009）。たとえば，混雑した電車の中で，高齢者が立っているのを見て，席を譲ろうと考えた人が，他の人が座席を譲らない行動を見て，「（見かけ以上に実際は若いなどの理由から）この高齢者のような人には，席を譲らないほうがこの場では適切なのだ」と考えるという状態が，その場の多くの人に生起するような状況です。その場にいる人たちそれぞれがこのように考えてしまうと，結果的に誰も席を譲りません。多くの人が席を譲っていない状況を目にすると，ますますその周囲の人も席を譲りにくくなり，「席を譲らない」という行動がそこでの暗黙の規範と

して成立してしまいます。

　私たちの生活の中ではこのようなプロセスを経て，誰も個人的には信じていない規範が，見かけ上は定着しているような状況が生み出されることがあります。世論についても，同様の状況に陥ると，多くの人が実際には支持していない意見が多数意見としてみなされることもあり得るでしょう。沈黙の螺旋でいえば，少数派が沈黙し，本当に少数になっていく局面に影響する現象と考えられます。

10.3　マスメディアによる報道のネガティブな側面

10.3.1　スケープゴーティング

　釘原（2014a）は，さまざまな先行研究を参考にした上で，何らかのネガティブな事象が発生している，もしくは発生が予見されているときに，①事態発生に関する因果関係や責任主体が不明確な段階で何らかの対象に原因，責任，あるいは非難を帰属すること，そして②責任や非難の帰属が集合的な広がりをもって行われ，そうした認知や行為が共有化されるプロセスがある場合をスケープゴーティング（scapegoating）としています。日常的な用語としては，「バッシング」に近い現象です。そして，このプロセスにおける非難対象がスケープゴートです。

　マスメディアのニュース選択やそこでの偏りは，スケープゴーティングを生起させる土壌になっている可能性があり（釘原，2014b），マスメディアにおける報道はスケープゴーティングの一つの舞台ととらえることができます。実際，政治家，芸能人，企業，公務員等の不祥事に関する報道を眺めても，報道そのものがスケープゴーティングを構成し，それが一般の人々のスケープゴートへの怒りや非難を形成することがわかります。

　マスメディアにおけるスケープゴーティングを検討した古典的な研究に，ヴェルトフォートとリー（Veltfort & Lee, 1943）の火災報道に関する研究があります。ヴェルトフォートとリーは，1942 年にボストンで発生したナイトクラブ火災に関する新聞記事を検討し，非難対象が次々と出現することを明らかに

しています。デコレーション・ツリーに誤って火をつけたアルバイトの少年，明かりにいたずらをした人，消防署，警察官，市議会，市長，ナイトクラブのオーナーなどが，非難の対象となったことが報告されています。

　同様の現象は，西日本旅客鉄道株式会社（以下，「JR西」と表記します）の福知山線で2005年に発生した脱線事故に関する新聞報道においても生起していたことが知られています（村上・植村，2014a）。報道における非難対象としては，「JR西全般」「事故列車の運転士」「（JR西の）経営陣・幹部」「（線路上に置き石をしたり，JR西職員に暴言を吐いたりした）愉快犯・便乗犯」「マスコミ」「ミス／違反行為をした関係者」「不適切行為をした関係者」「国」「救助しなかった同乗運転士」「日本人・日本社会」「労組」等々が出現し，こうした対象に対する非難記事数の事故後の変遷が報告されています。それによると，「JR西全般」に対する非難記事数は一貫して多いものの，その他の対象に対する非難記事は，量的なピークがずれており，さまざまな対象が次々とやり玉にあがったことがわかります。こうした様子を模式的に示したのが図10.6です。図10.6の中のdは，「JR西全般」に近く，一貫して非難記事数が多いことを示します。a, b, cは，それぞれその他の対象で，非難記事数のピークが少しずつずれており，報道の受け手の立場に立つと，「次々と異なる対象が非難されている」印象を形成することになります。

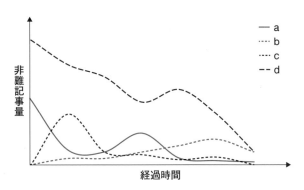

図10.6　JR福知山線脱線事故後7週間における対象ごとの非難記事量の変遷の模式図
（植村ら，2006をもとに作成）

　非難の対象を,「個人」「集団・組織」「システム」「国・政府」, そして「社会・文化」にカテゴライズし, カテゴリーごとでの非難記事数の変遷を検討した結果からは, 個人に対する非難は時間とともに減少し, 集団・組織に対する非難は一貫して多く, 国・政府, および社会・文化への非難は, 時間的に遅れてピークがくることが明らかにされています。図 10.6 でいえば, 個人への非難記事量は a, 国・政府そして社会・文化への非難記事量の推移は b が, 実際に近い変動を示しています。

　スケープゴーティングの一連の研究の中では, 事故だけでなく, 感染症に関する報道の分析も行われていますが, 新聞における感染症報道では, こうした非難対象の変遷は激しくなく, 非難対象は自治体や政府が中心となっていました (村上・植村, 2014b)。

　近年, 社会的な非難や攻撃現象として話題になることも多い「炎上」現象は, インターネット上の SNS を舞台としています。一般の人々が集合的に自主的に参加して発生する「炎上」は, 典型的なスケープゴーティングといえるかもしれません。スケープゴーティングには, 不正, 不道徳, 怠慢などを正し, 抑止するという機能を見出すことができる反面, 妥当かどうかわからない非難をある対象に集中させて大きなダメージを与え, さらに非難対象を次々と探し出していくという非生産的な面があります。SNS が普及した社会では, 感情の発散のための不当な攻撃に参加することがないように, マスコミ関係者でない一般の私たちも慎重に行動することが必要でしょう。

　なお, スケープゴーティングという現象は, メディアに大きく依存した現象ですので, 今後もメディア技術の発展とともに, その舞台を広げ, 様相を変えていくと考えられます。

10.3.2　戦時におけるプロパガンダ

1. プロパガンダの定義

　プロパガンダ (propaganda) は, 岩波書店『広辞苑　第 6 版』によると,「宣伝。特に, 主義・思想の宣伝。」とされています。英英辞典では, もう少し意味が限定されており, たとえば, Longman 社の『インターネット英英辞典

（*Dictionary of Contemporary English*）』（https://www.ldoceonline.com/）では，「ある政府あるいは政治的集団が，人々の同意を取りつけるために使用する虚偽，あるいは，ある状況の一部だけを強調した情報」（筆者訳）とされています。

　ここでは，プロパガンダを政治的な文脈における宣伝と考えることにします。プロパガンダは，不特定多数の人々を対象にすることが多いので，プロパガンダの主要な供給経路には，多くの場合マスメディアが選択されます。

2.　プロパガンダの動機

　プロパガンダを流通させる主要な動機は，上の定義にも述べられているように，ある政治的な意図を達成するため自分たちに有利な世論を形成することです。たとえば，選挙期間中の中傷合戦など，私たちの生活の中で，プロパガンダは頻繁に見聞きしますが，特に顕在化する状況の一つに，戦争があります。戦時においては，戦争を正当化し，戦意を高揚させることが為政者にとっては重要な課題であり，それを解決するための主要な方法の一つがプロパガンダといえます。

　キーン（Keen, 1986 佐藤・佐藤訳 1994）は，戦時におけるプロパガンダには，自分たちの敵意を敵に投影して，それと戦うことを自己正当化する機能があると考察しています。キーンの考えでは，私たち人間は「敵対する種」「敵をつくる動物」であり，無意識に存在する敵愾心から敵をつくり出し，自身の敵意をその敵に担わせることで敵意の正当化を図っていることになります。私たちの不安や恐怖を敵に投影し，それを敵視することによって，自分たちを正しい人間として確認し，心の平安を得るという意味も，プロパガンダには確かにあるのかもしれません。

3.　戦時におけるプロパガンダの表現

　モレリ（Morelli, A.）は，ポンソンビー（Ponsonby, A. A. W. H.）が第 1 次世界大戦時のプロパガンダの分析によって見出した 10 の要素が，その他の戦争時のプロパガンダにおいてもあてはまるとしています（Morelli, 2001 永田訳 2015）。

　10 の要素とは，以下の通りです。

①われわれは戦争をしたくはない。

②しかし敵側が一方的に戦争を望んだ。

③敵の指導者は悪魔のような人間だ。

④われわれは領土や覇権のためではなく，偉大な使命のために戦う。

⑤われわれも意図せざる犠牲を出すことがある。だが敵はわざと残虐行為におよんでいる。

⑥敵は卑劣な兵器や戦略を用いている。

⑦われわれの受けた被害は小さく，敵に与えた被害は甚大。

⑧芸術家や知識人も正義の戦いを支持している。

⑨われわれの大義は神聖なものである。

⑩この正義に疑問を投げかける者は裏切り者である。

　①から⑩，いずれも，近年の紛争勃発時にも，洋の東西を問わず，私たちが見聞きする報道の内容に一致するところが大きいように考えられます。これら一つひとつには，私たちが戦争という政治判断を肯定的に受け入れ，それに協力することを促進する効果があります。たとえば，③にあるように，敵の指導者は，「平和を壊す者」「人類の敵」「怪物」などと極端な形で象徴化されます。それには，その「悪の権化」に多くの国民の敵対心を集中させ，対象国に私たち自身と同様の「普通の人々」がいることを忘れさせる効果があります。実際，戦時に「怪物」として描かれた敵国指導者が，戦前あるいは戦後は高く評価されていたことが少なくないとモレリは考察しています。一つの例として，第1次大戦前のイギリスにおけるドイツ皇帝ヴィルヘルムに対する肯定的なニュース記事があげられています。すなわち，敵指導者を過度にネガティブに描くプロパガンダには，戦争遂行への貢献という機能があるということです。

　敵に対するイメージを詳細に考察し分類した研究には，先にあげたキーン（Keen, 1986 佐藤・佐藤訳 1994）があります。キーンは，敵イメージの元型を追究し，「攻撃者としての敵」「顔のない敵」「『神の敵』たる敵」「野蛮人としての敵」「拷問者としての敵」といったものがあることを，東西冷戦を含む戦時におけるさまざまな国における敵国など敵勢力に関するプロパガンダ・ポスターを参照しながら主張しています。図 10.7 は，第 2 次世界大戦中のアメリ

図 10.7　戦時におけるプロパガンダ・ポスターの例

カにおけるそうしたプロパガンダ・ポスターの一つで，ドイツ，日本を象徴する巨大な怪物が，自由の女神を破壊している様子が描かれています。そして，ポスターには，一般市民の戦争での役割は，生産に励むことであると書かれています。キーンは，こうした敵に関する表現は，実際には私たち自身の内面に存在する敵意を投影したもので，敵は一種のスケープゴートであると考察しています。

4.　プロパガンダにどう対応すべきか

　プロパガンダも，メディアを介して私たちに伝達される情報の一つであり，本章でこれまでみてきたように，その影響力はさまざまな条件によって左右されると考えられます。すなわち，プロパガンダによって，私たちが完全に説得される，いわば「洗脳」されるわけではありません。しかし，戦争，テロ，災害といった，私たち自身の生命が脅かされるような，極度に不安が高まった状況において，情報量が限られると，プロパガンダが私たちに影響する度合いも大きくなると考えられます。

　リップマンが述べたように，マスメディアは，「擬似環境」という名の一種の「現実」を構成します。その「現実」が，プロパガンダという偏った歪みをもった情報によって構成されている場合，私たちは，あらぬものを見，聞き，

そしてそれらに基づいて判断することになります。さらに，そうした個人の判断は，「コミュニケーションの2段階の流れ」や「沈黙の螺旋」といった集団的・集合的プロセスによって増幅し，世論という多数の意見として収斂していく可能性もあります。

　一般の私たちが，プロパガンダにどう対応すべきかについて，モレリは，まず「メディア・リテラシー」の重要性をあげています。「一部の人間の考えに反し，ひとたび戦争が始まると，メディアは，批判能力を失う」（Morelli, 2001 永田訳 2015）傾向があります。スケープゴーティングの例からわかるように，マスコミはむしろ率先して，合理性に疑問の余地がある内容を報道するケースもあります。したがって，私たち，情報の受け手は，厳しい批判精神をもって疑うことが重要であるとしています。

　モレリは，さらに「真実」が重要な意味をもつことを述べています。真実を知ることで，擬似環境は本来の現実に近づく方向で修正されます。そのためには，上で述べたことと矛盾するようですが，マスメディアが批判能力を維持し，真実を伝えることができる自由を保障することが必要でしょう。インターネットが普及した現代において，マスメディアのプロパガンダには大きな効果がなくなったとも考えられます。しかし，信頼度が不透明な情報が大量に行き交う状況であるからこそ，伝統的なマスメディアの情報の重要性は高まっているようにもとらえることができます。私たち個人が正確な情報を手にし，それに基づいて自由な意思決定をするためには，一人ひとりのメディア・リテラシーが重要であるとともに，言論・報道の自由を保障することが必要であるといえるでしょう。

10.4　おわりに

　マスメディアの影響について，さまざまな理論や研究について説明してきましたが，ここでは取り上げられなかったテーマも少なくありません。たとえば，「暴力的な映像」や「暴力的なゲーム」が私たちに与える影響については，多くの研究の蓄積がなされていますが，ここでは培養分析（Gerbner & Gross,

1976）が関連するものの，テーマとしては取り上げていません。マスメディア
に関わる研究は，社会学，政治学，経済学といった領域でさかんに研究が進め
られており，さまざまな現象が見出されています。マスメディアの私たちへの
影響に関心をもってくださった読者の皆さんには，他の領域でも研究が進めら
れている事実を認識し，そうした研究に関わる資料にも挑戦していただければ
と思います。

復 習 問 題

1. 以下の空欄にあてはまる言葉を入れてください。

（1）ラザーズフェルドらが提唱した（　①　）では，マスメディアと一般の人との
間にオピニオンリーダーがおり，その話題に特に関心がない一般の人は，オピニオ
ンリーダーを介して，マスメディアからの情報を受け取るとされている。

（2）選挙に関わる報道において，メディアが頻繁に取り上げたトピックは，賛成反
対を問わず，重要な議題であると視聴者に認識されることをマスメディアの
（　②　）という。

（3）人は孤立することを恐れるので，ある争点について，自らの意見は多数によっ
て支持されていると信じている人は声高に意見を主張し，自らの意見は少数にしか
支持されていないと考える人は意見の表明を控えるようになる。その結果，多数派
はますます勢いを増し，少数派は存在感を失っていき，最終的に多数派意見が実際
に多数になるという，世論収束プロセスに関する仮説を（　③　）という。

2. 選挙において情勢情報が有権者の投票行動に与える影響を総称して何といいます
か。また，代表的な2つの効果の名前は何といいますか。

コラム 10.1　選択的な情報接触と私たちの社会生活との関わりについて

　リップマン（Lippmann, 1922）が「擬似環境」（10.2.1 項参照）という用語で表したように，私たちの心の中の現実は，かなりの部分がメディアを通した情報に基づいています。メディア，特に放送メディアとインターネットが発達，普及した現在は，多様な情報にあふれ，豊かな「擬似環境」を構築できる時代になったといえます。

　しかしながら，現在日本における多くの人は，豊かな情報環境の中で，意外にも限定された情報に基づいた狭い世界に住んでいるのかもしれません。

　まず，私たちがどんなメディアに接触しているかですが，日本におけるメディア利用に関する調査報告（木村ら，2015）によると，2010 年に比して，2015 年には，テレビ，新聞，雑誌の利用頻度が下がり，逆に，録画したテレビ番組とメールを除くインターネットの利用頻度が増加しています（図 10.8）。

　新聞と雑誌は印刷メディアであり，好き嫌い抜きに，多様な情報を一覧できることが媒体としての特徴です。そうした媒体の利用頻度が下がり，自らの興味・関心に沿って録画したテレビ番組，そして選択的な情報アクセスが容易なインターネットへの接触頻度が上がっています。さらに録画された番組については，見たいとこ

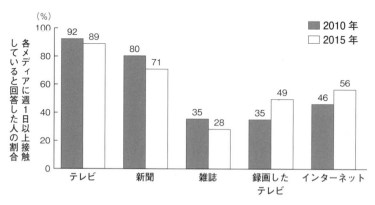

図 10.8　2010 年と 2015 年における各メディアに週 1 日以上接触した人の割合
（木村ら，2015 より作成）

ろだけを早送りして見ている割合が 2015 年には 37％まで増加しています。また，「必要な情報は自分で選びたい」に「そう思う」か「どちらかといえば，そう思う」と答えている人が 85％に上りました。こうした結果から，情報接触に対する選択志向，そして忙しい生活の中で，時間を無駄にしたくないという効率主義の高まりをみてとることができます。

　これらの結果から，現在の日本においては，多様な情報が流通しているものの，それぞれの人が得ている情報には，個人の選択に基づく偏りが増大していると推測することができます。個人が受け取ることができる情報量が増加する一方で，生活時間に大きな変化がないとすれば，そこに効率性を追求するための選択が生じることは自然なことかもしれません。しかし，この状況には心配な面があります。

　一つには，自分が得ている情報の偏りに無自覚になっていくことです。第 9 章と第 10 章で，マスメディアの強力効果論の代表的な事例として，ラジオドラマ『宇宙戦争』の聴取者が起こしたパニックが取り上げられています。この事件でパニックに陥ったのはどんな人々だったのでしょうか。キャントリル（Cantril, 1940 斎藤・菊池訳 1971）によると，ラジオドラマを，本当のニュースとして誤解し続けた人の多くは，そのドラマを途中から聞いた人であり，さらに，他のマスメディアの情報を確認しなかった人であったことが示されています。これらの人々が情報の偏りに気づけなかったように，選択的な情報摂取行動が習慣化している人は，自分の興味から外れた情報に接触する機会が少なくなり，自分が得た情報の偏りに気づくことが難しくなるかもしれません。たとえば，荻上（2011）は，2011 年に発生した東日本大震災の後，1 カ月間に広がった流言をまとめていますが，実に多様な誤った情報が，おそらくは多くの善意の人によって拡散しています。

　もう一つの危惧は，社会の中で連帯感が薄くなっていくことです。選択的な情報摂取が進むということは，それぞれの「擬似環境」に共通性が失われていくということです。広範なトピックを一覧できる新聞と雑誌の利用頻度が低下傾向にあることはすでに述べました。テレビは，選択的に録画されての利用が増加傾向にあり，選択性が強いインターネットの利用は拡大していることも前述の通りです。

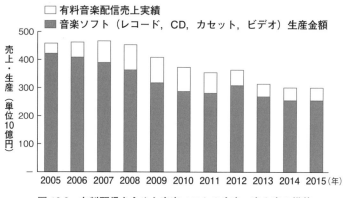

図 10.9　有料配信を含めた音楽ソフトの生産・売上高の推移
（日本レコード協会ホームページより作成）

　同様のことは，音楽の消費傾向にも現れています。かつて，「歌は世につれ，世は
歌につれ」といわれ，日本社会全体に強く印象を与えた音楽がありました。多くの
世代の人々に幅広く親しまれる，大衆文化としての歌，音楽の存在感は近年低くな
る一方の印象があります。図 10.9 は，音楽ソフトの生産高と有料配信の売上高の推
移を表したもので，ここ 10 年ほどに限っても，音楽の消費の低迷が進んでいること
がわかります。もちろん，ここには少子高齢化の影響も含まれていますが，それを
認めた上で，国全体として，音楽への消費が少なくなっていることは確かでしょう。
また，周知の事実ですが，国政選挙における投票率は低下傾向にあります。たとえ
ば，衆議院議員総選挙の投票率は，昭和 21 年（1946 年）に 72.08％でしたが，平成
26 年（2014 年）では 52.66％でした（総務省，2015）。これらの事実は，全体として，
私たちが，個別の世界に住む傾向を強くし，社会全体に関わる事象に対する関心が
低くなっていることを示していると解釈されます。パットナム（Putnam, R. D. 河田
訳，2003）は，社会資本（social capital）を「相互利益のための調整と協力を促す社
会組織の特徴，たとえばネットワーク・規範・信頼など」としています。情報摂取
の選択性，個別性が高くなると，ネットワークは狭くなり，規範や信頼が及ぶ範囲
は小さくなるおそれがあります。すなわち社会の分断化が進み，社会資本が貧困な

ものになっていくかもしれません。

　ローマ帝国の礎を作ったユリウス・カエサル（Gaius Julius Caesar）は，かつて「人間ならば誰にでも，すべてが見えるわけではない。多くの人は，自分が見たいと欲する現実しか見ていない。」と述べたとされています（塩野，2014）。これは，実際に見るかどうかだけでなく，見たものをどう認識するかという意味も含むと考えられますが，いずれにせよ，古代から，私たちは，見たいものだけを見ようとする傾向をもっていたことは確かなようです。現代はメディアの技術的発展によって，本当に，「見たいと欲する現実」だけを見ることが可能になってきたといえましょう。私たちの望みが，ついに叶えられたといえるのですが，一方で，社会生活の観点から，それに対する一抹の不安を感じます。カエサルは，こんな言葉も残しています。「どれほど悪い結果に終わったことでも，それがはじめられたそもそもの動機は善意によるものであった」（塩野，2014）。私たち個人と私たちの社会にとって，メディア，ひいては情報とどのように付き合っていくべきか，冷静に考えていくことが，近年ますます求められているように感じられます。

参 考 図 書

釘原 直樹（編）（2014）．スケープゴーティング——誰が，なぜ「やり玉」に挙げら
　　れるのか——　有斐閣

　マスコミが主要な舞台となって繰り広げられるスケープゴーティングについて，
その概念，関連する理論，そして実証データの考察がまとまっています。

モレリ，A.　永田 千奈（訳）（2015）．戦争プロパガンダ 10 の法則　草思社

　プロパガンダの 10 の法則それぞれについて，豊富な実例をもとに説明されており，
メディアを理解し，メディア・リテラシーを高めることに適している一冊です。文
庫なので，気軽に手に取れます。

高木 徹（2002）．ドキュメント戦争広告代理店——情報操作とボスニア紛争——
　　講談社

　ボスニア紛争時に，国際世論を誘導するために実施された情報戦略について解説
されています。情報が私たちに与える威力を考えさせられる一冊です。文庫化され
ています。

竹下 俊郎（2008）．増補版　メディアの議題設定機能——マスコミ効果研究におけ
　　る理論と実証——　学文社

　議題設定機能に関する研究を中心にしつつも，限定効果論や沈黙の螺旋理論につ
いても説明されており，メディアの効果について重要な部分を整理できます。専門
書なので，深く知りたい人に適した一冊です。

11

文化の影響

　私たちは皆，社会・文化的文脈に身を置き生きる存在です。普段の生活では，文化との日常的な出会いを意識することは多くありません。しかし，異なる文化と出会うことで，文化の性質が明るみになることや文化に対する気づきを得ることがあります。本章では，文化心理学の考え方を軸に，異文化接触と適応について考えてみましょう。

11.1　心と文化

11.1.1　日常の中と文化

　私たちは生きる上で，さまざまな文化と出会います。では「文化」と聞くと，あなたは何を想像しますか？　日本文化や儒教文化などといった大きな文化や，芸術的で伝統的な美術や工芸を文化的なモノとして想像する人もいるでしょう。また，世界的に有名になったアニメやオタク文化などの先進的なサブカルチャーを思い浮かべる人もいるでしょう。それらを思い浮かべるとき，自分の日常とは少し離れたものと感じることが多いかもしれません。しかし，実は文化は私たちの日常に潜んでいるものです。本章では，心と文化がどのように私たちと関わるか，文化と人の相互作用を**文化心理学**の観点から考えます。

　本章では文化の定義を，「**記号（sign）の配置**」とします。ここでいう**記号**は，文化は人が人として生きることを可能にし，拡張する仕組みのことを意味します。具体的な例として，私たちが今ここで行っている「ことば」を介したコミュニケーションを考えてみましょう。この本を手にしている読者の皆さんは，私が文字（＝記号）を使って書いた文章を読み，文化心理学とは何かを理解しようとしています。文章としての単語の配列（＝記号の配置）から意味を

読みとり，学びを深めるという行為自体，実はとても高度な認知機能の働きを
必要とする文化的行為といえるのです。

　文化の話に戻りましょう。私たちは生まれ落ちた瞬間から文化に出会います。
人間は生理的早産（physiological premature delivery; Portmann, 1951）と呼ば
れる未熟な状態で生まれます。そのため，自然な状態では生命の維持が難しく，
生まれるとすぐに身体を洗われ，タオルや衣服に身体を包まれます。そして，
安心できる場所や食事を提供してくれる養育者との協同的な生活を営むという
人としての生活が始まります。その後，発達過程の中で教育を受け，芸術にふ
れるなど，これらすべてが文化的経験なのです。

　私たちがいかに文化の影響を受けているかは，普段しない行動を意識的に行
えば，明るみになります。興味深い実験として，ガーフィンケルが 1985 年に
行った**常識違反実験**（breaching experiment）があります。この実験では，学
生に家に帰って家族の人たちを相手に，自分が下宿人であるかのように振る舞
うという課題が課されます。家族たちが，学生の振る舞いをどのように理解し
ようとするか——たとえば，何らかの心理的な不適応を起こしてしまったと考
える——をみることで，家族の人たちが暗黙のうちに前提としている「常識」
を白日のもとにさらし出すというのがこの実験の目的です（増田・山岸,
2008）。常識からは理解できない行為を繰り返したときの周りの人たちの反応
は，私たちの生活がどれだけ広く深く，私たちが暗黙のうちに受け入れている
人や世界についての理解に根差しているのか，歴史的につくられた暗黙のルー
ルとしての知の体系（意味の体系）が立ち現れるという実験です。「普通」と
異なる行為がすぐに人々に認識されるのは，永田（2011）が述べたように文化
がある程度の広範囲の人々の間で，ある程度長期的に反復されるパターンと考
えられているためです。人の心は，何らかの集合的・集団的なルールの中で初
めて成立します。このように考えると，心の性質や働きは，社会・文化に媒介
されて可能となり，心という独立した領域が自足的に存在しているわけではな
いといえます。

11.1.2　社会・文化的アプローチの考え方

　心理学では，このような人と文化の相互作用を考えるためのアプローチ方法を**社会・文化的アプローチ**と呼びます。社会・文化的アプローチでは，①文化のプロセスが個人の心（頭）の中で起こるプロセスではなく，社会的プロセスであること，②文化は人々にとってありふれた事実そのものであること，③ある文化を生きる人々にとってそれは現時点で自明の事実であったとしても，もとを正せば社会的に構成されたものである，という前提があります。

　社会・文化的アプローチが確立された背景には，グローバル化社会の中で私たちが，昔のようにたった1つの社会の中で唯一の価値観に基づきながら生きることが難しくなってきた時代の流れがあります。文化心理学が現れる以前には，**比較文化心理学**と呼ばれる分野が文化を扱う心理学とされていました。比較文化心理学は，1950年代から60年代に最盛期を迎えました。比較文化心理学では，文化を箱のようなものとみなし，実体的な文化の違いによる人々の行為や考え方の差異について量的研究法を用いて明らかにしようとしました。そのため，文化として地域や国家という制度的な枠組みが想定されます（図11.1）。

　ここでもう少し，比較文化心理学について説明しておきましょう。比較文

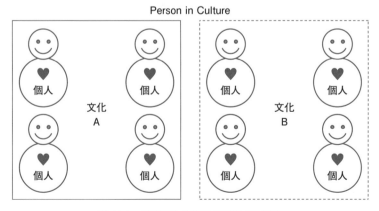

Person in Culture

図 11.1　**比較文化心理学の想定する文化**
ある文化から影響を受けた結果，特有の集団的心理傾向が生じます。

心理学は，欧米を中心に行われてきた研究の結果が東アジア文化圏の人たちに一般化できないことがあるという気づきから立ち上がってきたものです。自己高揚傾向（self-enhancement tendency）と自己批判傾向（self-criticizing tendency）について例をあげましょう。自己高揚傾向とは自分の望ましい特性を見出し肯定的に評価しようとする傾向で，欧米の研究では一般的な傾向性とみられています。一方で，日本人は自分の望ましくない属性に注意を向ける自己批判傾向があるといったことが明らかになりました。この研究は，マーカスと北山（Markus & Kitayama, 1991）が行った日本人とアメリカ人の文化的自己観の研究につながっており，欧米では文化的自己観として「**相互独立的自己観**（independent construal of self）」（個人の自立性を重んじる自己観）が，日本では「**相互協調的自己観**（interdependent construal of self）」（人との調和や同調を重んじる自己観）が優勢であることが明らかにされています。相互独立性が優勢な欧米では自己を周囲の人と本質的に切り離された主体であると考えます。そのため，自分の内面に望ましい属性を見出し，それを確認することが人々の自己定義そのものに関わることになります。日本では相互協調性が優勢であり，自己が周囲の重要な他者とつながっているととらえます。相互協調性が支配的な文化では，意味ある社会的関係の中に自らをはめ込んでいくことが，自己定義そのものになりがちです。そのため，他者の期待に応え，役割を果たすことが重視されます。例にあげたように，地域や国を単位とした研究からそれぞれの文化的自己観が個人の認知，感情，動機に与える影響について考えられてきました。言い換えると，個人が文化の中に生きる（Person in Culture）という考えを発展させ，行動結果に影響を及ぼす変数としての文化の一般化を求める心理学が比較文化心理学といえます。

　一方，本章で扱う文化心理学は現代社会のより柔軟な文化理解に基づき，文化とともに生きる人（Culture belongs to the person）について考えます（図11.2）。

　文化心理学は，比較文化心理学を超える新たな文化理解のための心理学として 1980 年にトゥールミン（Toulmin, S. E.）によって提起されました。拡張する社会・文化的状況の中で，価値観や意味づけを柔軟に変容させ，異文化との

関係性を良好に保ちながら生きることを理解するための心理学が求められたのです。このような背景から，文化心理学は比較的新しい領域と感じられますが，実は，心理学の父と呼ばれるヴント（Wundt, W. M.）も文化心理学の土台となる構想をもっていました。ヴントは，人の精神過程を低次の精神過程と高次の精神過程に分け，それぞれの精神過程の研究にふさわしい心理学のあり方を考えました。低次の精神過程を扱う「第一の心理学」は，基本的な心的機能の解明を行うための心理学です。「第一の心理学」の目的は個人内の心的過程の一般化です。これは，科学であることを目指す実験心理学のもとになりました。「第二の心理学」は，複雑な精神機能の解明を行う観察的，記述的心理学のことです。「第二の心理学」の目的は，文化がどのように心理的過程に入り込むかを探るものです。こうした観点から，人が現代社会や多様な文化のもとに生

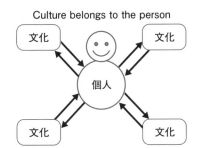

図 11.2　文化心理学の想定する文化
現代社会において，人はいくつもの文化と出会います。文化と人は相互作用し，互いに影響を与え合います。

図 11.3　比較文化心理学と文化心理学の違い（Valsiner, 2014 を簡略化）
静的な視点とは，対象のある時点でのあり方をとらえる視点であり，動的な視点とは，対象の人生発達における変容と維持過程をその背景を含めてとらえる視点です。

きる上での生き方のヒントを見出そうとするのが文化心理学なのです。なお，ヴァルシナー（Valsiner, 2014）によると比較文化心理学と文化心理学の違いは端的に図 11.3 のようにまとめられます。

11.1.3　文化心理学の特徴

　文化心理学は，人の精神の複雑さに注目します。特に，発達的な時間的展望を視野に入れ，文化を抱えながら生きる個人の人生を扱う点に特徴があります。関係的で表現的な習慣を通して構築されるライフ（生命・生活・人生）の中で，過去・現在・未来を省察的に評価するために，記号の用い方を研究するのです（Ellis & Stam, 2015）。これは，冒頭に述べた，文化を「記号（sign）の配置」（Valsiner, 2007）としてとらえる考えに基づきます。「記号」が媒介（mediate）することで，私たちは自然と生身で対峙することを避けられます。その仕組み（システム）の総体が個人にとって文化となるのです。文化心理学において，**異文化**とは人と人が生きる仕組みとしての文化が相互作用する中でのずれであり，ずれの認識から文化の変容や新たな文化の創出が起こると考えます。したがって，文化心理学がカバーできる研究範囲はとても広く，文化心理学の出現により心理学の研究範囲は広がったといわれています。文化心理学は，心理学の対象をもっとも精神的な進化を反映している芸術，宗教，科学についての研究はもとより，人の価値の領域，時間的な性質，そして，環境と関わる中で繰返し構築と脱構築が生じる現実場面へと拡張しました（Valsiner, 2015）。

　発達心理学者として有名なロゴフ（Rogoff, 2003 當眞訳 2006）は，幅広い文化にふれる経験は，私たち自身の日々の活動や発達に文化過程がどれほど含まれているか知る機会を提供すると述べています。現代社会では，多くの人が気軽に旅行や留学をできるようになりました。それだけでなく，家にいながらにして多様な社会・文化的文脈に身を置くことができるようになりました。私たちにとって特定の国や地域に止まり，与えられた状況下で受身的に生きることはもはや難しく，現代社会の中では，個人が文化を創出する主体（subject）として生きることが求められるようになりました。受身として人が生きるときには，文化は人を方向づける力をもちますが，一方，能動的に何かをしようと

するときには，主体として人が文化に働きかける力をもつようになります。

11.1.4 文化と記号

　ここまでに述べてきたように，文化は人を導くシステムです。文化というシステムは，複数の「記号の配置」であるということは，今までに説明した通りです。「**記号**」とは，1929 年に「人間の具体的心理学」でヴィゴツキーが提唱した概念（Vygotsky, 1989）であり，個人が人に働きかけるための媒介を意味します。記号の配置を扱う文化心理学では，記号の機能的役割を調べ，意味づけ過程とダイナミックスについて研究します。それは，私たちが記号論的メカニズムと呼ぶものです。私たちが生きる文脈にどのような記号があるか，それらがどのような機能をもつか，連立することでそれがどのような構造をもつようになるのか，記号的現象の結果がどのように生じるかについて考えることで，私たちは意味づけ過程の重要な知見を得ることができるのです。

　「記号」は，図に示したように**ヴィゴツキー・トライアングル**（図 11.4）の頂点に位置するものです。ヴィゴツキー・トライアングルでは，人が対象に直接的に働きかけるのではなく，「主体—記号—対象」を分離できない最小の単位とします。そして，「記号に媒介された主体の行為」などについて研究します。皆さんが読んでいるこの本も日本語の文字（漢字・カタカナ・ひらがな）という「記号」によって構成されています。私たちは文字という「記号」を媒介としながら，その意味を認識し解釈することによって心理学について学んでいるのです。私たちは文字以外にも，お金や洋服やプレゼントなど，さまざまな「記号」を使用します。駅やショッピングモールなどで，私たちがスムーズ

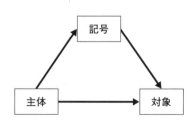

図 11.4　ヴィゴツキー・トライアングル

に目的の場所にたどり着けたり，待ち合わせ場所に集合したりできるのは，目印となる記号が適切な場所に配置されていて，記号の導きに従って私たちの行動が成立しているからです。

11.1.5　文化の共有範囲

では，「記号」のもつ価値や意味の特殊性とはどのようなものでしょうか。

記号はその意味や価値が共有される範囲でのみ作用します。記号が働く範囲について，また，文化について私たちは通常，ある地点を境に文化が分けられると考えがちです。けれども，文化は主観がその働きによって生み出す対象でありつつ，その客観性を共同主観的に構築しているものです（山本，2015）。文化の範囲は，明確に線で区切られるようなものではなく，境界域のように，緩やかな認識のもとで分かれます。これに関連して，山本（2015）では三重県が関東圏に属するのか，それとも関西圏に属するのか，という質問を三重県庁に投げかけた結果，役所の担当者から「わからない」という回答を得たというエピソードもあります。方言や地域の区分などにもみられるように，記号が働く場所の範囲を文化の単位として考えた場合には，現実にはその場が区切られているわけではなく，その実態はあいまいなものである場合も多いのです。文化は，ある特定の文脈のもとに，第三者との共同理解が可能になったときに立ち現れます。こうした性質から，異文化の融合は可能であり，境界領域において新たな文化が創出することが可能になるのです。

11.2　グローバル化社会の中での異文化との関わり

11.2.1　異文化との接触

「記号」の共有について理解するために，より具体的な例を考えてみましょう。箕浦（1984）は，日本からアメリカに移住した子どもたちと，アメリカから日本に戻った家庭の子どもたちに対するインタビュー調査を行いました。その調査では，9 歳前後にアメリカに移動した子どもたちは新しい文化を自然に受け入れることができました。一方で，15 歳以降にアメリカに移動した場合

には，それまで育った文化の意味体系の影響が最後まで色濃く残っていたそう
です。そうした場合，移動先の文化の意味体系を頭で認識できていたとしても，
感情的に受け入れづらいといわれています。こうした研究を通して明らかにな
ってきたことは，文化に特有の認識や意味づけには，社会的なコミュニケーシ
ョンがしだいに活発になる10歳以降に形成されるということです。理論的に
は，それまではきわめて可塑的なものであるとされます。翻って，10歳以前
に身についた文化は，臨界期を超えると変更が難しくなることも明らかにされ
ています。実際，私たちがいったんある文化環境に適応する形で定着した心理
傾向や行動傾向は，社会の構造が変わったからといってそう簡単に変化しませ
ん。

　これを，より日常の生活（ライフ）の例と結びつけて考えると，異文化との
接触は，「化粧」のような日常のささいな行為の実践にも立ち現れることがわ
かります。木戸（2014）は，文化心理学の観点から日本の大学に通う日本人女
子学生とアメリカの大学に留学している日本人女子学生を対象として化粧行為
についてのインタビュー調査を行いました。なお，文化心理学の記号の理論と
してのヴィゴツキー・トライアングルで考えると，図11.5のように表現する
ことができます。化粧はさまざまな意味づけがされますが，木戸（2014）の研
究では他者との関係性をつくるために行う行為として化粧を用いています。

　日本の大学に通う日本人女子学生にとっての化粧の意味づけは，「通学時に
化粧をすることは当然のことであり，やらないと周囲の目が気になる」という
ように考えられることが多いとされます。それは，①先行研究において，およ
そ7〜9割の学生たちが大学に通うために化粧をするという結果が得られてい

図11.5　記号としての化粧

ること，②化粧の本格的な習慣化は成人としての社会参入条件とされる（阿部，2002）ことに裏づけられています。実際，化粧をしないで外出することに抵抗がある人たちも少なくないのではないでしょうか。

　調査をすると，アメリカに留学中の日本人女子学生たちは一様に，「アメリカでは大学に化粧をしていくと，今日何か予定があるの？」と尋ねられるということや，「化粧をすることによって，周りから浮いた存在に見られてしまう」ということを，エピソードとして語っていました。この研究は，日本ではごく当たり前に行う化粧行為の意味を，異文化において考え直すことについての研究といえます。

　木戸（2014）は，はじめに日本の社会・文化的文脈から影響を受けて，女子学生が化粧をするまでの経緯について研究を行いました（図 11.6）。その結果，女性が化粧を本格的に始めるまでに，「受身的化粧」と「自発的化粧」の 2 つの経験があることが明らかになりました。「受身的化粧」というのは，本人の意思の有無に関わらず化粧をされる受動的な経験です。たとえば，七五三や成人式などでは，親やヘアメイクのプロの手によって，たとえ本人が嫌がっていたとしても化粧を施されます。そうした，半ば強制的な社会的方向づけが働くのが，受身的化粧の特徴です。一方の，「自発的化粧」というのは，本人の意思に基づいて化粧が選択される経験です。この過程は，さらに 2 つの順序性を有します。1 つ目の分岐点は，アイブロウやマスカラ，チークなどを使用する

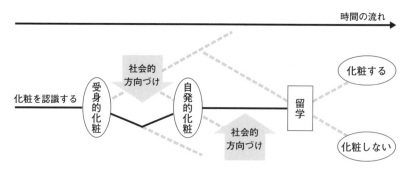

図 11.6　**化粧行為の選択と社会からの影響**（木戸，2012 を修正）

「部分的化粧」という経験です。「部分的化粧」は、本人が強調したい部位や隠したい部位に対して限定的に施される化粧です。化粧が限定的に使用される理由には、周囲から化粧をすることに対して制約を与えられていることなど、本格的に化粧をする年齢に達していないという背景があります。多くの場合には、「部分的化粧」の経験後に、いわゆるフルメイクである「本格的化粧」が始まります。「本格的化粧」を開始する時期には、それまでに禁止されていた化粧行為が親やアルバイト先から化粧を推奨されるようになるという、個人の発達的文脈における化粧の意味の転換が起こります。「本格的化粧」は、およそ高校生から大学生の時期に経験されます。これは日本の社会・文化的文脈において化粧を記号として用いる社会化の過程であり、ここでも先述したような社会からの影響を受けることになります。さらに、日本の女子大学生にインタビューをする限りにおいては、一度化粧行為を始めた場合、その後にやめる選択をした人は一人もいませんでした。この研究を通して、化粧という記号が日本の女子大学生にとっていかに強く働くかが明らかになりました。

11.2.2　参入と適応

　次に、異文化への参入、そして軋轢の解消に向かうために人々がどのように適応過程を生きるか、女子大学生のアメリカの化粧文化への参入と適応の過程を読み解いてみましょう。再び図 11.5 に立ち返ると、ヴィゴツキー・トライアングルの対象にあたる部分が変わるということになります。結論を先取りすると、木戸（2014）の調査では、日常的に化粧をする／しないとはっきりと分かれるのではなく、必要に応じて化粧行為を選択するようになりました。それは、アメリカと日本では、大学という場所での意味づけが異なるためです。

　異文化への参入という大きな出来事に直面したことによって、化粧という私たちからすればとても微細な日常的習慣にも、影響が及んだのです。化粧という行為は、「価値観・意味の相対化」の過程の中で次のように変容していきました。はじめに、行為の相対化と気づきが生じます。この時点では、「コミュニティからの抑制」として、所属している大学の中で化粧をしていることが珍しいものとして認識され、化粧をして大学に行くことが場違いであるというこ

とが当事者の目の前に立ち現れます。他者からの直接的／間接的な干渉を受けることによって，それまでに日常的に行っていた化粧行為に揺らぎが生じます。その状態が続く結果，女子大学生たちは「価値観・意味の問い直し」を自発的にするようになっていました。ここで，自分はどうして化粧をするのか，誰に向けて化粧をしているのかというように，化粧をして向かう対象としての「宛先」を考え直す時期が訪れることになります。それまでは，いつのまにか取り入れて自動化されていた行為だったにもかかわらず，「価値観・意味の問い直し」過程を経ることで，意識的に自分自身の化粧のスタイルを確立する，あるいは，化粧をやめる選択ができるようになったのです。

　アメリカで暮らす女子大学生たちに日本に帰国したときに化粧をするかどうか尋ねてみたところ，興味深いことに「日本に帰ると化粧をせずにいられない」という回答が得られました。彼女たちは化粧文化への参入時期に，日本の学校文化から影響を受けています。その証拠として，彼女たちの化粧行為への参入径路は，日本の女子大学生に対するインタビュー調査と同じ過程を通っていました。彼女たちは，敏感に社会・文化的文脈からの要請を受け取っており，日本では，化粧をしないと変な人に見られてしまうと語っていました。普段は化粧をしないとしても，日本に帰国したときにはどうしてもせずにはいられないという彼女たちの心理は，留学期間中の一時的な適応的行為として化粧を選択的に使用するようになるということを示唆するものでした。

　以上，ここまで，化粧行為についての研究を引用して文化の影響について考えてきました。彼女たちの化粧行為が根本的に変化したとは言い難いという結果としてまとめることができるでしょう。ただし，根本的に変化しないまでも，その意味を考え直す過程において，彼女たちは無自覚的に行っていた化粧を考え直すことができたといえます。これにより，もう一段深い化粧の理解ができるようになりました。化粧行為を文化心理学の枠組みからとらえる意義は複数考えられますが，筆者は，第 1 に，その人のライフの中での細かいこだわりがみえてくること，第 2 に，日常の微細なずれやチューンナップをする上での示唆が得られること（たとえば，電車内での化粧，メイクの程度など）と考えます。さらに，化粧を一定のコストをかけた個人のスイッチング手段としてとら

えると，文化的な媒介を通して未来を創造する個人のイマジネーション過程が
みえてきます。

11.2.3 記号の習得と占有

　日本の社会・文化的文脈の中で開始される化粧行為は，自己表現を目指しな
がらも，自己隠蔽に傾きがちであるといわれています。化粧をすることは本来
的に自己表現による向上的な循環を目指すもの（石田，1999）とされる一方で，
日本の社会・文化的文脈の中では，人と同じであることを重視する横並び意識
も強くなりがちです。横並び意識の強い社会・文化的文脈に適応しようとする
中で，自己表現をすることを目的とするのは矛盾が生じます。それにより，自
分らしさを隠してしまう自己隠蔽の化粧に陥ることが多くなるということにな
ります。特に，化粧を開始した頃は，どのように自分が見られるかを意識しな
がら装います。一方で，装うことに慣れ，装いが自動化されることで，自分の
装いの意味が問い直されなくなるようになりがちです。見えなくなった文化が
表層化することにより，私たちは新たな意味を発見することができるのです。

11.3　ま と め

　ここで紹介した研究は，**複線径路・等至性アプローチ（TEA）**という文化心
理学の方法を用いて分析したものです。複線径路・等至性アプローチとは，時
間的経緯の中で発生する人の行為の多様性を分析するためのツールです。従来
の心理学の研究方法では，過去か現在のいずれかの時制における個人のあり方
をとらえる試みを行ってきました。それに対して，複線径路・等至性アプロー
チでは，人が生きる場（空間）と時間の流れを重視し，その時空におけるライ
フの有り様を丁寧にとらえることを目指します。また，人が変わりゆくという
ことを分析の前提としていますので，人の発達に文化が与える影響を描くこと
ができるのです。時間軸を視野に入れることにより，過去から未来を含む人生
において，個人あるいは集団のライフのあり方を記述することができるように
なったのです。

　常に社会・文化との相互作用の中で生きる私たちは，社会や文化から独立に生きることはできません。何らかの行為に対して，ある時点での評価や意味づけが行われることにより，個人にとっての「物語的真実」が立ち現れます。それが，自明の行為となっている場合には，身体化されてしまっているがゆえに言語化されにくい場合もありますが，その行為そのものがアクチュアリティ（実際的なあり方）を構成する社会・文化的文脈の理解につながることもあります。

　市場にものがあふれ，多様な価値観が認められている現代の社会において，たとえば，消費についても物語消費という新たな価値観が生まれつつあります。支配的な価値観が消費を左右する時代を超えて，個人のあり方が問われ始めた社会の中で，経験的な価値の創造が重視される時代になってきたということです。

　こうした流れに基づくと，今後はさらに，人が生きる現実を考えるための多様で広範なあり方を理解すること，文化が人生と交わることによる多様な影響を認識するための，ユニバーサルな心理学が求められるようになるでしょう（Ellis & Stam, 2015）。そのための対話的な学融的素地が文化を対象とする心理学にはあります。この本の読者にも，ぜひ身の回りにあふれている文化から受ける影響に目を向けてほしいと思います。

コラム 11.1　**複線径路・等至性アプローチ**

　複線径路・等至性アプローチ（TEA; Trajectory Equifinality Approach）とは，文化心理学の分析ツールです。人の発達を時間的変化と文化社会的文脈との関係の中でとらえ，共通性のある人に調査・研究に関わってもらう方法を歴史的構造化ご招待（Historically Structured Inviting），記述するためのモデル化の方法を複線径路・等至性モデリング（TEM; Trajectory Equifinality Modeling），文化の発生を扱う方法を発生の三層モデル（TLMG; Three Layers Model of Genesis）と呼びます。TEA は，等至性（Equifinality）という概念を発達的・文化的研究に組み込む考えを発展させたものです（Valsiner & Sato, 2006）。TEA を使うことにより，①人生径路を可視化し，②径路の選択における文化の影響を記述できます。以下では，TEA の 3 つの特徴を紹介します。

1.　人は同時に 2 つの選択をできない

　私たちの人生は，ある状態から次の状態が完全に予測できるように単純な径路といえるでしょうか。TEA では，等至点（TEA で想定する目標や到達点）に至るまでの径路は複数あると考えます。複数の選択肢が目の前に立ち現れたときに，たとえすべての選択肢を選びたいと希望したとしても，多くの場合には 1 つの選択しかできません。たとえば，A 大学に入学する場合には，同時に B 大学に入学することはできません。同様に，大学の中でも，学部や専攻は基本的に 1 つしか選ぶことができません。また，客観的に遠回りとも思える径路をとることで，等至点に近づくこともあります。TEA では，複数の選択肢に迷い選んだ径路や，選ばざるを得なかった選択肢が独自の人生を形作っていく様相を描き出すことができます。

2.　人は二度と同じ経験に出会うことはない

　ある出来事が起こったときに，以前にも同じようなことを経験したと認識することは少なくないでしょう。再び，大学入学に至るプロセスを考えると，多くの人は大学受験を経験する以前に中学受験や高校受験などを経験していることでしょう。これらは，受験という枠組みは共通しているため，反復的な経験とみなすこともできます。しかし，試験問題はもちろん，方法やレベル，受験会場の環境もすべて異

なります。また，次の経験をするときには事前の経験に多かれ少なかれ影響を受け
ています。たとえば，自分に合った受験勉強の方法や，落ち着いて試験を受けるた
めの心の準備は事前の経験によって学習されているはずです。つまりは，似た状況
での試験を受けることはできたとしても，同一の状況で同一の試験を受けることは
不可能なのです。そのため，TEA では類似の経験は同じ経験ではないと考え，経験
を一回性のものとみなします。

3. 人の選択は社会・文化的文脈とのダイナミズムに影響される

　私たちは人生を個人的な決定のみで生きられるわけではありません。何かを選び
とるときには，社会的な意味や価値づけに基づいた選択をすることも実は多いので
す。たとえば，高校卒業者の大学進学が半数以上とされる現在では多くの人が大学
進学を目指します。そのため，それ以外の選択肢はみえづらくなる，あるいは選び
づらくなりがちです。また，親や先生の期待に沿うレベルの大学を志望する人も多
いことでしょう。TEA では経験の背景としての社会・文化的文脈と人の選択のダイ
ナミズムを描き出します。これにより，人生と文化の促進的／抑制的影響，それに
伴う心理変容を描けるのです。

復 習 問 題

1. 比較文化心理学と文化心理学の特徴を，それぞれ記述してください。

2.「記号」を媒介とした対象との相互作用の中で，あなたが異文化を体験した事例を１つあげてください。そして，なぜあなたはそれを異文化と認識したか，異文化と認識した状況にどのように適応しようとしたか，あるいは反応したかを考察してください。

参 考 図 書

サトウ タツヤ・若林 宏輔・木戸 彩恵（編）（2012）．社会と向き合う心理学　新曜社

　私たちが社会と向き合い，生きていく上で必要な心理学の知識についてまとめた入門レベルの書籍です。文化心理学の内容だけを扱ったものではありませんが，文化心理学の考え方と文化心理学の考え方を応用した厚生心理学や法と心理学といった応用分野に関する知見も得られます。

増田 貴彦・山岸 俊男（2010）．文化心理学——心がつくる文化，文化がつくる心——（上・下）　培風館

　文化にまつわる心理学の主要な研究を読みやすくまとめた中級レベルの書籍です。やや専門的な知識が多く難しい印象を受けるかもしれませんが，具体例が多く，社会的存在としての人間と，人間の生き方の理解のために役立つ知見を得ることができます。

山本 登志哉（2015）．文化とは何か，どこにあるのか——対立と共生をめぐる心理学——　新曜社

　文化の立ち現れ方，文化の語り方に焦点を当て，筆者自身の経験も踏まえて文化心理学を論じた書籍です。筆者が書いていることは相当に専門的な内容で入門レベルの人には少し難しいかもしれませんが，理解しやすいように興味深い例や図表をたくさん使っていてとても読みやすい一冊です。

第12章

アクションリサーチと その実際

「社会問題には関心があるけれど，どうやって研究につなげればいいかわからない」「実践的な研究は難しそうで，敷居が高く感じる」。

アクションリサーチは，クルト・レヴィンが提唱した研究法ですが，読者の皆さんには，アクションリサーチについてこんな印象を抱かれる方も多いかもしれません。しかし，そんな皆さんが学習している心理学は，実は実践的な研究の直系の子孫で，皆さん自身も応用的な研究に身近に関わりをもっているのです。

本章では，アクションリサーチの考え方とその広がりについてみていくことにします。

12.1　集団研究の中のアクションリサーチ

12.1.1　はじめに——本章のあらまし

本章では，現場研究，実践研究と呼ばれることの多い「アクションリサーチ（action research）」について，その源流と考え方，最前線の動向と新たな可能性を，かいつまんでご紹介します。12.1 節では，現場研究や実践研究こそが，実は社会心理学の源流であり，最初期から研究の中核にあったことを示します。レヴィンによる著名な研究と，その背景にある社会状況や思想的基盤を通して，社会心理学の歴史そのものを振り返ってみることにしましょう。

12.2 節では，現代日本のアクションリサーチの大きな流れを形作っている，災害研究と防災研究の事例を見ていきます。レヴィンに始まるアクションリサーチの考え方と集団研究の方法が，1990 年代以降，災害という巨大な出来事

に直面することを通して，新たな発展を遂げていく道筋をたどっていきます。

　12.3節では，2010年代以降，さらなる大災害や社会の揺らぎの中で，最前線のアクションリサーチに生じた問い直しと新たな試み，そして他領域ともつながる研究と探索の可能性をピックアップしていくことにします。現場や実践という言葉のイメージをとらえ直し，読者の皆さん自身が新たなフィールドと研究の方法に思いを馳せていただければと思います。

12.1.2　レヴィンと集団討議法

　クルト・レヴィン（Lewin, K. 1890-1947；図12.1）は，心理学の巨人という名にふさわしく，多様な顔をもっています。彼は，ゲシュタルト心理学派の第2世代として，社会心理学にとどまらず，心理学全体の刷新に大きな役割を果たしました。思弁的な傾向の強かったそれまでの心理学に科学的な実験手法を導入することで，現代心理学の礎を築いた存在とも位置づけられています。さらに，リーダーシップ研究をはじめとして，小集団による多彩な実験を展開し，グループ・ダイナミックス（集団力学）という新たな研究分野を創設しました。本書の至るところにも，レヴィン自身に由来する研究や，その発想と問題意識を受け継ぎ発展させたさまざまな系譜をみてとることができるでしょう。集団内コミュニケーション，集団間相互作用，集団意思決定など，本書でも繰返し議論されている多彩な社会心理学的研究の，その原点となったのがレヴィンであるといっても過言ではありません。

図12.1　クルト・レヴィン

　そうしたレヴィンの巨大な業績の一端として，時にエピソード的にあげられるのが，アクションリサーチの研究です。その代表例が，**集団討議法**と**講演法**の比較研究，俗に「食習慣改善運動の研究」と呼ばれる実験でした（Lewin, 1948a）。

　第2次世界大戦下，アメリカでも，民間の食品統制が行われるようになりました。食糧不足の中，それまで一般的には食用とされていなかったウシの心臓や腎臓なども，市民の食品として活用することが計画されます。しかし，食べる習慣のまったくなかった臓物を，家庭で食用にしてもらうのはいささか困難です。アメリカ国立科学研究会議・食習慣委員会は，レヴィンら人文科学系の研究者に，この問題の解決法を見出すことを委嘱しました。著名な人類学者のマーガレット・ミードも，上記の委員会の事務局長としてこのプロジェクトに関わっています（Marrow, 1969 望月・宇津木訳 1972）。

　レヴィンが考えたのは，実際に食習慣を変えるための方法を実験によって検討することでした。レヴィンは，赤十字婦人会の主婦十数人ずつをグループにし，次のような実験を行いました。あるグループでは，臓物の栄養価やその調理法を，講師が一方的に講演形式で説明しました。学校の一斉授業のようなスタイルです。一方，別のグループでは，説明や介入は最小限にとどめて，臓物料理に対する関心や好悪の感情などを，主婦同士で自由に討議してもらうことにしました。主婦の間から疑問が出たときや議論の節目には，臓物の調理法や栄養的利点などを専門家が解説しますが，基本的にはずっと，主婦同士の討議によって時間が進行します。

　このようなセッションを行った後，主婦たちの行動がどのように変化したかを追跡調査したところ，興味深い結果が判明しました。セッションを終えて帰宅した後，実際に臓物を調理してみたという主婦は，講演群ではわずか3％，それに対し集団討議群では32％と，大きな差がついたのです（Lewin, 1948a）。一方的な聴講ではなく，感情や意見の相違はどうあれ，主体的に討議に参加することが，結果として人々の意識と行動を変えることにつながったのでした。この鮮やかな結果は，アクションリサーチを代表する古典と目されるようになり，教育や宣伝広報など，さまざまな領域にも示唆を与えることになりました。

グループワークや集団精神療法，職場改善運動など，現代も発展を続ける小集団活動の系譜も，ここに一つの源流があります。

12.1.3　リサーチの哲学

　ここで一つ，注意していただきたいことがあります。レヴィンは別に，応用研究をしようと思って「食習慣改善運動の研究」を立案したわけではありません。何らかの基礎研究が先にあって，それを現場の問題に応用・実践した，というわけではないのです。お偉い先生が象牙の塔から降りてきて，格下の応用問題に手をつけた，というイメージでとらえてしまうと，およそレヴィンの実像に反することになります。

　現代社会に生きる私たちは，基礎と応用という区別をことさら強調する習慣に慣れてしまっています。大学などの専門的な研究機関で行う研究は基礎的で純粋である。その高度な知見を，雑多な実社会にかみ砕いて応用するのが実践的な研究だ。このようなイメージを，私たちは知らないうちに抱きがちでもあります。応用的な研究は基礎研究に比べてレベルが低いというイメージも，いまだに根強いかもしれません。

　しかし，レヴィンにとって，このような区別はまったく意味のないことでした。レヴィンにとって，食習慣改善の研究は，大学で行われる実験や，より抽象度の高い理論研究と異なるものではなく，難易や優劣の差をつけるようなものでもありませんでした。ある与えられた状況のもと，人の習慣を変えることは可能かという具体的な課題を，文字通りその場で解決するために実験を工夫した。ただそれだけのことにすぎません。

　むしろ，具体的な社会的課題に由来する研究テーマをこそレヴィンは歓迎し，それに対する実践的なアプローチを導き出すことを常に最優先で追究していました。ここでレヴィンのいくつかの「名セリフ」を引用しておきましょう。

　　「書物しか生み出さないようでは満足な研究とはいえない」

　　　　　　　　　　　　　　　　　　　　　　　（Lewin, 1948b 訳文は筆者）

　　「アクションにつながらない研究はいらないし，研究に基づかないアクシ

ョンもいらない」 （Marrow, 1969 訳文は筆者）

「よき理論ほど実践的なものはない」 （Lewin, 1951 猪俣訳 1979）

　最後のものはあまりにも有名な名文句ですので，お聞きになったことのある方も多いかもしれません。そもそも社会の心理学であり集団の研究である以上，集団で生じる問題や社会的な課題がテーマとなるのは当たり前のことであり，それに対する解答や提言を出せなければ研究の名に値しない。そうしたレヴィンの認識を，これらの発言にみてとることができます。

　基礎研究と応用研究を別々のものと考えるとか，まして，応用を格下のものとみるとか，そうした発想が，そもそもレヴィンの姿勢と相反するものであることをご理解いただけるかと思います。レヴィンにとって，研究のテーマは社会の至るところにありました。そして解決のためには，ありとあらゆる方法が用いられました。レヴィンが主として駆使したのが，20世紀前半の当時，最先端の研究方法であった実験法でした。

　研究に対する姿勢は，レヴィン自身の人生を反映したものでもあります。ユダヤ系でもともとドイツで活躍していたレヴィンは，ナチス政権の台頭によりアメリカに亡命せざるを得ませんでした。ところがレヴィンの母は，レヴィンによる懸命の救出活動にもかかわらず，強制収容所で亡くなってしまいます。その後レヴィンが携わったユダヤ人問題や差別と偏見に関する研究は，学術研究であると同時に切迫した社会的実践でもあり，両者は密接不可分の関係にありました。

　学術研究の専門化が進み，研究者の専門性も高まった現代では，基礎的な研究と応用的な研究を区別する発想に私たち自身が慣れ親しんでいます。しかし本来，社会心理学的な研究には，基礎と応用の区別は存在しないのではないでしょうか。身近な社会にある問題を考えることこそが社会心理学の出発点であり，それを大学で研究するか現場で研究するか，あるいは，どんな方法を使ってどのような深度で分析するか，そうした違いがあるだけなのかもしれません。

12.2 アクションリサーチの現場

12.2.1 自然災害という問いかけ

　現代日本の社会心理学でアクションリサーチの大きなトレンドを形作っているのは，防災と災害復興に関わる研究の領域です。災害という巨大な異変に直面し，研究者としてのあり方を見直すことから，現代のアクションリサーチは新たな出発を遂げることになりました。本節では，阪神・淡路大震災（1995）に端を発する，1990 年代から 2000 年代にかけてのアクションリサーチの展開を概観します。

　高度に発達した現代都市を襲った直下型地震として，阪神・淡路大震災は大きな衝撃を社会に与えました。その甚大な被害もさることながら，倒壊した高速道路の映像も象徴的な意味で大きな衝撃をもたらしました。それまで疑われることのなかった，社会や技術に対する信頼感，安全や安心の感覚が，大きく揺るがされることになったという点で，阪神・淡路大震災は時代を画する重要な意味をもっています。

　行政による対応の遅れが強く批判される中で，対照的に脚光を浴びることになったのがボランティアの活躍でした。学生を中心に，全国から自発的に被災地に集まり，きめ細やかな支援活動を展開するボランティアの姿は，多くの人々に鮮烈な印象を与えます。物資の運搬やがれきの片付け，炊き出しや避難所の運営，子どもや老人など被災弱者のケアと，多岐にわたって時々刻々と変化する支援活動は，ボランティアの参加なくしては成り立たないものでもありました。

　発災から 1 年で 180 万人（兵庫県推計）ともいわれる阪神・淡路大震災のボランティアは，それ自体が社会現象ともなりました。この日本社会が経験したことのない新しい現象を，社会心理学的な検討の対象とすることが，現代のアクションリサーチの発端となります。

　混乱が続き，多くの人手と支援を必要とする被災地で，研究者が特権的に一方的な調査を遂行できるはずもありません。その専門性や知見を生かしつつも，まずは現場で必要とされている活動に自分も参加し，その一員となることが必

要です。ボランティア研究の場合には，研究者自身が一ボランティアとして活動に参加し，他のボランティアとともに支援を行いながら，観察や記録を行っていくことになります。

　すなわち，**参与観察法**が，ボランティアに関するアクションリサーチの方法としてまずは選択されることになりました。現場に身を投じ，自分も当該集団の一員として活動しながら，同時に研究者としての視点で観察と記録を進めていくのが参与観察です。観察記録すなわち**エスノグラフィ**（ethnography）を作成することが中心となります。行動観察だけでなく，ボランティア同士の他愛のない雑談や，誰かがふと口にした気づきや感慨が，貴重な記録となることもあります。場合によっては，活動の仲間に時間をとってもらって，質問項目を設定し**インタビュー**（interview）を行うこともあります。あるいはまた，ボランティアのニュースレターやチラシ，名簿などの資料も貴重な活動記録となります。活動の詳細を分厚く記録する，いわば何でもありの方法が参与観察なのだともいえます。他方，ミーティングの議事録を整理する，台帳や活動日誌を整理集計するなど，事務的な作業に研究者の技能が思わぬ形で役に立つよ

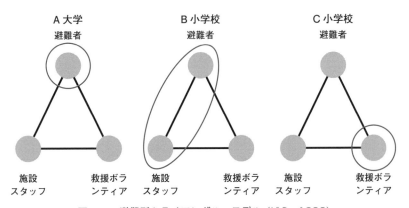

図 12.2　**避難所トライアングル・モデル**（城ら，1996）
災害の避難所は，当該施設のスタッフ，外部からの救援ボランティア，そして避難者のトライアングルとして構成されます。調査を行った各々の避難所で，運営に際し主導的な役割を果たしたアクターを丸囲いで示しています。避難所の内実は置かれた環境によって異なる一方，誰が運営の主体となるかが避難生活の様相を大きく左右することを，阪神・淡路大震災でのフィールド研究は明らかにしました。

うな場面もあります。

　これらの調査を通して，ボランティア団体の集団形成プロセス，集団編成の仕組みの違い，そもそもどれだけの数のボランティア団体が形成されたかなどの基本的な知見がまとめられました。さらに，支援のプロセスを通して新たなテーマと分析の視座が導き出されていきます（城ら，1996）。

　たとえば，避難所と一口にいっても，その運営の仕方は大きく異なります。もともとの施設の属性（学校種や地域特性など），施設スタッフの特性と関与度，その避難所で支援にあたるボランティア，それぞれの特徴と互いの相互作用によって運営の仕方も大きく変わりますし，被災者に及ぼす影響も変化します。グループ・ダイナミックスの新しい論点と分析視座がそこには自ずと現れていました（図 12.2）。

12.2.2　コミュニティと長期的な復興

　阪神・淡路大震災をきっかけに新たな展開を迎えた現代のアクションリサーチは，その後の復興支援のプロセス，そして新たな災害とそれのもたらす事態に対応する形で，さらなる展開を遂げていきます。

　阪神・淡路大震災は「ボランティア元年」という言葉を生み，さらに NPO 法の成立（1998）という形で社会制度を変えていきました。ボランティア団体も，ネットワーク化を深め，情報発信にも注力するなど，そのスタイルを大きく変化させていきます。これらの参与観察と支援もアクションリサーチの大きなテーマです（八ッ塚，2008）。

　その一方，長期的な復興プロセスという新たな課題が，災害の後には浮上してきます。仮設住宅，さらには復興住宅への移転をどう支援するか。被災に端を発し住民の移動によって激変したコミュニティをどのようにして支え復興を進めていくのか。アクションリサーチも長期的な展望を求められるようになりました。

　このテーマは，繰り返される新たな災害の中で，さらに深まりをみせていくことになります。2004 年の新潟県中越地震は，コミュニティの復興支援という問題を大きくクローズアップさせました。もともと高齢化が進み人口も減少

していた地域に，災害はさらなる問題を突きつけることになります。どのようにコミュニティをつくり維持していくかという問題は，人口が減少する日本社会の未来を予示するものであり，社会の課題を先取りすることでもありました。

コミュニティを考えるにあたっては，文字通り現場に身を投じるアプローチがあります。ある研究者は新潟県中越地震で被災した集落に自ら住み込んで生活を始めました。小さな土地を貸してもらい，自ら野良仕事＝文字通りのフィールドワークに従事し，一つひとつに住民の教えを請い，時にお茶をいただきながら人々と話をします。そのプロセスの中で，風景や風土，培われてきた生活のかけがえのなさ，その大きな価値を，研究者は住民とともに再発見していきます。人々と体験をともにしつつ，コミュニティの外部から新たな視点を導入することは，アクションリサーチの大きな役割であり，復興に向けた道筋をともに見つけ出す営みでもあります（宮本・渥美，2009）。

一方，長期的な時間の変化をどうとらえるか，決して簡単には進まない復興プロセスをどのように把握し記録するかも重要な問題です。被災による計り知れない喪失や苦難の中で，人々の心はどのように復興していくのか。そもそも復興という表現自体が適切なのか。一人ひとりの語りに寄り添い，そのディテールを記述するための方法として提起されたのが，復興曲線（図12.3）と呼

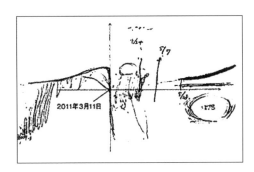

図12.3 復興曲線の一例 (渥美，2014)
横軸は発災を原点とする時間軸となっており，縦軸は地域の雰囲気や復興の度合い，個人の心性などの盛り上がりや低下とその変遷を表しています。曲線の示す意味や尺度は，対話の相手である被災者によって異なり，また対話を通して重要な出来事や心情がさらに浮上します。聞きとりを重ねることで復興曲線自体も変化を続け，新たな対話と，研究に向けた重要な手がかりをもたらします。

ばれる研究手法です（渥美，2014）。

　用意するのは縦軸と横軸で 2 本の直線が描かれただけの紙で，これを被災された方に渡します。横軸を時間軸，縦軸を盛り上がりや落ち込みと考えて，発災からの変化を記述してもらいます。2 本の直線には，数値の目盛りも特定の項目も設定されていません。発災を原点としているだけなので，被災前後をどう記述するか，時間のスパンをどう位置づけるかも記入する人の自由です。縦軸についても制約はありません。復興の度合いだけでなく，被災地の雰囲気や状況，あるいは記入する人自身の心情が，描き込まれる曲線には反映されます。

　重要なことは，復興曲線はデータ収集の手法ではなく，まずもって対話のツールであるという点です。描きながら，また描いてもらった線を介して，研究者やボランティアと，被災した人々とが向き合い，語りを紡ぎ出していくことに主眼が置かれます。被災体験のもつ意味，その人にとって重要な意味をもつ出来事，表現することの難しい心情などが，語りの中で浮上します。復興という長いプロセスには，質問紙とは異なる，時間をかけた相互の対話のためのツールが自ずと求められます。

　復興曲線は多様なテーマと分析に開かれた手法でもあります。それはたとえば，復興という多様なプロセスを表現し描き出すことで，行政的な一律の復興支援に対する反論や代案となるかもしれません。あるいは，心の復興に着目し，被災者の遭遇するメンタルな困難やその変化を把握することも可能です。アクションリサーチは，結論に向かうデータ収集のための道具だけでなく，新たな発見と対話のための道具も使うのだといってもいいでしょう。

12.2.3　体験と発信

　災害に対する応用的・実践的な研究として，防災というテーマも重要です。災害時にどのように行動すべきか，どうすれば人命や財産を守ることにつながるかという問題も，アクションリサーチの根幹をなす研究テーマとなりました。

　避難訓練や災害情報の発信については，工学的な研究も含めた多くの蓄積があります。それに対し，心理学からは，巨大災害に遭遇した人々の詳細な語りや体験の記録をもとに提言するというアプローチをアクションリサーチから提

起することができます。災害を体験したことのない人，情報としてしか災害を知ることのできない人に対して，どのようにその実相を伝え，適切な行動をとるよう事前に導くことができるか。これはきわめて大きな意味をもつ研究テーマといえます。

　体験に学び発信する独創的な方法として，ここではゲームによるアプローチをご紹介します。座学での研修や避難訓練とは違い，防災ゲームという形式で，自分も主体的に参加しながら，なおかつ自身の判断を問い直す，まったく新しいアプローチです（矢守ら，2005）。

　防災ゲーム「クロスロード」（図12.4）は，阪神・淡路大震災で災害救援にあたった人々，ボランティア，行政職員，医療関係者などを対象とする膨大な聞きとり調査資料をもとに作成されました。災害時にどのように行動すればよいかという問いは，実は複雑な問題をはらんでいます。防災計画や災害対応マニュアルが整えられるようになりましたが，本当に深刻な災害は，事前の計画やマニュアルを超えるような形で，あるいは，計画やマニュアルには書ききれない事態として出現します。

[問題1002]

あなたは… 避難所 担当の職員	災害当日の深夜。市庁舎前に救援物資を満載したトラックが続々到着。上司は職員総出で荷下ろしを指示。しかし，目下，避難所との電話連絡でてんてこ舞い。指示に従い荷下ろしをする？

YES（荷下ろしする）の問題点

❗避難所対応の遅れ（状況把握停止，避難所の混乱，苦情の殺到）

❗自分を含む職員の疲労蓄積，モラールの低下

No（しない）の問題点

❗上司との関係悪化

❗荷下ろし，救援物資分配作業の遅延

❗処理の遅れに対する世論（マスコミ）からの批判

❗停車したトラックによる交通渋滞

図12.4 「クロスロード」の資料の一部（矢守ら，2005）

　災害発生にあたって避難所を開設し運営する行政職員，あるいはボランティアは，次のような困難に直面するかもしれません。たとえば，避難所となった300 人収容の体育館がすでに満杯となっているときに，別の避難所に入れなかった被災者 200 人が逃れてきたとしたらどうすればよいのか。その体育館で，非常用の食料を何とかかき集めたものの，収容人員にはとても足りない 150 人分しか確保できなかったとしたら。全員に配れば不足するし不公平になる，といって何も配らないわけにはいかない……。

　とっさに判断せざるを得ず，それも，その時点では正解かどうか判断のつかない決断を強いられる。さらに，そのような判断が次々と迫り，その上時々刻々と状況が変化し続ける。被災地ではこのようなジレンマが各所で発生するということを，多くの人々の生々しい体験は物語っています。

　そのことをこそ伝え，体験してもらうようにつくられたのが，防災ゲーム「クロスロード」でした。ゲームでは，災害時のジレンマ的な状況を具体的にシナリオとして設定します。グループに分かれたゲーム参加者は，自らの判断で選択や決断を下し，その結果を他の参加者による決断と比較し，ディスカッションを行います。

　緊急時に人はどのようなジレンマ状況に追いやられるか。情報が乏しく先を見通せない状況の中で，どのような決断や選択があり得るか。このような生々しい事態をゲームによって体験するというアプローチは，防災の研究にまったく新しいパラダイムをもたらしました。

12.3　フィールドと方法の広がり

12.3.1　インターローカリティ

　1990 年代以降，ボランティアや NPO は日本社会でその存在感を増大させていくようになりました。ボランティアという言葉が耳に馴染んだものとなり，多くの人々が気軽にボランティアに参加するようになります。災害救援において，ボランティアをあらかじめ計画に織り込み，その活躍を期待することも当たり前になりました。

　そんな中，2011年に発生した東日本大震災は，ここであらためていうまでもなく，社会のあり方を，そして私たちの認識を，大きく揺るがすことになりました。多くの研究が蓄積される一方，復興のプロセスは今も途上にあります。ここでは，災害に対するアクションリサーチが，東日本大震災という大きな問いかけにどのように反応し応答しようとしているかを概観します。

　ボランティア研究の領域では，ボランティアのあり方そのものに対する見直しが行われています。上述した，ボランティアをあらかじめ明確に織り込んで動員するという発想，考え方に，実は問題が潜んでいたのではないかという論点です。

　災害が発生したらすぐに行政がボランティアセンターを設置する。さらに，行政のコーディネーターが適切にボランティアを配置し，必要な仕事を配分してボランティアの労働力を最大限に活用する。このようなシステムが，阪神・淡路大震災以降，各地で完備されるようになっていました。

　しかし，東日本大震災の被災地では，ボランティアセンターを設置するどころか，行政の拠点が甚大な被害を受ける事態も相次ぎました。仮に来てもらっても，とてもコーディネートする余力がないため，ボランティアを受け入れることができない，そう表明せざるを得なかった自治体も少なくありませんでした。支援を何より必要とする地域がボランティアを受け入れられなくなってしまったのです。

　そうした状況だからこそ，自分の責任で安全を確保し支援に入っていくのがボランティアではないか。ボランティアはそもそも，管理やコーディネートとは別に，自身で課題を発見し，行政とは異なるきめ細かな支援を行える存在だったのではなかったか。簡単に結論を出すことはできませんが，ボランティアをめぐる論点は，自由意志や主体性に関わる深みへと達することになります。

　その一方，支援することの意味を根底から問い直す実践も始まっています。たとえば「被災地のリレー」（図12.5）という活動は，支援する・されるという関係そのものを揺るがす発想の上に成り立っています。過去の災害で被災し，支援を受けた人々にボランティアとなってもらい，発生した別の災害で支援者となってもらう。助けられた人が助ける側へ，かつて支援をもらった地域から，

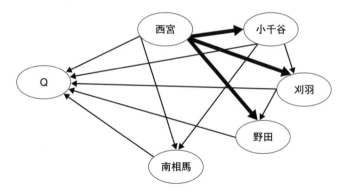

図 12.5　被災地のリレー（渥美，2014）

阪神・淡路大震災（1995）の被災地（西宮）から，新潟県中越地震（2004），新潟県中越沖地震（2007），東日本大震災（2011）の被災地（順に小千谷，刈羽，野田）へ，かつての被災者自身がボランティアとなった支援活動が順に展開されました。支援を受けた被災者もまた，自らが新たなボランティア支援者となり，次なる被災地で活動しました。未来における新たな災害の被災地（Q）をも念頭に置いたこの「被災地のリレー」は，被災者に新たな活力や使命感をもたらすとともに，地域を活性化し災害に備える豊かなネットワークを形成します。

被災した地域へ。リレーをつなぐように支援を受け渡し，地域をつないでいきます。この実践は，被災の苦難や，支援を受けた負い目を人々がとらえ直し，新たな活力や使命感を獲得していくための，スケールの大きな取組みとなっています（渥美，2014）。

　見方を変えると，特定の地域やコミュニティに焦点を当てることから，そうした個々のフィールド同士を媒介し，互いの経験や知見を交換する新たなフェーズへと，アクションリサーチは展開しているともいえます。巨大な社会問題に対するアプローチは，インターローカルに組み立てられていくのだといってもいいのかもしれません。

12.3.2　交錯する研究領域

　災害研究・防災研究の話に比重が傾いてしまいましたが，社会心理学的なアクションリサーチの研究領域は，当然，それだけにとどまるものではありません。翻ってみれば，戦後日本の社会心理学，特にグループ・ダイナミックスの

アプローチは，実践的な研究の豊かな蓄積に満ちています。職場の安全管理や生産性向上など，企業現場をフィールドとするアクションリサーチに多くの研究者が携わってきました。集団討議やグループワークによる改善活動，職場刷新の取組みは，現代では当たり前の実践，身近な常識となった感すらあります。

　見方を変えると，かつての高度経済成長から時を経て，企業のあり方も大きく変容する中，アクションリサーチの対象が，コミュニティや地域など，さらに別のセクターへと拡大しているのが現代の状況なのだといってみることもできそうです。かつての日本社会では，企業人がボランティアに参加するなど，およそ考えられないことでした。しかし今や，休日に被災地に出かける，企業単位でボランティアに参加するなどのライフスタイルは，取り立てて話題にするまでもないほど当たり前のことになっています。ボランティアツアーに参加し，その体験をプレゼンしたりレポートにする学生の方も多いことでしょう。そうした皆さんは，アクションリサーチのすぐ手前に立っているともいえるわけです。

　さらに，アクションリサーチという言葉こそ使っていないものの，実質的にアクションリサーチ的な実践が行われている分野は数多くあります。研究者が実践的な活動に取り組み，その知見を現場のために活用することは，決して珍しいことではありません。たとえば教育の領域のように，現場に学ぶ，現場のために研究者が知恵を出すことが古くから当たり前のように行われてきた分野も無数にあります。

　アクションリサーチという言葉をそこで無理にあてはめるのではなく，現代アクションリサーチで見出された方法や理論をそこでインターローカルに共有し活用することが，これから進めていくべき取組みです。たとえば，インタビューや言説分析の方法を活用して，教科書や教育プログラムを分析し，より良い教育実践のための代案を提示した研究などはその一例です（河合・八ツ塚, 2013）。

12.4　おわりに──社会を構想する心理学へ

　本章でアクションリサーチを概観するにあたり，災害研究の事例が中心となったことには，また別の理由があります。災害は，否応なく，社会的な現実を揺るがします。すなわち，私たちが当たり前のように受け入れているものの見方や価値観を動揺させ，時に打ち崩すのが，災害という現象です。

　身の回りの常識を問い直し，隠された構造を解き明かすことが社会心理学の課題であるならば，災害という事態は，不謹慎な表現ではありますが，研究のための大きな機会であるということもできます。そこで被災した人々と地域のために，ひいては社会のあり方そのものをより良く変革するために，現場に根差し人々から学ぼうとするのがアクションリサーチでした。

　組織研究の泰斗であるシャイン（Schein, E.）は，レヴィンの思想を次のようにかみ砕き，アレンジして紹介しています。

　「人から成り立つシステムを理解する最良の方法は，それを変えてみることである」（Schein, 1995）

　アクションリサーチは対象にあまりにも深く関わりすぎなのではないか。質的・解釈的なアプローチが多く科学性に乏しいのではないか。このような疑問もアクションリサーチには繰返し寄せられます。しかし，本章 12.1 節でも述べたように，もともとは社会心理学そのものが，このような土壌から出発しています。より良い社会を構想し，そのための方法を模索し，必要に応じて新たな研究の方法を次々と開発する。その意味でアクションリサーチは，科学としての社会心理学の源流であり，そのもっとも正当な後継者であるともいえる存在なのです（Parker, 2004 八ッ塚訳 2008）。

　大学や学問にとって，社会への貢献や実践的な知見がこれまで以上に求められる時代になりつつあります。しかし，社会心理学はアクションリサーチという形ですでに最初からその課題に取り組んできました。現代社会の変動に合わせて，絶え間ない刷新はさらに続いていくことでしょう。

コラム 12.1　熊本地震とアクションリサーチ

　本章の執筆後，2016 年 4 月に熊本地震が発生しました。無残に崩れた熊本城の石垣や，阿蘇大橋を消失させた巨大な土砂崩れなど，報じられた映像を多くの方々がご記憶のことと思います。ボランティアとして当地を訪れた方もいらっしゃるかもしれません。震源に近い益城町などの地域では，2 度にわたって震度 7 の揺れに見舞われる，観測史上類を見ない事態が発生，深刻な被害が生じました。

　本章では災害救援のアクションリサーチに多くのページを割きましたが，その成果や蓄積は，幸いなことに熊本地震でも生かされ，さらに発展を続けています。県内外から数多くのボランティア団体や個人ボランティアが駆けつけてくださったことは，被災した住民にとって，何より大きな支えとなりました。

　かつて，珍しく目新しい現象とみなされ，研究の対象であったボランティアが，災害時の当たり前の話題となり，多くの人々が自然に参加する活動となりました。そのことにさほどの驚きがないこと自体を，むしろ驚くべきなのかもしれません。アクションリサーチの観点から言えば，ボランティアの中身が複雑になり，その厚みが増していることに，今後いっそう注目していく必要があります。熊本地震においても，災害救援に特化したボランティア団体をはじめ，家屋の診断，被災弱者のケア，子どもと教育の支援，ペットと動物のケアなど，専門的なボランティアが参加し，個人のボランティアとあいまって活動しました。

　また，ボランティアについては，被災地での直接的な活動だけでなく，外部や遠隔地からのサポートといった，空間的な広がりの視座でとらえることも重要です。熊本地震でも，学生をはじめ若い世代の皆さんが，全国各地で自主的に募金を行ってくださっているというニュースがたびたび届きました。東北をはじめ，過去の災害の被災地からも，支援のメッセージや募金が折にふれ寄せられました。

　本章で述べた「被災地のリレー」も熊本地震に受け継がれ，さらに人々を結びました。阪神・淡路大震災をはじめ，過去の大災害を体験した方々が被災各地の避難所を訪れ，炊き出し，仮設住宅への訪問活動など，さまざまな活動に取り組んでくださいました。

　仮設住宅についていえば，建物の設計，デザインからそのあり方に至るまで，過去の災害経験が蓄積され生かされ続けています。そこに移転して暮らさざるを得ない人々の，もともとのコミュニティが壊れてしまわないよう，できる限りの注意を払う。さらに，外部の人々も加わりながら，仮設住宅における新たなコミュニティづくりを支援していく。そのために，多くの人が集うことのできる集会所を設け，運営にもさまざまな配慮を行う。熊本地震においても，集会所のデザインやその使い方に多くの知恵が生かされました。

　それでもなお，住み慣れた地域や人々のつながりから離れ，仮設住宅で生活することには多くの困難が伴います。東日本大震災をはじめ，困難を経験した多くの方々からは，仮設住宅での生活をより良くするためのアドバイスが寄せられました。生活の再建と復興に向けて，共通するところの多いプロセスをたどってきた方々からの提言は何より貴重です。決して同じではありませんが，被災という困難，そしてそこからの長い道のりを，別の方々がすでに歩み，共有してくれているという感覚は，貴重な支えとなります。「かつての被災地からやって来ました」。そんな訪問のご挨拶を耳にしただけで，仮設住宅で暮らす方々の表情が変わっていきました。

　その後も災害の発生は相次ぎ，令和 2 年 7 月豪雨では熊本県南部にも大きな被害が生じました。復興への取組みが各地で進められています。その一方で，熊本地震からのコミュニティ復興にも，まだまだ長い時間が必要です。アクションリサーチの，アクションの部分に，なお主眼が置かれなくてはなりません。他方，救援活動で展開されたアクションの，その意義と課題を検討するリサーチも，同時に進めていく必要があります。

　ボランティアについていえば，いわゆる中間支援，ボランティアの受け入れやコーディネートの活動がうまくいったかどうかなど，冷静に評価すべき課題があります。ボランティア希望者の数に対し，受け入れの数に制限があったのではないか。支援を求める人々からのニーズとの間にミスマッチがあったのではないか。災害のたびに話題となりますが，ボランティアについては繰返しの評価と見直しが不可欠ともいえます。

　同時に，災害を契機とした新たな活動の萌芽を拾い上げる作業も必要です。たとえば災害時には，学生の皆さんをはじめ若い世代が活躍します。近年は情報技術の発展とあいまって，SNS や携帯情報端末をボランティアに活用する人々の姿も目立つようになりました。熊本地震でも，個々人が避難所から必要な物資の情報を発信するなど，情報機器を活用した活動が活発に行われました。また，被災地の観光復興を目指し，SNS を駆使した情報発信を行うなどの取組みも多彩に展開されています。

　もちろん，デマや情報の齟齬など，災害におけるネット発信の弊害はとみに指摘されるところです。そうした課題を意識しつつ，若い世代の自主的で創造的な取組みを拾い上げるリサーチも，今後重要性を増していくでしょう。熊本地震も含め，災害復興には息の長い支援が必要です。同時に，災害という経験を通して，新たな研究のテーマと方向を見出し，次なる災害への備えを分厚くしていくことが，アクションリサーチには求められています。

復習問題

1.「アクションリサーチ」とは何でしょうか。あらためてその定義と方法を説明してください。

2. 災害や防災という問題からアクションリサーチの新たな流れが始まったのはなぜでしょうか。その理由を考えてみてください。

参考図書

杉万 俊夫 (2013). グループ・ダイナミックス入門——組織と地域を変える実践学—— 世界思想社

　グループ・ダイナミックスの最前線の理論的達成を平易に解説するとともに，著者が十数年来にわたって展開した実践活動の事例を豊富に収録しています。(入門レベル)

矢守 克也 (2010). アクションリサーチ——実践する人間科学—— 新曜社

　災害研究の領域を中心に，語り部活動や映画などの多様なトピックを取り上げながら，アクションリサーチの本質とその可能性を縦横に展開しています。(中級レベル)

パーカー，I. 八ッ塚 一郎 (訳) (2008). ラディカル質的心理学——アクションリサーチ入門—— ナカニシヤ出版

　エスノグラフィ，インタビュー，言説分析など，アクションリサーチの具体的な手法を，事例を交えて紹介し，高度な理論的背景をわかりやすく解説しています。(入門レベル)

復習問題解答例

第1章

1. ①応報戦略，②協力，③社会的ジレンマ，④難しい，⑤目

2. 解答する際には，以下の3点に注目してください。

①取り上げられた行動・現象が協力行動や助け合いの現象であるか（何らかのコストを支払って他者の利益を増やす行動であるか）。

②動機・感情・神経生理学的メカニズムなどの，行動を引き起こす至近因に関する考察が少なくとも1つ以上述べられているか。

③その至近的メカニズムがなぜ備わったか（その動機などを身につけることがどのような意味で適応的であるのか）という究極因についての考察が少なくとも1つ以上述べられているか。

第2章

1. ①ミケランジェロ現象，②安心できる避難所，安全基地，③満足度の高さ，代替選択肢の少なさ，関係への投資量，④成長，⑤関係外に多様なネットワークを有しておくこと。

第3章

1. 対人コミュニケーションにおいては，記号化，メッセージの伝達，そして記号解読の際にノイズが作用するため，送り手が意図した通りに情報が受け手に伝わらないことがあります。言葉の誤用や言い間違い，記号化スキルの低さなどが記号化の際のノイズに相当します。騒音で声を聞きとりにくい，文字や身振りが小さくて見えにくいなどがメッセージの伝達の際のノイズに相当します。言葉の聞き間違いや身振りの意味の取り違え，記号解読のスキルの低さなどが記号解読の際のノイズに相当します。

2. 第1に，言語を用いなくても身振りだけで情報を伝達することができたり，言語と表情とで異なる意味を表したりすることがあるなど，言語とは独立して用いられることがあります。第2に，視線が好意を表すことがある一方で敵意を表すことがあるなど，同じ非言語的行動であっても状況や文脈によって意味が変化します。第3

に，言語を使わずに数学の公式を説明することが困難なように，抽象的・論理的情報を伝達するのには適していません。そして第4に，表情を見ればその人の感情が伝わってくるように，感情伝達には非常に有効です。

第4章

1. 4.1節の図4.1の説明をよく読んでみてください。感情的成分，認知的成分，行動的成分のそれぞれで質問を考えてみるとよいでしょう。

2. お互いに愛情がそれほど強くなくても，大勢の前で永遠の愛を誓うことで，その行動と一致した愛情へ変化すると予想されます。さらに，4.2節で説明した「不協和事態で態度変化が大きくなる5つの条件」にあてはまるほど，態度変容が大きくなります。

3. 行動と態度が一致しない話題を見つけるためには，その行動を魅力的に思っているが，①周囲の自分に対する期待と一致しない（主観的規範が態度と不一致な）話題，②その行動の実行が難しい（統制認知が低い）状況がある話題，を考えてみましょう。たとえば，海外留学に好意的態度をもっているが，テロや経済面から親が反対しそうなので，海外留学は行く予定はない，など。

4. スリーパー効果とは，時間経過とともに，送り手の記憶（誰が言ったのか）とメッセージ内容（何を言ったのか）の記憶が分離することで，メッセージ内容のみの記憶による説得効果が生じるメカニズムのことです。

5. 送り手の信憑性の特徴は4.5.1項の中の記述，防護動機理論に基づく説明は4.5.2項の中の記述を参考に分析してください。

6. 中心ルートを経由するには，①説得メッセージを精査する受け手の動機づけが高いこと，かつ，②説得メッセージを精査する受け手の能力が高いことが条件です。中心ルートによって生じた態度変容は，周辺ルートで形成された態度と比べて持続的で，逆方向の説得に対する抵抗力があり，行動との一致性が高い特徴をもつといわれています。

第5章

1. ソーシャル・サポートの測定法には，①社会的包絡，②知覚されたサポート，③実行されたサポートの3つがあります。社会的包絡の測定では，配偶者や兄弟姉妹の有無，コミュニティ組織への参加，友人との接触など社会的関係の存在に関する

幅広い指標を用いる場合と社会的ネットワーク分析で使用されるネットワークの構造的指標（サイズ，密度など）を活用する場合があります。課題は，ソーシャル・サポートがどのようなプロセスを経て，精神的健康に影響を与えているかを明らかにすることができないことです。知覚されたサポートでは，必要な際に周囲の人からサポートが得られるだろうというサポートの利用可能性に関する認知的評価を測定します。課題は，そうした認知的評価が，安定した個人のパーソナリティを反映している可能性があることです。実行されたサポートでは，通常，他者から実際に受け取ったサポートを測定します。課題は，「実行されたサポートによって精神的健康が悪化する」という結果が時々みられることです。なお，ソーシャル・サポートの測定方法について，構造的尺度と機能的尺度の2種類に分類する立場もあります（Cohen & Syme, 1985; Cohen & Wills, 1985）。この場合，前者には社会的包絡，後者には知覚されたサポートと実行されたサポートが含まれることになります。

2．精神的健康に対するソーシャル・サポートの効果には，大きく分けて，主効果と緩衝効果の2つがあります。主効果は，ストレスイベントに直面しているかどうかに関わらず，ソーシャル・サポートが精神的健康に良い影響を与えることです。社会的包絡や全体的な知覚されたサポートを測定する尺度を用いた場合に，よくみられます。緩衝効果は，主として，ストレスイベントに直面している人に対してのみ，そうしたイベントの精神的健康に対する悪影響を，ソーシャル・サポートが緩和することです。サポート内容を特定した知覚されたサポート尺度を用いた場合に，よく観測されます。

第6章

1．「仲が良い」ことのメリットとしては，「コミュニケーションが活発になる」「集団に所属することへの不安が弱まる」「メンバーからの受容・承認により自尊心が高まる」「メンバーの期待に応えようとして頑張る」ことなどがあげられます。留意すべき点は，「メンバー同士の葛藤や対立を避けようとする傾向が生まれる」「他の集団に排他的になる」ことなどです。また，メンバーの仲が良いと，望ましくない行動を促進することがあります（たとえば，皆さんも小中学生の頃，親しい仲間と掃除当番になったとき，皆で仲良く手を抜いたことはありませんか）。

2．多数者は，多数であることに安心して思考停止に陥ったり，自らの同調圧力によって自らの意見に固執する傾向があります。少数意見は，そうした多数者の視野

を拡大させたり，思考を深化させる働きをもっています。むろん実際には，多数意見が採択されることが多いのですが，その場合でも，多数意見の不備や問題点が明らかにされ，より妥当な意見に練り上げられることが期待されます。本章のコラム6.1 で紹介したように，全員一致で誤った選択をすると，同じメンバーで話し合いをしても正解にたどり着くのは困難です。異なる少数意見の存在は，表面上の一致のもとに隠れている情報を掘り起こし，適切な集団意思決定を導くことを助けます。

3. まず，本や新聞，ウェブ上の資料などから事故や不祥事のケースを1つ選んでください。次に，そのケースに登場するリーダーやメンバーの発言や行動，集団の雰囲気に注目します。分析方法としては，集団的浅慮の症状と照合することも有効です。すなわち，リーダーやメンバーたちが，「1. 勢力・道徳性の過大評価」（①不滅幻想と過度の楽観，②決定の倫理的結末の無視），「2. 精神的閉鎖性」（③集団的合理化，④外集団のステレオタイプ化），「3. 意見の斉一化への圧力」（⑤発言の自己検閲，⑥意見一致の幻想，⑦不同意メンバーへの圧力，⑧用心棒の出現）に陥っていなかったかを，時間経過に沿ってチェックしていきます。

第7章

1. 社会的カテゴリー化（social categorization）とは内集団と外集団に心理的線引きを行い，内集団と外集団がそれぞれひとまとまりの集団として知覚されるようになる心理プロセスです。その結果，特に外集団に対して，「十把ひとからげ」の認知が行われて，所属成員に共通の特徴やイメージが知覚されたものが，ステレオタイプ（stereotype）です。

2. 日本人が被害を受けた事件報道を聞き，①この犯罪を個人間で起きた出来事ではなく，当該国人が日本人を殺した事件として認識し，②日本人への危害事象として評価が行われます。その評価の結果，③怒りが喚起され，④当該国人全般への攻撃・差別行動が行われるようになります。図7.6 も参照してください。

3. ①地位の対等性……両集団の間に地位の高低の差がないこと。

　②共通目標……等しい利益をもたらす共通の目標に向けて課題を行うこと。

　③協力関係……相互依存性があり，協力的な相互依存関係が求められること。

　④権威，法律，慣習による支援……ポジティブな相互作用を推奨するような状況的な規範があること。

第8章

1. すでに社会的ネットワークを有している者や社会的スキルをもっている者がインターネットの利用によって利益を受け，さらにネットワークを広げていくという仮説。

2. ①時間的制約，物理的制約を受けずに行われる。

　①加害者が匿名で加害行為を行うことができる。

　③加害者が被害者の反応を即時的に知ることができない。

　④いじめ行為の目撃者は不特定多数に及ぶ。

3. ①ヤング……アメリカ精神医学会（American Psychiatric Association）のDSM-IV（Diagnostic and Statistical Manual of Mental Disorders IV）の病的賭博の診断基準を基本としています。つまり，ネット依存を薬物などの外的物質に関与していない衝動制御障害と定義しているのです。

　②グリフィス……あらゆる依存は6つの構成要素（顕現性，ムード調整，耐性，禁断症状，葛藤，再発）から成り立つと考えます。6つの構成要素は，ギャンブル依存の考えをもとにしており，DSMで使用されたギャンブルの病的な診断のチェックリストと多くが共通しています。

第9章

1. ①集合行動，②イノベータ，③あいまいさ，④社会的ネットワーク

第10章

1. ①「コミュニケーションの2段階の流れ」仮説，②議題設定機能，③沈黙の螺旋理論

2. アナウンスメント効果，バンドワゴン効果，アンダードッグ効果，（離脱効果，見放し効果）

第11章

1. 個人が文化の中に生きる（Person in culture）という考えを発展させ，行動結果に影響を及ぼす変数としての文化の一般化を求める心理学を比較文化心理学といいます。比較文化心理学では，地域や国を単位とした文化を扱い，文化が個人の認知，感情，動機に与える影響について考えるという特徴があります。

　一方，文化心理学は文化を「記号（sign）の配置」としてとらえます。文化心理学

では，文化とともに生きる人（Culture belongs to the person）という人間観に基づき，人と文化の相互作用をダイナミックスとして考えるという特徴があります。

2. 例：大学で見かけるリクルートスーツの集団

　高校生までは制服で学校に通っていた。大学生になってからは当然のように私服を着て好きな髪型を楽しむ生活をしていた。大学生活に慣れ始めた1年生の初夏頃から，突然ダークカラーのスーツを着た集団を見かけるようになった。はじめは違和感を覚えたが，それが就職活動をしている集団だということを先輩から教えてもらい，社会人になるためには自分自身も同じようにスーツを着て就職活動をする必要があるかもしれないと想像するようになった。しかし，就職活動以前に，よく考えてみると自分自身が大学生活を終えた後にどのような職に就きたいか考えたことがなかった。そこで，まずは先輩たちの卒業後の進路を調べてみることにした。

第12章

1. 現場研究や実践研究という訳語は，アクションリサーチの本質を的確に説明するものではありません。「研究者が現場の人々と協働で実践する，より良い社会を目指す研究活動」がアクションリサーチです。そのためには，エスノグラフィ，インタビューなど多様な方法を駆使し，さらに必要に応じて新たな調査と分析の方法を創出していきます。

2. 私たちが当たり前のように受け入れ，疑うことすらなかった社会やコミュニケーションを，災害は揺るがし，時に破壊します。それは大きな悲劇ですが，見えづらい問題を抱えていた社会制度を変革するための，大切な機会ともなります。研究者に対するこうした問いかけを正面から受け止め，社会と研究との関係を問い直す実践がアクションリサーチなのだと言い換えてもよいでしょう。

引 用 文 献

第 1 章

Axelrod, R. (1984). *The evolution of cooperation*. New York: Basic Books.
（アクセルロッド. R. 松田 裕之（訳）（1998）. つきあい方の科学——バクテリアから国際関係まで—— ミネルヴァ書房）

Barclay, P., & Willer, R. (2007). Partner choice creates competitive altruism in humans. *Proceedings of the Royal Society of London Series B: Biological Sciences, 274*, 749-753.

Bateson, M., Nettle, D., & Roberts, G. (2006). Cues of being watched enhance cooperation in a real-world setting. *Biology Letters, 2*, 412-414.

Burnham, T., & Hare, B. (2007). Engineering human cooperation: Does involuntary neural activation increase public goods contributions? *Human Nature, 18*, 88-108.

Dawes, R. M. (1980). Social dilemmas. *Annual Review of Psychology, 31*, 169-193.

Fehr, E., & Fischbacher, U. (2003). The nature of human altruism. *Nature, 425*, 785-791.

Gintis, H. (2000). Strong reciprocity and human sociality. *Journal of Theoretical Biology, 206*, 169-179.

Guala, F. (2012). Reciprocity: Weak or strong? What punishment experiments do (and do not) demonstrate. *Behavioral and Brain Sciences, 35*, 1-59.

Hardin, G. (1968). The tragedy of the commons. *Science, 162*, 1243-1248.

Hardy, C. L., & Van Vugt, M. (2006). Nice guys finish first: The competitive altruism hypothesis. *Personality and Social Psychology Bulletin, 32*, 1402-1413.

Milinski, M., Semmann, D., & Krambeck, H-J. (2002). Reputation helps solve the 'tragedy of the commons'. *Nature, 415*, 424-426.

Nowak, M. A., & Sigmund, K. (1998a). Evolution of indirect reciprocity by image scoring. *Nature, 393*, 573-577.

Nowak, M. A., & Sigmund, K. (1998b). The dynamics of indirect reciprocity. *Journal of Theoretical Biology, 194*, 561-574.

Ohtsuki, H., & Iwasa, Y. (2004). How should we define goodness?: Reputation dynamics in indirect reciprocity. *Journal of Theoretical Biology, 231*, 107-120.

Panchanathan, K., & Boyd, R. (2004). Indirect reciprocity can stabilize cooperation without the second-order free riding problem. *Nature, 432*, 494-502.

Pruitt, D. G., & Kimmel, M. J. (1977). Twenty years of experimental gaming: Critique, synthesis, and suggestions for the future. *Annual Review of Psychology, 28*, 363-392.

Takahashi, N., & Mashima, R. (2006). The importance of subjectivity in perceptual errors on the emergence of indirect reciprocity. *Journal of Theoretical Biology, 243*, 418-436.

山岸 俊男（1998）. 信頼の構造——こころと社会の進化ゲーム—— 東京大学出版会

第 2 章

Aron, A., Paris, M., & Aron, E. N. (1995). Falling in love: Prospective studies of self-concept change. *Journal of Personality and Social Psychology, 69* (6), 1102-1112.

Asendorpf, J. B., Penke, L., & Back, M. D. (2011). From dating to mating and relating: Predictors of initial and long-term outcomes of speed-dating in a community sample. *European Journal of Personality, 25* (1), 16-30.

Clark, M. S., & Mills, J. R. (2012). A theory of communal (and exchange) relationships. In P. A.

M. Van Lange, A. W. Kruglanski, & E. T. Higgins (Eds.), *Handbook of theories of social psychology.* Vol. 2 (pp.232-250). SAGE.

Drigotas, S. M., Rusbult, C. E., Wieselquist, J., & Whitton, S. W. (1999). Close partner as sculptor of the ideal self: Behavioral affirmation and the Michelangelo phenomenon. *Journal of Personality and Social Psychology, 77* (2), 293-323.

Feeney, B. C. (2004). A secure base: Responsive support of goal strivings and exploration in adult intimate relationships. *Journal of Personality and Social Psychology, 87* (5), 631-648.

Fellmeth, G. L. T., Heffernan, C., Nurse, J., Habibula, S., & Sethi, D. (2013). Educational and skills-based interventions for preventing relationship and dating violence in adolescents and young adults. *The Cochrane Database of Systematic Reviews, 6,* CD004534. doi:10.1111/phn.12115

Finkel, E. J., & Baumeister, R. F. (2010). Attraction and rejection. In R. F. Baumeister, & E. J. Finkel (Eds.), *Advanced social psychology: The state of the science* (pp.419-459). New York: Oxford University Press.

Finkel, E. J., & Baumeister, R. F. (2019). Attraction and rejection. In E. J. Finkel, & R. F. Baumeister (Eds.), *Advanced social psychology: The state of the science* (2nd ed., pp.201-226). New York: Oxford University Press.

Frank, E., & Brandstätter, V. (2002). Approach versus avoidance: Different types of commitment in intimate relationships. *Journal of Personality and Social Psychology, 82* (2), 208-221.

Gomillion, S., Gabriel, S., & Murray, S. L. (2014). A friend of yours is no friend of mine: Jealousy toward a romantic partner's friends. *Social Psychological and Personality Science, 5* (6), 636-643.

Kelley, H. H., & Thibaut, J. W. (1978). *Interpersonal relations: A theory of interdependence.* New York: Wiley-Interscience.

Knee, C. R., & Canevello, A. (2006). Implicit theories of relationships and coping in romantic relationships. In K. D. Vohs, & E. J. Finkel (Eds.), *Self and relationships: Connecting intrapersonal and interpersonal processes* (pp.160-176). New York: Guilford Press.

Montoya, R. M., & Horton, R. S. (2012). A meta-analytic investigation of the processes underlying the similarity-attraction effect. *Journal of Social and Personal Relationships, 30* (1), 64-94.

Rusbult, C. E. (1983). A longitudinal test of the investment model: The development (and deterioration) of satisfaction and commitment in heterosexual involvements. *Journal of Personality and Social Psychology, 45* (1), 101-117.

相馬 敏彦・浦 光博 (2007). 恋愛関係は関係外部からのソーシャル・サポート取得を抑制するか——サポート取得の排他性に及ぼす関係性の違いと一般的信頼感の影響—— 実験社会心理学研究, *46* (1), 13-25.

相馬 敏彦・浦 光博 (2010). 「かけがえのなさ」に潜む陥穽——協調的志向性と非協調的志向性を通じた二つの影響プロセス—— 社会心理学研究, *26* (2), 131-140.

Wright, E. M., & Benson, M. L. (2010). Immigration and intimate partner violence: Exploring the immigrant paradox. *Social Problems, 57* (3), 480-503.

山田 昌弘 (2014). 「家族」難民——生涯未婚率25％社会の衝撃—— 朝日新聞出版

第3章

Cohen, A. R. (1958). Upward communication in experimentally created hierarchies. *Human Relations, 11,* 41-53.

De Dreu, C. K. W., & Weingart, L. R.（2003）. Task versus relationship conflict, team performance, and team member satisfaction: A meta-analysis. *Journal of Applied Psychology, 88,* 741-749.

De Dreu, C. K. W., & West, M. A.（2001）. Minority dissent and team innovation: The importance of participation in decision making. *Journal of Applied Psychology, 86,* 1191-1201.

Ekman, P., & Friesen, W. V.（1975）. *Unmasking the face: A guide to recognizing emotions from facial clues.* Englewood Cliffs, NJ: Prentice-Hall.
（エクマン，P.・フリーセン，W. V. 工藤 力（編訳）（1987）. 表情分析入門──表情に隠された意味をさぐる── 誠信書房）

深田 博己（1998）. インターパーソナル・コミュニケーション──対人コミュニケーションの心理学── 北大路書房

Gaines, J.（1980）. Upward information in industry: An experiment. *Human Relations, 33,* 929-942.

Hall, E. T.（1914）. *The hidden dimension.* New York: Anchor Books.
（ホール，E. T. 日高 敏隆・佐藤 信行（訳）（1970）. かくれた次元 みすず書房）

畑中 美穂（2006）. 発言抑制行動に至る意思決定過程──発言抑制行動決定時の意識内容に基づく検討── 社会心理学研究, *21,* 187-200.

堀毛 一也（1994）. 恋愛関係の発展・崩壊と社会的スキル 実験社会心理学研究, *34,* 116-128.

Jehn, K. A.（1997）. A qualitative analysis of conflict types and dimensions in organizational groups. *Administrative Science Quarterly, 42,* 530-557.

加藤 孝義（1986）. 空間のエコロジー──空間の認知とイメージ── 新曜社

Kendon, A.（1967）. Some functions of gaze-direction in social interaction. *Acta Psychologica, 26,* 22-63.

黒川 光流（2012）. リーダーの管理目標および課題の困難度がリーダー－フォロワー間葛藤への対処方略に及ぼす影響 実験社会心理学研究, *52,* 1-14.

黒川 光流（2015）. 学級における集団内葛藤の生起状況およびその対処方略 富山大学人文学部紀要, *63,* 21-32.

Leavitt, H. J.（1951）. Some effects of certain communication patterns on group performance. *The Journal of Abnormal and Social Psychology, 46,* 38-50.

Mehrabian, A.（1981）. *Silent messages: Implicit communication of emotion and attitudes*（2nd ed.）. Belmont, California: Wadsworth.
（マレービアン，A. 西田 司・津田 幸男・岡村 輝人・山口 常夫（訳）（1986）. 非言語コミュニケーション 聖文社）

Rosen, S., & Tesser, A.（1970）. On reluctance to communicate undesirable information: The MUM effect. *Sociometry, 33,* 253-263.

Shannon, C. E., & Weaver, W.（1949）. *The mathematical theory of communication.* Champaign, IL: The University of Illinois Press.
（シャノン，C. E. ヴィーヴァー，W. 長谷川 淳・井上 光洋（訳）（1969）. コミュニケーションの数学的理論──情報理論の基礎── 明治図書）

Shaw, M. E.（1964）. Communication networks. In L. Berkowitz（Ed.）, *Advances in experimental social psychology.* Vol. 1（pp.111-147）. New York: Academic Press.

庄山 茂子・浦川 理加・江田 雅美（2004）. リクルートスーツのシャツの色が印象形成に及ぼす影響 デザイン学研究, *50,* 87-94.

Sommer, R. (1969). *Personal space: The behavioral basis of design.* Englewood Cliffs, NJ: Prentice-Hall.

Spiegel, J. P., & Machotka, P. (1974). *Messages of the body.* New York: Free Press.

Takai, J., & Ota, H. (1994). Assessing Japanese interpersonal communication competence. *The Japanese Journal of Experimental Social Psychology, 33,* 224–236.

Thomas, K. W. (1976). Conflict and conflict management. In M. D. Dunnette (Ed.), *Handbook of industrial and organizational psychology* (pp.889–935). Chicago, IL: Rand-McNally.

Tjosvold, D. (1998). Cooperative and competitive goal approach to conflict: Accomplishments and challenges. *Applied Psychology, 47,* 285–313.

Wildschut, T., Pinter, B., Vevea, J. L., Insko, C. A., & Schopler, J. (2003). Beyond the group mind: A quantitative review of the interindividual-intergroup discontinuity effect. *Psychological Bulletin, 129,* 698–722.

第 4 章

Ajzen, I. (1985). From intentions to action: A theory of planned behavior. In J. Kuhl, & J. Beckermann (Eds.), *Action control: From cognition to behavior* (pp.11–39). Heidelberg, Germany: Springer.

Allen, M. (1991). Meta-analysis comparing the persuasiveness of one-sided and two-sided messages. *Western Journal of Speech Communication, 55* (4), 390–404.

Allport, G. W. (1935). Attitudes. In C. Murchison (Ed.), *Handbook of social psychology* (pp.798–844). Worcester, MA: Clark University Press.

Bargh, J. A. (1994). The four horsemen of automaticity: Intention, awareness, efficiency, and control as separete issue. In R. Wyer, & T. Srull (Eds.), *Handbook of social cognition* (pp.1–40). Lawrence Erlbaum.

Beck, L., & Ajzen, I. (1991). Predicting dishonest actions using the theory of planned behavior. *Journal of Research in Personality, 25* (3), 285–301.

Brewer, M. B. (1988). A dual process model of impression formation. In T. K. Srull, & R. S. Wyer, Jr. (Eds.), *A dual process model of impression formation* (pp.1–36). Lawrence Erlbaum Associates.

Chaiken, S., & Trope, Y. (Eds.). (1999). *Dual-process theories in social psychology.* The Guilford Press.

Devine, P. G. (1989). Stereotypes and prejudice: Their automatic and controlled components. *Journal of Personality and Social Psychology, 56* (1), 5–18.

Eagly, A. H., & Chaiken, S. (1993). *The psychology of attitudes.* Fort Worth, TX: Harcourt Brace Jovanovich.

Fazio, R. H., & Williams, C. J. (1986). Attitude accessibility as a moderator of the attitude-perception and attitude-behavior relations: An investigation of the 1984 presidential election. *Journal of Personality and Social Psychology, 51,* 505–514.

Festinger, L. (1957). *A theory of cognitive dissonance.* Stanford, CA: Stanford University Press. (フェスティンガー，L. 末永 俊郎 (監訳) (1965). 認知的不協和の理論——社会心理学序説—— 誠信書房)

Festinger, L., & Carlsmith, J. M. (1959). Cognitive consequences of forced compliance. *Journal of Abnormal and Social Psychology, 58,* 203–210.

Fishbein, M., & Ajzen, I. (1975). *Belief, attitude, intention, and behavior: An introduction to theory and research.* Reading, MA: Addison-Wesley.

深田 博己 (1998). インターパーソナルコミュニケーション――対人コミュニケーションの心理学―― 北大路書房

深田 博己 (2002). 説得研究の基礎知識　深田 博己 (編) 説得心理学ハンドブック――説得的コミュニケーション研究の最前線――(pp.2-44)　北大路書房

Gilbert, D. T. (1989). Thinking lightly about others: Automatic components of the social inference process. In J. S. Uleman, & J. A. Bargh (Eds.), *Unintended thought* (pp.189-211). The Guilford Press.

Greenwald, A. G., & Banaji, M. R. (1995). Implicit social cognition: Attitudes, self-esteem, and stereotypes. *Psychological Review, 102* (1), 4-27.

Heider, F. (1958). *The psychology of interpersonal relations.* New York: Wiley.

(ハイダー, F. 大橋 正夫 (訳) (1978). 対人関係の心理学　誠信書房)

Hovland, C. I., & Weiss, W. (1951). The influence of source credibility on communication effectiveness. *Public Opinion Quarterly, 15*, 635-650.

Janis, I. L., & Feshbach, S. (1953). Effects of fear-arousing communications. *Journal of Abnormal and Social Psychology, 48*, 78-92.

Krosnick, J. A., & Alwin, D. F. (1989). Aging and susceptibility to attitude change. *Journal of Personality and Social Psychology, 57*, 416-425.

La Piere, R. T. (1934). Attitude vs. actions. *Social Forces, 13*, 230-237.

Mackie, D. M., & Worth, L. T. (1991). Feeling good, but not thinking straight: The impact of positive mood on persuasion. In J. P. Forgas (Ed.), *Emotion and social judgements* (pp.201-219). Oxford, England: Pergamon Press.

McGuire, W. J. (1968). Personality and attitude change: An information-processing theory. In A. G. Greenwald, T. C. Brock, & T. M. Ostrom (Eds.), *Psychological foundations of attitudes* (pp.171-196). San Diego, CA: Academic Press.

Petty, R. E., & Cacioppo, J. T. (1984). The effects of involvement on responses to argument quantity and quality: Central and peripheral routes to persuasion. *Journal of Personality and Social Psychology, 46*, 69-81.

Petty, R. E., & Cacioppo, J. T. (1986). The elaboration likelihood model of persuasion. In L. Berkowitz (Ed.), *Advances in experimental social psychology*. Vol. 19 (pp.123-205). San Diego, CA: Academic Press.

Petty, R. E., & Wegener, D. T. (1998). Attitude change: Multiple roles for persuasion variables. In D. T. Gilbert, S. T. Fiske, & G. Lindzey (Eds.), *The handbook of social psychology*. Vol. 1 (4th ed., pp.323-390). New York: McGraw-Hill.

Rhodes, N., & Wood, W. (1992). Self-esteem and intelligence affect influenceability: The mediating role of message reception. *Psychological Bulletin, 111* (1), 156-171.

Rogers, R. W. (1983). Cognitive and physiological processes in fear appeals and attitude change: A revised theory of protection motivation. In J. T. Cacioppo, & R. E. Petty (Eds.), *Social psychophysiology: A source book* (pp.153-176). New York: Guilford Press.

Rogers, R. W., & Mewborn, C. R. (1976). Fear appeals and attitude change: Effects of a threat's noxiousness, probability of occurrence, and the efficacy of coping responses. *Journal of Personality and Social Psychology, 34*, 54-61.

Rosenberg, M. J., & Hovland, C. I. (1960). Cognitive, affective and behavioral components of attitudes. In M. J. Rosenberg, & C. I. Hovland (Eds.), *Attitude organization and change: An analysis of consistency among attitude components* (pp.1-14). New Haven, CT: Yale University Press.

土田 昭司（2002）．態度変容研究としての説得研究　深田 博己（編著）説得心理学ハンドブック――説得的コミュニケーション研究の最前線――（pp.45-90）　北大路書房

Wicker, A. W.（1969）. Attitude versus actions: The relationship of verbal and overt behavioral responses to attitude objects. *Journal of Social Issues, 25*, 41-78.

第5章

Acitelli, L. K., & Antonucci, T. C.（1994）. Gender differences in the link between marital support and satisfaction in older couples. *Journal of Personality and Social Psychology, 67*, 688-698.

Antonucci, T. C., & Jackson, J. S.（1990）. The role of reciprocity in social support. In B. R. Sarason, I. G. Sarason, & G. R. Pierce（Eds.）, S*ocial support: An interactional view*（pp.173-198）. New York: Wiley.

Barrera, M., Jr.（1981）. Social support in the adjustment of pregnant adolescents: Assessment issues. In B. H. Gottlieb（Ed.）, *Social networks and social support*（pp.69-96）. Beverly Hills, CA: SAGE.

Barrera, M., Jr.（1986）. Distinctions between social support concepts, measures, and models. *American Journal of Community Psychology, 14*, 413-445.

Barrera, M., Jr., Sandler, I. N., & Ramsay, T. B.（1981）. Preliminary development of a scale of social support: Studies on college students. *American Journal of Community Psychology, 9*, 435-447.

Berkman, L. F., & Syme, S. L.（1979）. Social networks, host resistance, and mortality: A nine-year follow-up study of Alameda county residents. *American Journal of Epidemiology, 109*, 186-204.

Bowlby, J.（1969）. *Attachment and loss*. Vol. 1. *Attachment*. New York: Basic Books.

Buunk, B. P., Doosje, B. J., Jans, L. G. J. M., & Hopstaken, L. E. M.（1993）. Perceived reciprocity, social support, and stress at work: The role of exchange and communal orientation. *Journal of Personality and Social Psychology, 65*, 801-811.

Buunk, B. P., & Prins, K. S.（1998）. Loneliness, exchange orientation, and reciprocity in friendships. *Personal Relationships, 5*, 1-14.

Caplan, G.（1974）. *Support systems and community mental health*. New York: Behavioral.
　　（カプラン，G.　近藤 喬一・増野 肇・宮田 洋三（訳）（1979）．地域ぐるみの精神衛生　星和書店）

Cardoso, C., Valkanas, H., Serravalle, L., & Ellenbogen, M. A.（2016）. Oxytocin and social context moderate social support seeking in women during negative memory recall. *Psychoneuroendocrinology, 70*, 63-69.

Cassel, J.（1974）. Psychosocial processes and "stress": Theoretical formulations. *International Journal of Health Services, 4*, 471-482.

Cassel, J.（1976）. The contribution of the social environment to host resistance. *American Journal of Epidemiology, 104*, 107-123.

Cobb, S.（1976）. Social support as a moderator of life stress. *Psychosomatic Medicine, 38*, 300-314.

Cohen, S.（2003）. Psychosocial models of the role of social support in the etiology of physical disease. In P. Salovey, & A. J. Rothman（Eds.）, *Social psychology of health: Key readings in social psychology*（pp.227-244）. New York: Psychology Press.

Cohen S., & Hoberman, H. M.（1983）. Positive events and social supports as buffers of life change stress. *Journal of Applied Social Psychology, 13*, 99-125.

Cohen, S., & McKay, G. (1984). Social support, stress and the buffering hypothesis: A theoretical analysis. In A. Baum, J. E. Singer, & S. E. Taylor (Eds.), *Handbook of psychology and health*. Vol. 4., *Social psychological aspects of health* (pp.253-267). Hillsdale, NJ: Erlbaum.

Cohen, S., & Syme, S. L. (1985). Issues in the study and application of social support. In S. Cohen, & S. L. Syme (Eds.), *Social support and health* (pp.3-22). Orlando, FL: Academic Press.

Cohen, S., & Wills, T. A. (1985). Stress, social support, and the buffering hypothesis. *Psychological Bulletin, 98*, 310-357.

Cole, D. A., Nick, E. A., Zelkowitz, R. L., Roeder, K. M., & Spinelli, T. (2017). Online social support for young people: Does it recapitulate in-person social support; Can it help? *Computers in Human Behavior, 68*, 456-464.

Cutrona, C. E., & Russell, D. W. (1990). Type of social support and specific stress: Toward a theory of optimal matching. In B. R. Sarason, I. G. Sarason, & G. R. Pierce (Eds.), *Social support: An interactional view* (pp.319-366). New York: Wiley.

de Araujo, G., van Arsdel, P. P., Holmes, T. H., & Dudley, D. L. (1973). Life change, coping ability and chronic intrinsic asthma. *Journal of Psychosomatic Research, 17*, 359-363.

Deci, E. L., La Guardia, J. G., Moller, A. C., Scheiner, M. J., & Ryan, R. M. (2006). On the benefits of giving as well as receiving autonomy support: Mutuality in close friendships. *Personality and Social Psychology Bulletin, 32*, 313-327.

Drummond, S., O'Driscoll, M. P., Brough, P., Kalliath, T., Siu, O.-L., Timms, C., Riley, D., Sit, C., & Lo, D. (2017). The relationship of social support with well-being outcomes via work-family conflict: Moderating effects of gender, dependants and nationality. *Human Relations, 70*, 544-565.

Folkman, S., & Lazarus, R. S. (1988). Coping as a mediator of emotion. *Journal of Personality and Social Psychology, 54*, 466-475.

Frison, E., & Eggermont, S. (2016). Exploring the relationships between different types of Facebook use, perceived online social support, and adolescents' depressed mood. *Social Science Computer Review, 34*, 153-171.

Gettler L. T., & Oka, R. C. (2016). Aging US males with multiple sources of emotional social support have low testosterone. *Hormones and Behavior, 78*, 32-42.

Gleason. M. E. J., Iida, M., Bolger, N., & Shrout, P. E. (2003). Daily supportive equity in close relationships. *Personality and Social Psychology Bulletin, 29*, 1036-1045.

Gleason, M. E. J., Iida, M., Shrout, P. E., & Bolger, N. (2008). Receiving support as a mixed blessing: Evidence for dual effects of support on psychological outcomes. *Journal of Personality and Social Psychology, 94*, 824-838.

Gottlieb, B. (1984). Theory into practice: Issues that surface in planning interventions which mobilize support. In I. G. Sarason, & B. R. Sarason (Eds.), *Social support: Theory, research, and application* (pp.417-437). The Hague, the Netherlands: Martinus Nijhof.

Hirsch, B. J. (1979). Psychological dimensions of social networks: A multimethod analysis. *American Journal of Community Psychology, 7*, 263-277.

Hirsch, B. J. (1980). Natural support system and coping with major life changes. *American Journal of Community Psychology, 8*, 159-172.

久田 満・千田 茂博・箕口 雅博 (1989). 学生用ソーシャル・サポート尺度作成の試み (1)

日本社会心理学会第 30 回大会発表論文集，143-144.

Hobfoll, S. E., & Stephens, M. A. P. (1990). Social support during extreme stress: Consequences and intervention. In B. R. Sarason, I. G. Sarason, & G. R. Pierce (Eds.), *Social support: An interactional view* (pp.454-481). New York: Wiley.

House, J. S. (1981). *Work stress and social support*. Reading, MA: Addison-Wesley.

James, S. A., & Kleinbaum, D. G. (1976). Socioecologic stress and hypertension related mortality rates in North Carolina. *American Journal of Public Health, 66*, 354-358.

Jung, J. (1990). The role of reciprocity in social support. *Basic and Applied Social Psychology, 11*, 243-253.

Kanthak, M. K., Chen, F. S., Kumsta, R., Hill, L. K., Thayer, J. F., & Heinrichs, M. (2016). Oxytocin receptor gene polymorphism modulates the effects of social support on heart rate variability. *Biological Psychology, 117*, 43-49.

Kerns, K. A. (2008). Attachment in middle childhood. In J. Cassidy, & P. R. Shaver (Eds.), *Handbook of attachment: Theory, research, and clinical applications* (2nd ed., pp.366-382). New York: Guilford Press.

Khallad, Y., & Jabr, F. (2016). Effects of perceived social support and family demands on college students' mental well-being: A cross-cultural investigation. *International Journal of Psychology, 51*, 348-355.

Kim, J.-M., Stewart, R., Kang, H.-J., Bae, K.-Y., Kim, S.-W., Shin, I.-S., …Yoon, J.-S., (2017). Depression following acute coronary syndrome: Time-specific interactions between stressful life events, social support deficits, and 5-HTTLPR. *Psychotherapy and Psychosomatics, 86*, 62-64.

Kornienko, O., Schaefer, D. R., Weren, S., Hill, G. W., & Granger, D. A. (2016). Cortisol and testosterone associations with social network dynamics. *Hormones and Behavior, 80*, 92-102.

Krause, N. (1987). Life stress, social support, and self-esteem in an elderly population. *Psychology and Aging, 2*, 349-356.

Lakey, B., & Cassady, P. B. (1990). Cognitive processes in perceived social support. *Journal of Personality and Social Psychology, 59*, 337-343.

Lakey, B., & Cohen, S. (2000). Social support theory and measurement. In S. Cohen, L. G. Underwood, & B. H. Gottlieb (Eds.), *Social support measurement and intervention: A guide for health and social scientists* (pp.29-52). New York: Oxford University Press.

Lazarus, R. S. (1966). *Psychological stress and the coping process*. New York: McGraw-Hill.

Lazarus, R. S. (1999). *Stress and emotion: A new synthesis*. New York: Springer.
　　（ラザルス，R. S. 本明 寛（監訳）(2004). ストレスと情動の心理学――ナラティブ研究の視点から―― 実務教育出版）

Lazarus, R. S., & Folkman, S. (1984). *Stress, appraisal, and coping*. New York: Springer.
　　（ラザルス，R. S.・フォルクマン，S. 本明 寛・春木 豊・織田 正美（監訳）(1991). ストレスの心理学――認知的評価と対処の研究―― 実務教育出版）

Lin, X., Zhang, D., & Li, Y. (2016). Delineating the dimensions of social support on social networking sites and their effects: A comparative model. *Computers in Human Behavior, 58*, 421-430.

Lönnqvist, J. E., & große Deters, F. (2016). Facebook friends, subjective well-being, social support, and personality. *Computers in Human Behavior, 55*, 113-120.

Lu, L., & Argyle, M. (1992). Receiving and giving support: Effects on relationships and well-being. *Counseling Psychology Quarterly, 5,* 123-133.

Ma, D. Y., Chang, W. H., Chi, M. H., Tsai, H. C., Yang, Y. K., & Chen, P. S. (2016). The correlation between perceived social support, cortisol and brain derived neurotrophic factor levels in healthy women. *Psychiatry Research, 239,* 149-153.

松崎 学・田中 宏二・古城 和敬 (1990). ソーシャル・サポートの供与がストレス緩和と課題遂行に及ぼす効果　実験社会心理学研究, *30,* 147-153.

Morin-Major, J. K., Marin, M. F., Durand, N., Wan, N., Juster, R. P., & Lupien, S. J. (2016). Facebook behaviors associated with diurnal cortisol in adolescents: Is befriending stressful? *Psychoneuroendocrinology, 63,* 238-246.

Norris, F. H., & Kaniasty, K. (1996). Received and perceived social support in times of stress: A test of the social support deterioration deterrence model. *Journal of Personality and Social Psychology, 71,* 498-511.

Nuckolls, K. B., Cassel, J., & Kaplan, B. H. (1972). Psychosocial assets, life crisis and the prognosis of pregnancy. *American Journal of Epidemiology, 95,* 431-441.

Ouyang, Z., Wang, Y., & Yu, H. (2016). Internet use in young adult males: From the perspective of pursuing well-being. *Current Psychology: A Journal for Diverse Perspectives on Diverse Psychological Issues, 36,* 840-848.

Over, H., & Uskul, A. K. (2016). Culture moderates children's responses to ostracism situations. *Journal of Personality and Social Psychology, 110,* 710-724.

Pearson, R., McGeary, J. E., Maddox, W. T., & Beevers, C. G. (2016). Serotonin promoter polymorphism (5-HTTLPR) predicts biased attention for emotion stimuli: Preliminary evidence of moderation by the social environment. *Clinical Psychological Science, 4,* 122-128.

Pierce, G. R., Sarason, B. R., & Sarason, I. G. (1990). Integrating social support perspectives: Working models, personal relationships, and situational factors. In S. Duck, & R. C. Silver (Ed.), *Personal relationships and social support* (pp.173-189). Newbury Park, CA: SAGE.

Rains, S. A., Brunner, S. R., Akers, C., Pavlich, C. A., & Tsetsi, E. (2016). The implications of computer-mediated communication (CMC) for social support message processing and outcomes: When and why are the effects of support messages strengthened during CMC? *Human Communication Research, 42,* 553-576.

Rholes, W. S., & Simpson, J. A. (Eds.). (2004). *Adult attachment: Theory, research, and clinical implications.* New York: Guilford Press.
（ロールズ, W. S.・シンプソン, J. A. (編) 遠藤 利彦・谷口 弘一・金政 祐司・串崎 真志 (監訳) (2008). 成人のアタッチメント——理論・研究・臨床——　北大路書房）

Rife, S. C., Kerns, K. A., & Updegraff, J. A. (2016). Seeking support in response to social and achievement stressors: A multivenue analysis. *Personal Relationships, 23,* 364-379.

Rook. K. S. (1987). Reciprocity of social exchange and social satisfaction among older women. *Journal of Personality and Social Psychology, 52,* 145-154.

Sarason, B. R., Pierce, G. R., & Sarason, I. G. (1990a). Social support: The sense of acceptance and the role of relationships. In B. R. Sarason, I. G. Sarason, & G. R. Pierce (Eds.), *Social support: An interactional view* (pp.97-128). New York: Wiley.

Sarason, B. R., Sarason, I. G., & Gurung, R. A. R. (2001). Close personal relationships and health outcomes: A key to the role of social support. In B. R. Sarason, & S. Duck (Eds.), *Personal relationships: Implications for clinical and community psychology* (pp.15-41). Chichester, UK: Wiley.

Sarason, B. R., Sarason, I. G., & Pierce, G. R.（1990b）. Traditional views of social support and their impact on assessment. In B. R. Sarason, I. G. Sarason, & G. R. Pierce（Eds.）, *Social support: An interactional view*（pp.9-25）. New York: Wiley.

Sarason, I. G., Levine, H. M., Basham, R. B., & Sarason, B. R.（1983）. Assessing social support: The social support questionnaire. *Journal of Personality and Social Psychology, 44*, 127-139.

Sarason, I. G., Sarason, B. R., Shearin, E. N., & Pierce, G. R.（1987）. A brief measure of social support: Practical and theoretical implications. *Journal of Social and Personal Relationships, 4*, 497-510.

Seo, M., Kim, J., & Yang, H.（2016）. Frequent interaction and fast feedback predict perceived social support: Using crawled and self-reported data of Facebook users. *Journal of Computer-Mediated Communication, 21*, 282-297.

Shavitt, S., Cho, Y. I., Johnson, T. P., Jiang, D., Holbrook, A., & Stavrakantonaki, M.（2016）. Culture moderates the relation between perceived stress, social support, and mental and physical health. *Journal of Cross-Cultural Psychology, 47*, 956-980.

Sheffler, J., & Sachs-Ericsson, N.（2016）. Racial differences in the effect of stress on health and the moderating role of perceived social support. *Journal of Aging and Health, 28*, 1362-1381.

Shumaker, S. A., & Brownell, A.（1984）. Toward a theory of social support: Closing conceptual gaps. *Journal of Social Issues, 40*, 11-36.

Stenson, A., & Connolly, I.（2016）. Examining the role of Facebook in college social adjustment for first year undergraduate students. *Annual Review of CyberTherapy and Telemedicine, 14*, 123-129.

谷口弘一（2013）. 児童・生徒のサポートの互恵性と精神的健康　晃洋書房

Uchino, B. N.（2004）. *Social support and physical health: Understanding the health consequences of relationships*. New Haven, CT: Yale University Press.

Väänänen, A., Buunk, B. P., Kivimäki, M., Pentti, J., & Vahtera, J.（2005）. When it is better to give than to receive: Long-term health effects of perceived reciprocity in support exchange. *Journal of Personality and Social Psychology, 89*, 176-193.

Vaillant, G. E.（2002）. *Aging well: Surprising guideposts to a happier life from the landmark Harvard Study of Adult Development*. Boston, MA: Little, Brown.
（ヴァイラント, G. E. 米田隆（訳）（2008）. 50歳までに「生き生きした老い」を準備する　ファーストプレス）

Wills, T. A., & Shinar, O.（2000）. Measuring perceived and received social support. In S. Cohen, L. G. Underwood, & B. H. Gottlieb（Eds.）, *Social support measurement and intervention: A guide for health and social scientists*（pp.86-135）. New York: Oxford University Press.

Zhu, W., Wang, C. D., & Chong, C. C.（2016）. Adult attachment, perceived social support, cultural orientation, and depressive symptoms: A moderated mediation model. *Journal of Counseling Psychology, 63*, 645-655.

第6章

Allen, V. L.（1965）. Situational factors in conformity. In L. Berkowitz（Ed.）, *Advances in experimental social psychology*. Vol. 2（pp.133-175）. New York: Academic Press.

Asch, S. E.（1951）. Effects of group pressure upon the modification and distortion of judgments. In H. Guetzkow（Ed.）, *Groups, leadership and men: Research in human relations*（pp.177-

190）. Pittsburgh: Carnegie Press.

Back, K. W.（1951）. Influence through social communication. *Journal of Abnormal and Social Psychology, 46*, 9–23.

Burnstein, E., & Vinokur, A.（1977）. Persuasive argumentation and social comparison as determinants of attitude polarization. *Journal of Experimental Social Psychology, 13*, 315–332.

Festinger, L., Schachter, S., & Back, K.（1950）. *Social pressures in informal groups: A study of human factors in housing.* New York: Harper.

蜂屋 良彦（1987）. グループシンクをめぐって　三隅 二不二（監修）狩野 素朗・木下 冨雄・永田 良昭・濱口 恵俊・原岡 一馬（編）現代社会心理学（pp.418-433）　有斐閣

Janis, I. L.（1972）. *Victims of groupthink.* Boston: Houghton Mifflin.

Latané, B., & Wolf, S.（1981）. The social impact of majorities and minorities. *Psychological Review, 88*, 438–453.

Lewin, K.（1953）. Studies in group decision. In D. Cartwright, & A. Zander（Eds.）, *Group dynamics: Research and theory*（pp.287-301）. Evanston, IL: Row Peterson.

Mackie, D. M.（1986）. Social identification effects in group polarization. *Journal of Personality and Social Psychology, 50*, 720–728.

三隅 二不二・篠原 弘章（1967）. バス運転手の事故防止に関する集団決定の効果　教育・社会心理学研究. *6*. 125–133.

Moscovici, S.（1976）. *Social influence and social change.* London: Academic Press.

Moscovici, S.（1980）. Toward a theory of conversion behavior. In L. Berkowitz（Ed.）, *Advances in experimental social psychology.* Vol. 13（pp.209–239）. New York: Academic Press.

Moscovici, S., Lage, E., & Naffrechoux, M.（1969）. Influence of a consistent minority on the responses of a majority in a color perception task. *Sociometry, 32*, 365–380.

Moscovici, S., & Personnaz, B.（1980）. Studies in social influence: V. Minority influence and conversion behavior in a perceptual task. *Journal of Experimental Social Psychology, 16*, 270–282.

Myers, D. G., & Lamm, H.（1976）. The group polarization phenomenon. *Psychological Bulletin, 83*, 602–627.

Nemeth, C.（1986）. Differential contributions of majority and minority influence. *Psychological Review, 93*, 23–32.

Nemeth, C., Swedlund, M., & Kanki, B.（1974）. Patterning of the minority's responses and their influence on the majority. *European Journal of Social Psychology, 4*, 53–64.

Sanders, G. S., & Baron, R. S.（1977）. Is social comparison irrelevant for producing choice shifts? *Journal of Experimental Social Psychology, 13*, 303–314.

Schachter, S., Ellertson, N., McBride, D., & Gregory, D.（1951）. An experimental study of cohesiveness and productivity. *Human Relations, 4*, 229–238.

Schulz-Hardt, S., Brodbeck, F. C., Mojzisch, A., Kerschreiter, R., & Frey, D.（2006）. Group decision making in hidden profile situations: Dissent as a facilitator for decision quality. *Journal of Personality and Social Psychology, 91*, 1080–1093.

Stasser, G., & Titus, W.（1985）. Pooling of unshared information in group decision making: Biased information sampling during discussion. *Journal of Personality and Social Psychology, 48*, 1467–1478.

Stoner, J. A. F.（1961）. *A comparison of individual and group decisions involving risk*（Unpublished master's thesis）. School of Industrial Management, Massachusetts Institute of Technology.

Tanford, S., & Penrod, S. (1984). Social influence model: A formal integration of research on majority and minority influence processes. *Psychological Bulletin, 95*, 189-225.

Wallach, M. A., Kogan, N., & Bem, D. J. (1962). Group influence on individual risk taking. *Journal of Abnormal and Social Psychology, 65*, 75-86.

吉山 尚裕 (1988). 少数者影響過程の時系列的分析　実験社会心理学研究, *28*, 47-54.

第 7 章

Allport, G. W. (1954). *The nature of prejudice*. Cambridge, MA: Perseus Books.

Amir, Y. (1969). Contact hypothesis in ethnic relations. *Psychological Bulletin, 71* (5), 319-342.

Bandura, A., Underwood, B., & Fromson, M. (1975). Disinhibition of aggression through diffusion of responsibility and dehumanization of victims. *Journal of Research in Personality, 9*, 253-269.

Brewer, M. B., & Campbell, D. T. (1976). *Ethnocentrism and intergroup attitudes: East African evidence*. Beverly Hills, CA: SAGE.

Brewer, M. B., & Miller, N. (1984). Beyond the contact hypothesis: Theoretical perspectives on desegregation. In N. Miller, & M. B. Brewer (Eds.), *Groups in contact: The psychology of desegregation* (pp.281-302). Orlando, FL: Academic Press.

Brown, R. P., Wohl, M. J. A., & Exline, J. J. (2008). Taking up offenses: Second hand forgiveness and group identification. *Personality and Social Psychology Bulletin, 34*, 1406-1419.

Cashdan, E. (2001). Ethnocentrism and xenophobia: A cross-cultural study. *Current Anthropology, 42*, 760-765.

Cikara, M., Bruneau, E. G., & Saxe, R. R. (2011). Us and them: Intergroup failures of empathy. *Current Directions in Psychological Science, 20* (3), 149-153.

Cottrell, C. A., Richards, D. A. R., & Nichols, A. L. (2010). Predicting policy attitudes from general prejudice versus specific intergroup emotions. *Journal of Experimental Social Psychology, 46*, 247-254.

Crisp, R. J., & Turner, R. N. (2012). The imagined contact hypothesis. *Advances in Experimental Social Psychology, 46*, 125-182.

Cuddy, A. J. C., Fiske, S. T., & Glick, P. (2007). The BIAS map: Behaviors from intergroup affect and stereotypes. *Journal of Personality and Social Psychology, 92* (4), 631-648.

Dasgupta, N., McGhee, D. E., Greenwald, A. G., & Banaji, M. R. (2000). Automatic preference for White Americans: Eliminating the familiarity explanation. *Journal of Experimental Social Psychology, 36*, 316-328.

Devine, P. G. (1989). Stereotypes and prejudice: Their automatic and controlled components. *Journal of Personality and Social Psychology, 56* (1), 5-18.

Fiske, S. T., Cuddy, A. J. C., Glick, P., & Xu, J. (2002). A model of (often mixed) stereotype content: Competence and warmth respectively follow from perceived status and competition. *Journal of Personality and Social Psychology, 82* (6), 878-902.

Gaertner, S. L., & Dovidio, J. F. (2000). *Reducing intergroup bias: The common ingroup identity model*. Philadelphia, PA: Psychology Press.

Greenwald, A. G., McGhee, D. E., & Schwartz, J. L. K. (1998). Measuring individual differences in implicit cognition: The implicit association test. *Journal of Personality and Social Psychology, 74* (6), 1464-1480.

Gross, J. J., Halperin, E., & Porat, R. (2013). Emotion regulation in intractable conflicts. *Current Directions in Psychological Science, 22*, 423-429.

Halperin, E., Pliskin, R., Saguy, T., Liberman, V., & Gross, J. J. (2014). Emotion regulation and the cultivation of political tolerance: Searching for a new track for intervention. *Journal of Conflict Resolution, 58*, 1110-1138.

Halperin, E., Porat, R., Tamir, M., & Gross, J. J. (2013). Can emotion regulation change political attitudes in intractable conflicts? From the laboratory to the field. *Psychological Science, 24*, 106-111.

Hamilton, D. L., & Gifford, R. K. (1976). Illusory correlation in interpersonal perception: A cognitive basis of stereotypic judgments. *Journal of Experimental Social Psychology, 12* (4), 392-407.

Hogg, M. A., & Terry, D. J. (2000). Social identity and self-categorization processes in organizational contexts. *Academy of Management Review, 25*, 121-140.

Insko, C. A., Pinkley, R. L., Hoyle, R. H., Dalton, B., Hong, G., Slim, R. M., ...Thibaut, J. (1987). Individual versus group discontinuity: The role of intergroup contact. *Journal of Experimental Social Psychology, 23* (3), 250-267.

唐沢 穣 (2010). 集団間の関係——ステレオタイプ，偏見，差別行動の原因と解決方法—— 池田 謙一・唐沢 穣・工藤 恵理子・村本 由紀子　社会心理学　有斐閣

Kosterman, R., & Feshbach, S. (1989). Toward a measure of patriotic and nationalistic attitudes. *Political Psychology, 10*, 257-274.

Levine, R. A., & Campbell, D. T. (1972). *Ethnocentrism: Theories of conflict, ethnic attitudes and group behavior.* New York: Wiley.

Leyens, J-P., Paladino, P. M., Rodriguez-Torres, R., Vaes, J., Demoulin, S., Rodriguez-Perez, A., & Gaunt, R. (2000). The emotional side of prejudice: The attribution of secondary emotions to ingroups and outgroups. *Personality and Social Psychology Review, 4*, 186-197.

Mackie, D. M., Devos, T., & Smith, E. R. (2000). Intergroup emotions: Explaining offensive action tendencies in an intergroup context. *Journal of Personality and Social Psychology, 79*, 602-616.

Meier, B. P., & Hinsz, V. B. (2004). A comparison of human aggression committed by groups and individuals: An interindividual-intergroup discontinuity. *Journal of Experimental Social Psychology, 40* (4), 551-559.

縄田 健悟 (2013). 集団間紛争の発生と激化に関する社会心理学的研究の概観と展望　実験社会心理学研究, *53*, 52-74.

縄田 健悟 (2015). "我々" としての感情とは何か？——集団間紛争における感情の役割を中心に—— エモーション・スタディーズ, *1*, 9-16.

縄田 健悟 (2022). 暴力と紛争の "集団心理"——いがみ合う世界への社会心理学からのアプローチ—— ちとせプレス

岡 隆 (1999). ステレオタイプ，偏見，差別の心理学　岡 隆・佐藤 達哉・池上 知子 (編) 偏見とステレオタイプの心理学　現代のエスプリ, *384*, 5-14. 至文堂

Park, B., & Rothbart, M. (1982). Perception of out-group homogeneity and levels of social categorization: Memory for the subordinate attributes of in-group and out-group members. *Journal of Personality and Social Psychology, 42* (6), 1051-1068.

Pemberton, M. B., Insko, C. A., & Schopler, J. (1996). Memory for and experience of differential competitive behavior of individuals and groups. *Journal of Personality and Social Psychology, 71* (5), 953-966.

Pettigrew, T. F. (1979). The ultimate attribution error: Extending Allport's cognitive analysis of prejudice. *Personality and Social Psychology Bulletin, 5* (4), 461-476.

Pettigrew, T. F. (1998). Intergroup contact theory. *Annual Review of Psychology, 49*, 65-85.

Pettigrew, T. F., & Tropp, L. R. (2006). A meta-analytic test of intergroup contact theory. *Journal of Personality and Social Psychology, 90* (5), 751-783.

Roccas, S., Sagiv, L., Schwartz, S. H., Halevy, N., & Eidelson, R. (2008). Toward a unifying model of identification with groups: Integrating theoretical perspectives. *Personality and Social Psychology Review, 12*, 280-306.

Sherif, M., Harvey, O. J., White, B. J., Hood, W. R., & Sherif, C. W. (1961). *Intergroup conflict and cooperation: The Robbers Cave experiment.* Norman, OK: The University Book Exchange.

Swim, J. K., Aikin, K. J., Hall, W. S., & Hunter, B. A. (1995). Sexism and racism: Old-fashioned and modern prejudices. *Journal of Personality and Social Psychology, 68* (2), 199-214.

Tajfel, H., Billig, M. G., Bundy, R. P., & Flament, C. (1971). Social categorization and intergroup behavior. *European Journal of Social Psychology, 1*, 149-178.

Tajfel, H., & Turner, J. C. (1979). An integrative theory of intergroup conflict. In W. G. Austin, & S. Worchel (Eds.), *The social psychology of intergroup relations* (pp.33-47). Chicago, IL: Nelson.

Tajfel, H., & Wilkes, A. L. (1963). Classification and quantitative judgement. *British Journal of Psychology, 54* (2), 101-114.

高 史明 (2015). レイシズムを解剖する——在日コリアンへの偏見とインターネット—— 勁草書房

Takemura, K., & Yuki, M. (2007). Are Japanese groups more competitive than Japanese individuals? A cross-cultural validation of the interindividual-intergroup discontinuity effect. *International Journal of Psychology, 42* (1), 27-35.

Wildschut, T., & Insko, C. A. (2007). Explanations of interindividual-intergroup discontinuity: A review of the evidence. *European Review of Social Psychology, 18* (1), 175-211.

Wright, S. C., Aron, A., McLaughlin-Volpe, T., & Ropp, S. A. (1997). The extended contact effect: Knowledge of cross-group friendships and prejudice. *Journal of Personality and Social Psychology, 73*, 73-90.

第8章

Amichai-Hamburger, Y., & Vinitzky, G. (2010). Social network use and personality. *Computers in Human Behavior, 26* (6), 1289-1295.

Bandura, A. (1986). *Social foundations of thought and action: A social cognitive theory.* Englewood Cliffs, NJ: Prentice-Hall.

Barlińska, J., Szuster, A., & Winiewski, M. (2013). Cyberbullying among adolescent bystanders: Role of the communication medium, form of violence, and empathy. *Journal of Community and Applied Social Psychology, 23* (1), 37-51.

Bastiaensens, S., Vandebosch, H., Poels, K., Van Cleemput, K., DeSmet, A., & De Bourdeaudhuij, I. (2014). Cyberbullying on social network sites. An experimental study into bystanders' behavioural intentions to help the victim or reinforce the bully. *Computers in Human Behavior, 31* (1), 259-271.

Best, P., Manktelow, R., & Taylor, B. (2014). Online communication, social media and adolescent wellbeing: A systematic narrative review. *Children and Youth Services Review, 41*, 27-36.

Bonanno, R. A., & Hymel, S. (2013). Cyber bullying and internalizing difficulties: Above and beyond the impact of traditional forms of bullying. *Journal of Youth Adolescence, 42* (5), 685-697.

引 用 文 献　　　　　291

Bourdieu, P., & Wacquant, L. J. D. (1992). *An invitation to reflexive sociology.* Chicago, IL: The University of Chicago Press.

Caplan, S. E. (2002). Problematic Internet use and psychosocial well-being: Development of a theory-based cognitive-behavioral measurement instrument. *Computers in Human Behavior, 18* (5), 553-575.

Caplan, S. E. (2003). Preference for online social interaction: A theory of problematic Internet use and psychosocial well-being. *Communication Research, 30* (6), 625-648.

Caplan S., Williams, D., & Yee, N. (2009). Problematic Internet use and psychosocial well-being among MMO players. *Comuputers in Human Behavior, 25* (6), 1312-1319.

Davis, R. A. (2001). A cognitive-behavioral model of pathological Internet use. *Computers in Human Behavior, 17* (2), 187-195.

Di Gennaro, C., & Dutton, W. H. (2007). Reconfiguring friendships: Social relationships and the Internet. *Information, Communication and Society, 10* (5), 591-618.

Dillon, K. P., & Bushman, B. J. (2015). Unresponsive or un-noticed?: Cyberbystander intervention in an experimental cyberbullying context. *Computers in Human Behavior, 45,* 144-150.

Ellison, N. B., & Boyd, D. M. (2013). Sociality through social network sites. In W. H. Dutton (Ed.), *The Oxford handbook of Internet studies* (pp.151-172). Oxford, UK: Oxford University Press.

Ellison, N. B., Steinfield, C., & Lampe, C. (2007). The benefits of Facebook "friends" social capital and college students' use of online social network sites. *Journal of Computer-Mediated Communication, 12* (4), 1143-1168.

Ellison, N. B., Steinfield, C., & Lampe, C. (2011). Connection strategies: Social capital implications of Facebook-enabled communication practices. *New Media and Society, 13* (6), 873-892.

Griffiths, M. (2005). A 'components' model of addiction within a biopsychosocial framework. *Journal of Substance Use, 10* (4), 191-197.

堀川 裕介・橋元 良明・小室 広佐子・小笠原 盛浩・大野 志郎・天野 美穂子・河井 大介 (2011). 中学生パネル調査に基づくネット依存の因果的分析 東京大学大学院情報学環 紀要 情報学研究・調査研究編, *28,* 161-201.

Huesmann, L. R., & Guerra, N. G. (1997). Children's normative beliefs about aggression and aggressive behavior. *Journal of Personality and Social Psychology, 72* (2), 408-419.

Hughes, D. J., Rowe, M., Batey, M., & Lee, A. (2012). A tale of two sites: Twitter vs. Facebook and the personality predictors of social media usage. *Computers in Human Behavior, 28* (2), 561-569.

Ishii, K. (2004). Internet use via mobile phone in Japan. *Telecommunications Policy, 28* (1), 43-58.

Ishii, K. (2008). Uses and gratifications of online communities in Japan. *Observatorio, 2* (3), 25-37.

Joinson, A. N. (2003). *Understanding the psychology of Internet behaviour: Virtual worlds, real lives.* Palgrave Macmillan.
　　（ジョインソン, A. N. 三浦 麻子・畦地 真太郎・田中 敦 (訳) (2004). インターネットにおける行動と心理——バーチャルと現実のはざまで—— 北大路書房)

苅野 正美 (2014). 若者における SNS 利用行動およびリスク認知の検討——LINE と Twitter を中心に—— プール学院大学研究紀要, *55,* 57-72.

加藤 司（2001）．対人ストレス過程の検証　教育心理学研究, *49*（3）, 295-304.

小林 久美子（2000）．インターネットと社会的不適応　坂元 章（編）インターネットの心理学──教育・臨床・組織における利用のために──（pp.122-134）　学文社

Kowalski, R. M., Giumetti, G. W., Schroeder, A. N., & Lattanner, M. R.（2014）．Bullying in the digital age: A critical review and meta-analysis of cyberbullying research among youth. *Psychological Bulletin, 140*（4）, 1073-1137.

Kraut, R., Kiesler, S., Boneva, B., Cummings, J., Helgeson, V., & Crawford, A.（2002）．Internet paradox revisited. *Journal of Social Issues, 58*（1）, 49-74.

Kraut, R., Patterson, M., Lundmark, V., Kiesler, S., Mukopadhyay, T., & Scherlis, W.（1998）．Internet paradox: A social technology that reduces social involvement and psychological well-being? *American Psychologist, 53*（9）, 1017-1031.

黒川 雅幸（2010）．いじめ被害とストレス反応, 仲間関係, 学校適応感との関連──電子いじめ被害も含めた検討──　カウンセリング研究, *43*（3）, 171-181.

黒川 雅幸・三島 浩路・大西 彩子・本庄 勝・吉武 久美・吉田 俊和（2015）．高校生におけるネット上の関係と友人関係適応感との関連　東海心理学研究, *9*, 11-19.

黒川 雅幸・吉田 俊和（2016）．大学新入生における LINE ネットワークと友人満足感および精神的健康との関連　実験社会心理学研究, *56*（1）, 1-13.

Latané, B., & Darley, J. M.（1970）．*The unresponsive bystander: Why doesn't he help?* New York: Appleton-Century-Crofts.

Lee, S. J.（2009）．Online communication and adolescent social ties: Who benefits more from Internet use? *Journal of Computer-Mediated Communication, 14*（3）, 509-531.

Lenhart, A.（2015）．Teens, social media & technology overview 2015.　Pew Research Center. Retrieved from http://www.pewinternet.org/2015/04/09/teens-social-media-technology-2015/（2016 年 3 月 2 日）

Leon, D. T., & Rotunda, R. J.（2000）．Contrasting case studies of frequent Internet use: Is it pathological or adaptive? *Journal of College Student Psychotherapy, 14*（4）, 9-18.

文部科学省（2017）．平成 27 年度「児童生徒の問題行動等生徒指導上の諸問題に関する調査」（確定値）について　文部科学省　Retrieved from http://www.mext.go.jp/b_menu/houdou/29/02/__icsFiles/afieldfile/2017/02/28/1382696_001_1.pdf（2017 年 6 月 3 日）

Morahan-Martin, J., & Schumacher, P.（2000）．Incidence and correlates of pathological Internet use among college students. *Computers in Human Behavior, 16*（1）, 13-29.

森田 洋司・清永 賢二（1986）．いじめ──教室の病い──　金子書房

中川 泰彬・大坊 郁夫（1996）．日本版 GHQ 精神健康調査票手引　第 2 版　日本文化科学社

Olweus, D.（1993）．*Bullying at school: What we know and what we can do.* Oxford, UK: Blackwell.

大橋 源一郎（2014）．3 大 SNS 再入門　日経パソコン, *693*, pp.32-49.

大西 彩子・本庄 勝・吉武 久美・三島 浩路・黒川 雅幸・吉田 俊和（2014）．学校のいじめとネット上の対人関係との関連──関係性いじめを受けた女子高校生の事例──　応用心理学研究, *40*（1）, 54-55.

大西 彩子・戸田 有一（2015）．認知のゆがみといじめ　吉澤 寛之・大西 彩子・G. ジニ・吉田 俊和（編著）ゆがんだ認知が生み出す反社会的行動──その予防と改善の可能性──（pp.99-111）　北大路書房

大野 志郎・小室 広佐子・橋元 良明・小笠原 盛浩・堀川 祐介（2011）．ネット依存の若者たち, 21 人インタビュー調査　東京大学大学院情報学環紀要 情報学研究・調査研究編, *27*, 101-139.

Orr, E. S., Sisic, M., Ross, C., Simmering, M. G., Arseneault, J. M., & Orr, R. R.（2009）．The influence of shyness on the use of Facebook in an undergraduate sample. *CyberPsychology and Behavior, 12*(3), 337-340.

長田 洋和・上野 里絵（2005）．ネット中毒をめぐって——Internet Addiction Test（IAT）日本語版について—— アディクションと家族, *22*（2）, 141-147.

Pierce, T.（2009）. Social anxiety and technology: Face-to-face communication versus technological communication among teens. *Computers in Human Behavior, 25*（6）, 1367-1372.

Putnam, R. D.（2000）. *Bowling alone: The collapse and revival of American community.* New York: Simon & Schuster.
（パットナム, R. D. 柴内 康文（訳）（2006）．孤独なボウリング——米国コミュニティの崩壊と再生—— 柏書房）

Raskauskas, J., & Stoltz, A. D.（2007）. Involvement in traditional and electronic bullying among adolescents. *Developmental Psychology, 43*（3）, 564-575.

Salmivalli, C., Lagerspetz, K., Björkqvist, K., Österman, K., & Kaukiainen, A.（1996）. Bullying as a group process: Participant roles and their relations to social status within the group. *Aggressive Behavior, 22*（1）, 1-15.

Servidio, R.（2014）. Exploring the effects of demographic factors, Internet usage and personality traits on Internet addiction in a sample of Italian university students. *Computers in Human Behavior, 35*, 85-92.

Slonje, R., Smith, P. K., & Frisén, A.（2012）. Processes of cyberbullying, and feelings of remorse by bullies: A pilot study. *European Journal of Developmental Psychology, 9*（2）, 244-259.

Smith, P. K., Mahdavi, J., Carvalho, M., Fisher, S., Russell, S., & Tippett, N.（2008）. Cyberbullying: Its nature and impact in secondary school pupils. *Journal of Child Psychology and Psychiatry, 49*（4）, 376-385.

総務省（2015）．平成 27 年度版情報通信白書　総務省　Retrieved from http://www.soumu.go.jp/johotsusintokei/whitepaper/ja/h27/pdf/27honpen.pdf（2016 年 3 月 2 日）

Tao, R., Huang, X., Wang, J., Zhang, H., Zhang, Y., & Li, M.（2010）. Proposed diagnostic criteria for Internet addiction. *Addiction, 105*（3）, 556-564.

戸田 有一・青山 郁子・金綱 知征（2013）．ネットいじめ研究と対策の国際的動向と展望 一橋大学〈教育と社会〉研究, *23*, 29-39.

Valkenburg, P. M., & Peter, J.（2007a）. Preadolescents' and adolescents' online communication and their closeness to friends. *Developmental Psychology, 43*（2）, 267-277.

Valkenburg, P. M., & Peter, J.（2007b）. Online communication and adolescent well-being: Testing the stimulation versus the displacement hypothesis. *Journal of Computer-Mediated Communication, 12*（4）, 1169-1182.

Van Rooij, A. J., & Prause, N.（2014）. A critical review of "Internet addiction" criteria with suggestions for the future. *Journal of Behavioral Addictions, 3*（4）, 203-213.

Wang, C-W., Ho, R. T. H., Chan, C. L. W., & Tse, S.（2015）. Exploring personality characteristics of Chinese adolescents with Internet-related addictive behaviors: Trait differences for gaming addiction and social networking addiction. *Addictive Behaviors, 42*, 32-35.

吉澤 寛之（2015）．認知のゆがみの測定方法　吉澤 寛之・大西 彩子・G. ジニ・吉田 俊和（編著）ゆがんだ認知が生み出す反社会的行動——その予防と改善の可能性——（pp.55-73） 北大路書房

Young, K. S.（1998）. Internet addiction: The emergence of a new clinical disorder. *CyberPsychology and Behavior, 1*（3）, 237-244.

Young, K. S., & Rodgers, R. C.（1998）. The relationship between depression and Internet

294　　　　　　　　　　　　　引 用 文 献

addiction. *CyberPsychology and Behavior, 1*(1), 25-28.

第9章

Allport, G. W., & Postman, L. (1947). *The psychology of rumor.* New York: Henry Holt.
　（オルポート，G. W. 南 博（訳）(1952). デマの心理学　岩波書店）

朝日新聞 (1979). 教室レポート "口裂け女" ってほんと？　朝日新聞 7 月 8 日朝刊，32.

朝日新聞 (2000). 善意メール数珠つなぎ，日本医科大困った　問い合わせ殺到　朝日新聞 5
　月 26 日朝刊，33.

朝日新聞 (2003). 連鎖メールは心の「通り魔」　朝日新聞 5 月 3 日朝刊，12.

朝日新聞 (2008).「3 歳児に献血して」迷惑チェーンメール　朝日新聞 2 月 23 日朝刊，39.

朝倉 喬司 (1989). あの「口裂け女」の棲み家を岐阜山中に見た！──現代山姥縁起考──
　石井 慎二（編）別冊宝島 92　うわさの本──都市に乱舞する異事奇聞・怪談を読み解
　く試み！──(pp.132-149)　JICC 出版局

Brunvand, J. H. (1981). *The vanishing hitchhiker: American urban legends and their meanings.*
　New York: W. W. Norton.
　（ブルンヴァン，J. H. 大月 隆寛・菅谷 裕子・重信 幸彦（訳）(1988). 消えるヒッチ
　ハイカー──都市の想像力のアメリカ──　新宿書房）

Cantril, H. (1940). *The invasion from Mars: A study in the psychology of panic.* New Jersey:
　Transaction.
　（キャントリル，C. 斎藤 耕二・菊池 章夫（訳）(1971). 火星からの侵入──パニック
　の社会心理学──　川島書店）

DiFonzo, N., & Bordia, P. (2007). Rumor, Gossip and Urban Legends. *Diogenes, 54,* 19-35.

DiFonzo, N., Bourgeois, M. J., Suls, J., Homan, C., Stupak, N., Brooks, B. P., ...Bordia, P. (2013).
　Rumor clustering, consensus, and polarization: Dynamic social impact and self-organization
　of hearsay. *Journal of Experimental Social Psychology, 49,* 378-399.

Dodds, P. S., Muhamad, R., & Watts, D. J. (2003). An experimental study of search in global
　social networks. *Science, 301,* 827-829.

Fine, G. A., & Rosnow, R. L. (1978). Gossip, gossipers, gossiping. *Personality and Social
　Psychology Bulletin, 4,* 161-168.

藤谷 俊雄 (1993).「おかげまいり」と「ええじゃないか」　岩波書店

廣井 脩 (2001). 流言とデマの社会学　文藝春秋

池内 一 (1968). 流行　八木 冕（編）心理学Ⅱ (pp.317-328)　培風館

Kadushin, C. (2012). *Understanding social networks: Theories, concepts, and findings.* New York:
　Oxford University Press.
　（カドゥシン，C. 五十嵐 祐（監訳）(2015). 社会的ネットワークを理解する　北大路
　書房）

川上 善郎 (1997). うわさが走る──情報伝播の社会心理──　サイエンス社

川上 善郎 (1999). デマ　中島 義明・安藤 清志・子安 増生・坂野 雄二・繁桝 算男・立花 政
　夫・箱田 裕司（編）心理学辞典 (p.614)　有斐閣

木下 冨雄 (1977). 流言　池内 一（編）講座社会心理学 3 ──集合現象──(pp.11-86)　東
　京大学出版会

木下 冨雄 (1994). 現代の噂から口頭伝承の発生メカニズムを探る──「マクドナルド・ハン
　バーガーの噂」と「口裂け女の噂」──　木下 冨雄・吉田 民人（編）記号と情報の行
　動科学 (pp.45-97)　福村出版

釘原 直樹 (2011). グループ・ダイナミックス──集団と群集の心理学──　有斐閣

Milgram, S. (1967). The small world problem. *Psychology Today, 1*, 61-67.

Milgram, S., & Toch, H. (1969). Collective behavior: Crowds and social movements. In G. Lindzey, & E. Aronson (Eds.), *The handbook of social psychology.* Vol. 4 (2nd ed., pp.507-610). Reading, MA: Addison-Wesley.

南 博 (1957). 体系社会心理学　光文社

三隅 譲二 (1991). 都市伝説——流言としての理論的一考察——　社会学評論, *42*, 17-31.

三隅 譲二・木下 冨雄 (1992).「世間は狭い」か？——日本社会の目に見えない人間関係ネットワークを推定する——　社会心理学研究, *7*, 8-18.

仲川 秀樹 (2015). H・ブルーマーの集合行動論——流行理論を軸として——　学文社

中島 純一 (1998). メディアと流行の心理　金子書房

二瓶 喜博 (2000). うわさとくちコミマーケティング　創成社

日経産業新聞 (1996). 問われるネットルール (1) チェーンメールの恐怖 (サイバースペースの未来)　日経産業新聞 10 月 28 日, 1.

Rogers, E. M. (2003). *Diffusion of innovations* (5th ed). New York: Free Press.
　　(ロジャース, E. M. 三藤 利雄 (訳) (2007). イノベーションの普及　翔泳社)

Rosnow, R. L. (1991). Insider rumor: A personal journey. *American Psychologist, 46*, 484-496.

斎藤 定良 (1959). 流行　戸川 行男 (編) 現代社会心理学 4　大衆現象の心理 (pp.201-214)　中山書店

関谷 直也 (2003).「風評被害」の社会心理——「風評被害」の実態とそのメカニズム——災害情報, *1*, 78-89.

関谷 直也 (2011). 風評被害——そのメカニズムを考える——　光文社

Simmel, G. (1919). *Philosophische Kultur.* Leipzig: Alfred Kröner.
　　(ジンメル, G. 円子 修平・大久保 健治 (訳) (1994). 新装復刊　ジンメル著作集 7　文化の哲学　白水社)

高木 俊輔 (1979). ええじゃないか　教育社

田中 淳 (2003). 集合行動の対象領域と関心　田中 淳・土屋 淳二　集合行動の社会心理学 (pp.10-24)　北樹出版

Tarde, G. (1901). *L'opinion et la foule.* Paris: Alcan.
　　(タルド, G. 稲葉 三千男 (訳) (1989). 新装版　世論と群集　未來社)

読売新聞 (1979). ウソ八百の恐怖走る　子供襲った"口裂け女"「本当にいるの？」110 番まで　読売新聞 6 月 13 日朝刊, 20.

吉森 護 (1995). 集団　小川 一夫 (監修) 吉森 護・浜名 外喜男・市河 淳章・高橋 超・田中 宏二・藤原 武弘…吉田 寿夫 (編) 改訂新版　社会心理学用語辞典 (pp.146-148)　北大路書房

吉永 達世 (1998). クチコミはメディアになり得るか——女子高生におけるクチコミ効果測定二つの実験から——　日本語学, *17*, 54-61.

第 10 章

Baker, W. E. (1999). When can affective conditioning and mere exposure directly influence brand choice? *Journal of Advertising, 28*, 31-46.

Cantril, H. (1940). *The invasion from Mars: A study in the psychology of panic.* New Jersey: Princeton University Press.
　　(キャントリル, H. 斎藤 耕二・菊池 章夫 (訳) (1971). 火星からの侵入——パニックの社会心理学——　川島書店)

Davison, W. P. (1983). The third-person effect in communication. *Public Opinion Quarterly, 47*,

1-15.

Gerbner, G., & Gross, L. (1976). Living with television: The violence profile. *Journal of Communication, 26,* 172-194.

池田 謙一 (1990). 情報と社会的コミュニケーション　大坊 郁夫・安藤 清志・池田 謙一 (編) 社会心理学パースペクティブ3――集団から社会へ――(pp.135-169)　誠信書房

神 信人 (2009). 集合的無知　日本社会心理学会 (編) 社会心理学辞典 (pp.300-301)　丸善出版

亀ヶ谷 雅彦 (2001). 選挙予測のアナウンスメント効果に関する先行研究の概観――アナウンスメント効果の下位効果の拡張に向けて――　山形県立米沢女子短期大学紀要, *36,* 71-86.

Katz, E., & Lazarsfeld, P. F. (1955). *Personal influence: The part played by people in the flow of mass communications.* New York: The Free Press.
　　(カッツ, E.・ラザースフェルド, P. F. 竹内 郁郎 (訳) (1965). パーソナル・インフルエンス――オピニオン・リーダーと人びとの意思決定――　培風館)

Keen, S. (1986). *Faces of the enemy: Reflections of the hostile imagination.* San Francisco, CA: Harper & Row.
　　(キーン, S. 佐藤 卓己・佐藤 八寿子 (訳) (1994). 敵の顔――憎悪と戦争の心理学――　柏書房)

木村 義子・関根 智江・行木 麻衣 (2015). テレビ視聴とメディア利用の現在――「日本人とテレビ・2015」調査から――　放送研究と調査, *65* (8), 18-47.

釘原 直樹 (2014a). スケープゴーティングとは　釘原 直樹 (編) スケープゴーティング――誰が, なぜ「やり玉」に挙げられるのか――(pp.1-10)　有斐閣

釘原 直樹 (2014b). スケープゴーティングの心理　釘原 直樹 (編) スケープゴーティング――誰が, なぜ「やり玉」に挙げられるのか――(pp.13-39)　有斐閣

Lazarsfeld, P., Berelson, B., & Gaudet, H. (1948). *The people's choice: How the voter makes up his mind in a presidential campaign.* New York: Columbia University Press.
　　(ラザースフェルド, P. H.・ベレルソン, B.・ゴーデット, H. 有吉 広介 (監訳) (1987). ピープルズ・チョイス――アメリカ人と大統領選挙――　芦書房)

Lippmann, W. (1922). *Public opinion.* Dover Publications.
　　(リップマン, W. 掛川 トミ子 (訳) (1987). 世論 (上・下)　岩波書店)

松田 憲・平岡 斉士・杉森 絵里子・楠見 孝 (2007). バナー広告への単純接触が商品評価と購買意図に及ぼす効果　認知科学, *14,* 133-154.

McAllister, I., & Studlar, D. T. (1991). Bandwagon, underdog, or projection? Opinion polls and electoral choice in Britain, 1979-1987. *The Journal of Politics, 53,* 720-741.

McCombs, M. E., & Shaw, D. L. (1972). The agenda setting function of mass media. *Public Opinion Quarterly, 36,* 176-187.

Morelli, A. (2001). *Principes élémentaires de propagande de guerre.* Brussels: Labor.
　　(モレリ, A. 永田 千奈 (訳) (2015). 戦争プロパガンダ 10 の法則　草思社)

村上 幸史・植村 善太郎 (2014a). 事故報道でのスケープゴーティング　釘原 直樹 (編) スケープゴーティング――誰が, なぜ「やり玉」に挙げられるのか――(pp.103-125)　有斐閣

村上 幸史・植村 善太郎 (2014b). 感染症報道でのスケープゴーティング　釘原 直樹 (編) スケープゴーティング――誰が, なぜ「やり玉」に挙げられるのか――(pp.127-155)　有斐閣

中村 功 (1998). テレビが視聴者の現実認識に与える影響――ワイドショー等, 番組タイプ

別の培養分析——　松山大学論集, *10*, 133-162.

日本レコード協会（2016）. 統計情報　日本レコード協会　Retrieved from http://www.riaj.or.jp/f/data/index.html（2016 年 8 月 27 日）

Noelle-Neumann, E.（1980）. *Die Schweigespirale.* Munchen/Zuerich: Piper.
（ノエル゠ノイマン, E. 池田 謙一・安野 智子（訳）（2013）. 沈黙の螺旋理論——世論形成過程の社会心理学——　改訂復刻版　北大路書房）

荻上 チキ（2011）. 検証　東日本大震災の流言・デマ　光文社

岡田 直之（1985）. マス・コミュニケーションの過程——「コミュニケーションの 2 段階の流れ」仮説をめぐって——　コミュニケーション紀要, *3*, 41-60.

Pooley, J., & Socolow, M. J.（2013）. The myth of the war of the worlds panic: Orson Welles' infamous 1938 radio program did not touch off nationwide hysteria. Why does the legend persist? SLATE. Retrieved from http://www.slate.com/articles/arts/history/2013/10/orson_welles_war_of_the_worlds_panic_myth_the_infamous_radio_broadcast_did.html（2017 年 5 月 30 日）

パットナム, R. D. 河田 潤一（訳）（2003）. 社会資本と公的生活　河田 潤一・荒木 義修（編）ハンドブック政治心理学（pp.187-201）　北樹出版

Robinson, J. P.（1976）. Interpersonal influence in election campaigns: Two step-flow hypotheses. *The Public Opinion Quarterly, 40*（3）, 304-319.

Ross, L., Greene, D., & House, P.（1977）. The "false consensus effect": An egocentric bias in social perception and attribution processes. *Journal of Experimental Social Psychology, 13*, 279-301.

塩野 七生（2014）. ユリウス・カエサル——ルビコン以後——　ローマ人の物語 V　電子版　新潮社

白鳥 令（1983）. 選挙予測の仕組みと功罪　言語生活, *381*, 22-31.

総務省（2015）. 国政選挙の投票率の推移　総務省　Retrieved from http://www.soumu.go.jp/senkyo/senkyo_s/news/sonota/ritu/index.html（2016 年 8 月 28 日）

竹下 俊郎（1981）. マス・メディアの議題設定機能——研究の現状と課題——　新聞学評論, *30*, 203-218.

植村 善太郎・高田 亮・中島 渉・村上 幸史・釘原 直樹（2006）. マスコミが対象とするスケープゴートの変遷（5）——報道の全体的傾向と非難・賞賛対象ごとの記事数の変化——　日本心理学会第 70 回大会論文集, 241.

Veltfort, H. R., & Lee, G. E.（1943）. The cocoanut grove fire: A study in scapegoating. *Journal of Abnormal and Social Psychology, 38*, 138-154.

山田 歩・外山 みどり（2010）. もっともらしい理由による選択の促進　心理学研究, *81*, 492-500.

第 11 章

阿部 恒之（2002）. ストレスと化粧の社会生理心理学　フレグランスジャーナル社

Ellis, B. D., & Stam, H. J.（2015）. Crisis? What crisis? Cross-cultural psychology's appropriation of cultural psychology. *Culture and Psychology, 21*（3）, 293-317.

木戸 彩恵（2012）. 文化心理学——文化の違いと異文化変容——　サトウ タツヤ・若林 宏輔・木戸 彩恵（編）社会と向き合う心理学（pp.33-45）　新曜社

木戸 彩恵（2015）. 化粧を語る・化粧で語る——社会・文化的文脈と個人の関係性——　ナカニシヤ出版

Markus, H. R., & Kitayama, S.（1991）. Culture and the self: Implications for cognition, emotion, and motivation. *Psychological Review, 98*, 224-253.

増田 貴彦・山岸 俊男（2010）.「生き方の科学」としての文化心理学——学問的発展のための二つのアプローチ—— 増田 貴彦・山岸 俊男（著）文化心理学（下）——心がつくる文化, 文化がつくる心——（pp.163-178）培風館

箕浦 康子（1984）. 子供の異文化体験——人格形成過程の心理人類学的研究—— 思索社

永田 素彦（2011）. 文化 京都大学心理学連合（編）心理学概論（pp.259-284）ナカニシヤ出版

Portmann, A.（1951）. *Biologische Fragmente zu einer Lehre vom Menschen.* Basel: Benno Schwabe.
（ポルトマン, A. 高木 正孝（訳）（1961）. 人間はどこまで動物か——新しい人間像のために—— 岩波書店）

Rogoff, B.（2003）. *The cultural nature of human development.* New York: Oxford University Press.
（ロゴフ, B. 當眞 千賀子（訳）（2006）. 文化的営みとしての発達——個人, 世代, コミュニティ—— 新曜社）

サトウ タツヤ（2012）. 序章——この本が伝えたいこと—— サトウ タツヤ・若林 宏輔・木戸 彩恵（編）社会と向き合う心理学（pp.1-8）新曜社

Valsiner, J.（2007）. *Culture in minds and societies: Foundations of cultural psychology.* New Delphi: SAGE.

Valsiner, J.（2014）. *An invitation to cultural psychology.* Los Angeles, CA: SAGE.

Valsiner, J.（2015）. Where are you, culture & psychology? Making of an interdisciplinary field. *Culture and Psychology, 21*（4）, 419-428.

Valsiner, J., & Sato, T.（2005）. Historically Structured Sampling（HSS）: How can psychology's methodology become tuned in to the reality of the historical nature of cultural psychology? In J. Straub, D. Weidemann, C. Kölbl, & B. Zielke（Eds.）, *Pursuit of meaning: Advances in cultural and cross-cultural psychology*（pp.215-251）. Bielefeld: Transcript.

Vygotsky, L. S.（1989）. Concrete human psychology. *Soviet Psychology, 27*（2）, 53-77.

山本 登志哉（2015）. 文化とは何か, どこにあるのか——対立と共生をめぐる心理学—— 新曜社

山下 隆史（2005）. 学習を見直す 西口 光一（編著）文化と歴史の中の学習と学習者——日本語教育における社会文化的パースペクティブ——（pp.6-29）凡人社

第12章

渥美 公秀（2014）. 災害ボランティア——新しい社会へのグループ・ダイナミックス—— 弘文堂

城 仁士・杉万 俊夫・渥美 公秀・小花和 尚子（編）（1996）. 心理学者がみた阪神大震災——心のケアとボランティア—— ナカニシヤ出版

河合 直樹・八ッ塚 一郎（2013）. 高校数学教科書の言説分析（1）——教科書使用の実情に関するインタビュー調査—— 集団力学, *30*, 206-221.

Lewin, K.（1948a）. Group decision and social change. In T. M. Newcomb, & E. L. Hartley（Eds.）, *Readings in social psychology*（pp.330-341）. New York: Henry Holt.

Lewin, K.（1948b）. *Resolving social conflicts: Selected papers on Group Dynamics.* New York: Harper.
（レヴィン, K. 末永 俊郎（訳）（1954）. 社会的葛藤の解決——グループ・ダイナミックス論文集—— 創元社）

Lewin, K.（1951）. *Field theory in social science: Selected theoretical papers.* New York: Harper.
　　（レヴィン, K. 猪俣 佐登留（訳）（1979）. 社会科学における場の理論　増補版　誠信書房）

Marrow, A. J.（1969）. *The practical theorist: The life and work of Kurt Lewin.* New York: Basic Books.
　　（マロー, A. J. 望月 衛・宇津木 保（訳）（1972）. クルト・レヴィン──その生涯と業績──　誠信書房）

宮本 匠・渥美 公秀（2009）. 災害復興における物語と外部支援者の役割について──新潟県中越地震の事例から──　実験社会心理学研究, *49*, 17-31.

Parker, I.（2004）. *Qualitative psychology: Introducing radical research.* Berkshire, UK: Open University Press.
　　（パーカー, I. 八ッ塚 一郎（訳）（2008）. ラディカル質的心理学──アクションリサーチ入門──　ナカニシヤ出版）

Schein, E. H.（1996）. Kurt Lewin's change theory in the field and in the classroom: Notes toward a model of managed learning. *Systems Practice, 9,* 27-47.

矢守 克也・吉川 肇子・網代 剛（2005）. 防災ゲームで学ぶリスク・コミュニケーション──クロスロードへの招待──　ナカニシヤ出版

八ッ塚 一郎（2008）. 阪神大震災を契機とする記録ボランティア活動の勃興と変遷──社会変動の観点からみたその意義と可能性についての考察──　実験社会心理学研究, *47*, 146-159.

人名索引

事項索引

306 事 項 索 引

執筆者紹介

【編者略歴】

笹山郁生 （まえがき，コラム 4.1，コラム 7.1 執筆）
ささ やま いく お

1987 年　東京都立大学人文学部卒業

1991 年　東京都立大学人文科学研究科心理学専攻博士課程中退

現　在　福岡教育大学教育学部教授

主要著書

『ソーシャルステイタスの社会心理学——日米データにみる地位イメージ——』
　（分担執筆）（サイエンス社，1994）

『キーワード教育心理学——学びと育ちの理解から教員採用試験対策まで——』
　（分担執筆）（北大路書房，2013）

【執 筆 者】名前のあとの括弧内は執筆担当章を表す。

真島理恵（第１章）北海道医療大学心理科学部講師
ま しま り え

相馬敏彦（第２章）広島大学大学院人間社会科学研究科准教授
そう ま とし ひこ

黒川光流（第３章）富山大学学術研究部人文科学系准教授
くろ かわ みつ る

木村堅一（第４章）名桜大学国際学群教授
き むら けん いち

谷口弘一（第５章）下関市立大学経済学部教授
たに ぐち ひろ かず

吉山尚裕（第６章）大分県立芸術文化短期大学情報コミュニケーション学科教授
よし やま なお ひろ

縄田健悟（第７章）福岡大学人文学部准教授
なわ た けん ご

黒川雅幸（第８章）愛知教育大学教育学部准教授
くろ かわ まさ ゆき

竹中一平（第９章）武庫川女子大学文学部准教授
たけ なか いっ ぺい

植村善太郎（第10章）福岡教育大学教育学部教授
うえむらぜん たろう

木戸彩恵（第11章）関西大学文学部准教授
き ど あや え

八ッ塚一郎（第12章）熊本大学大学院教育学研究科教授
や つづかいちろう

ライブラリ 心理学を学ぶ=7
集団と社会の心理学

2023 年 3 月 25 日 ⓒ　　　　初 版 発 行

編　者　笹 山 郁 生　　　発行者　森 平 敏 孝
　　　　　　　　　　　　印刷者　中 澤　　眞
　　　　　　　　　　　　製本者　松 島 克 幸

発行所　　株式会社　リイエンス社
〒151-0051　東京都渋谷区千駄ヶ谷 1 丁目 3 番 25 号
営業 TEL　（03）5474-8500（代）　　振替 00170-7-2387
編集 TEL　（03）5474-8700（代）
FAX　　　（03）5474-8900

組版　ケイ・アイ・エス
印刷　㈱シナノ　　　　　　製本　松島製本
《検印省略》

ISBN978-4-7819-1556-2

PRINTED IN JAPAN

サイエンス社のホームページのご案内
https://www.saiensu.co.jp
ご意見・ご要望は
jinbun@saiensu.co.jp　まで.